北京大學中國語言學研究中心

早期北京話珍稀文獻集成

主編 劉雲

日本北京話教科書匯編

分卷主編 陳穎 陳曉

京華事略·北京紀聞

金醒吾 等 編著
劉倩 郝琦 校注

北京大學出版社
PEKING UNIVERSITY PRESS

圖書在版編目(CIP)數據

京華事略・北京紀聞 / 金醒吾等編著；劉倩，郝琦校注. —北京：北京大學出版社，2018.5
（早期北京話珍本典籍校釋與研究）
ISBN 978-7-301-29081-1

Ⅰ.①京… Ⅱ.①金… ②劉… ③郝… Ⅲ.①北京話—史料 Ⅳ.① H172.1

中國版本圖書館 CIP 數據核字（2017）第 328669 號

書　　　名	京華事略・北京紀聞 JINGHUA SHILÜE・BEIJING JIWEN
著作責任者	金醒吾 等 編著　劉倩 郝琦 校注
責任編輯	唐娟華
標準書號	ISBN 978-7-301-29081-1
出版發行	北京大學出版社
地　　　址	北京市海淀區成府路 205 號　100871
網　　　址	http://www.pup.cn　新浪微博：@ 北京大學出版社
電子信箱	zpup@ pup.cn
電　　　話	郵購部 62752015　發行部 62750672　編輯部 62767349
印　刷　者	北京虎彩文化傳播有限公司
經　銷　者	新華書店
	720 毫米×1020 毫米　16 開本　16.25 印張　257 千字 2018 年 5 月第 1 版　2019 年 9 月第 2 次印刷
定　　　價	68.00 元

未經許可，不得以任何方式複製或抄襲本書之部分或全部內容。
版權所有，侵權必究
舉報電話：010-62752024　電子信箱：fd@pup.pku.edu.cn
圖書如有印裝質量問題，請與出版部聯繫，電話：010-62756370

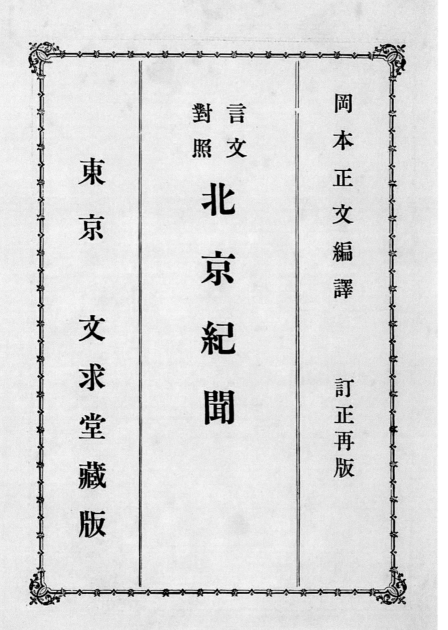

《北京紀聞》書影（來源：日本關西大學アジア文化研究センター鱒澤彰夫氏寄贈圖書）

言文對照 北京紀聞

岡本正文 編譯

北京紀聞

第一 俄建大樓

俄人在雍和宮之東擬建洋樓高可五層現已動工修造云

俄國人在雍和宮的東邊兒打算蓋一座五層高的洋樓現在已經動工了。

第二 馬戲得賞

印度馬戲在頤和園開演三日奉懿旨賞銀一萬兩由內務府發給云

(1)

總　序

　　語言是文化的重要組成部分，也是文化的載體。語言中有歷史。

　　多元一體的中華文化，體現在我國豐富的民族文化和地域文化及其語言和方言之中。

　　北京是遼金元明清五代國都（遼時爲陪都），千餘年來，逐漸成爲中華民族所公認的政治中心。北方多個少數民族文化與漢文化在這裏碰撞、融合，產生出以漢文化爲主體的、帶有民族文化風味的特色文化。

　　現今的北京話是我國漢語方言和地域文化中極具特色的一支，它與遼金元明四代的北京話是否有直接繼承關係還不是十分清楚。但可以肯定的是，它與清代以來旗人語言文化與漢人語言文化的彼此交融有直接關係。再往前追溯，旗人與漢人語言文化的接觸與交融在入關前已經十分深刻。本叢書收集整理的這些語料直接反映了清代以來北京話、京味文化的發展變化。

　　早期北京話有獨特的歷史傳承和文化底蘊，於中華文化、歷史有特別的意義。

　　一者，這一時期的北京歷經滿漢雙語共存、雙語互協而新生出的漢語方言——北京話，它最終成爲我國民族共同語（普通話）的基礎方言。這一過程是中華多元一體文化自然形成的諸過程之一，對於了解形成中華文化多元一體關係的具體進程有重要的價值。

　　二者，清代以來，北京曾歷經數次重要的社會變動：清王朝的逐漸孱弱、八國聯軍的入侵、帝制覆滅和民國建立及其伴隨的滿漢關係變化、各路軍閥的來來往往、日本侵略者的占領，等等。在這些不同的社會環境下，北京人的構成有無重要變化？北京話和京味文化是否有變化？進一步地，地域方言和文化與自身的傳承性或發展性有着什麼樣的關係？與社會變遷有着什麽樣的關係？清代以至民國時期早期北京話的語料爲研究語言文化自身傳承性與社會的關係提供了很好的素材。

　　了解歷史才能更好地把握未來。新中國成立後，北京不僅是全國的政治中心，而且是全國的文化和科研中心，新的北京話和京味文化或正在形成。什麽是老北京京味文化的精華？如何傳承這些精華？爲把握新的地域文化形成的規律，爲傳承地域文化的精華，必須對過去的地域文化的特色及其形成過程進行細致的研究和理性的分析。而近幾十年來，各種新的傳媒形式不斷涌現，外來西方文化和國内其他地域文化的衝擊越來越强烈，北京地區人口流動日趨頻繁，老北京人逐漸分散，老北京話已幾近消失。清代以來各個重要歷史時期早期北京話語料的保護整理和研究迫在眉睫。

　　"早期北京話珍本典籍校釋與研究（暨早期北京話文獻數字化工程）"是北京大學中國語言學研究中心研究成果，由"早期北京話珍稀文獻集成""早期北京話數據庫"和"早期北京話研究書系"三部分組成。"集成"收録從清中葉到民國末年反映早期北京話面貌的珍稀文獻并對内容加以整理，"數據庫"爲研究者分析語料提供便利，"研究書系"是在上述文獻和數據庫基礎上對早期北京話的集中研究，反映了當前相關研究的最新進展。

　　本叢書可以爲語言學、歷史學、社會學、民俗學、文化學等多方面的研究提供素材。

　　願本叢書的出版爲中華優秀文化的傳承做出貢獻！

王洪君、郭鋭、劉雲
二〇一六年十月

"早期北京話珍稀文獻集成"序

清民兩代是北京話走向成熟的關鍵階段。從漢語史的角度看，這是一個承前啓後的重要時期，而成熟後的北京話又開始爲當代漢民族共同語——普通話源源不斷地提供着養分。蔣紹愚先生對此有着深刻的認識："特別是清初到19世紀末這一段的漢語，雖然按分期來説是屬於現代漢語而不屬於近代漢語，但這一段的語言（語法，尤其是詞彙）和'五四'以後的語言（通常所説的'現代漢語'就是指'五四'以後的語言）還有若干不同，研究這一段語言對於研究近代漢語是如何發展到'五四'以後的語言是很有價值的。"（《近代漢語研究概要》，北京大學出版社，2005年）然而國内的早期北京話研究并不盡如人意，在重視程度和材料發掘力度上都要落後於日本同行。自1876年至1945年間，日本漢語教學的目的語轉向當時的北京話，因此留下了大批的北京話教材，這爲其早期北京話研究提供了材料支撐。作爲日本北京話研究的奠基者，太田辰夫先生非常重視新語料的發掘，很早就利用了《小額》《北京》等京味兒小説材料。這種治學理念得到了很好的傳承，之後，日本陸續影印出版了《中國語學資料叢刊》《中國語教本類集成》《清民語料》等資料匯編，給研究帶來了便利。

新材料的發掘是學術研究的源頭活水。陳寅恪《〈敦煌劫餘録〉序》有云："一時代之學術，必有其新材料與新問題。取用此材料，以研求問題，則爲此時代學術之新潮流。"我們的研究要想取得突破，必須打破材料桎梏。在具體思路上，一方面要拓展視野，關注"異族之故書"，深度利用好朝鮮、日本、泰西諸國作者所主導編纂的早期北京話教本；另一方面，更要利用本土優勢，在"吾國之舊籍"中深入挖掘，官話正音教本、滿漢合璧教本、京味兒小説、曲藝劇本等新類型語料大有文章可做。在明確了思路之後，我們從2004年開始了前期的準備工作，在北京大學中國語言學研究中心的大力支持下，早期北京話的挖掘整理工作於2007年正式啟動。本次推出的"早期北京話珍稀文獻集成"是階段性成果之一，總體設計上"取異族之故書與吾國之舊籍互相補正"，共分"日本北京話教科書匯編""朝鮮日據時期漢語會話書匯編""西人北京話教科書匯編""清代滿漢合璧文獻萃編""清代官話正音文獻""十全福""清末民初京味兒小說書系""清末民初京味兒時評書系"八個系列，臚列如下：

"日本北京話教科書匯編"於日本早期北京話會話書、綜合教科書、改編讀物和風俗紀聞讀物中精選出《燕京婦語》《四聲聯珠》《華語跬步》《官話指南》《改訂官話指南》《亞細亞言語集》《京華事略》《北京紀聞》《北京風土編》《北京風俗問答》《北京事情》《伊蘇普喻言》《搜奇新編》《今古奇觀》等二十餘部作品。這些教材是日本早期北京話教學活動的縮影，也是研究早期北京方言、民俗、史地問題的寶貴資料。本系列的編纂得到了日本學界的大力幫助。冰野善寬、內田慶市、太田齋、鱒澤彰夫諸先生在書影拍攝方面給予了諸多幫助。書中日語例言、日語小引的翻譯得到了竹越孝先生的悉心指導，在此深表謝忱。

"朝鮮日據時期漢語會話書匯編"由韓國著名漢學家朴在淵教授和金雅瑛博士校注，收入《改正增補漢語獨學》《修正獨習漢語指南》《高等官話華語精選》《官話華語教範》《速修漢語自通》《速修漢語大成》《無先生速修中國語自通》《官話標準：短期速修中國語自通》《中語大全》《"內鮮滿"最速成中國語自通》等十餘部日據時期（1910年至1945年）朝鮮教材。這批教材既是對《老乞大》《朴通事》的傳承，又深受日本早期北京話教學活動的影響。在中韓語言史、文化史研究中，日據時期是近現代過渡的重要時期，這些資料具有多方面的研究價值。

"西人北京話教科書匯編"收錄了《語言自邇集》《官話類編》等十餘部西人編纂教材。這些西方作者多受過語言學訓練，他們用印歐語的眼光考量漢語，解釋漢語語法現象，設計記音符號系統，對早期北京話語音、詞彙、語法面貌的描寫要比本土文獻更為精準。感謝郭銳老師提供了《官話類編》《北京話語音讀本》和《漢語口語初級讀本》的底本,《尋津錄》、《語言自邇集》(第一版、第二版)、《漢英北京官話詞彙》、《華語入門》等底本由北京大學圖書館特藏部提供,謹致謝忱。《華英文義津逮》《言語聲片》爲筆者從海外購回,其中最爲珍貴的是老舍先生在倫敦東方學院執教期間,與英國學者共同編寫的教材——《言語聲片》。教材共分兩卷:第一卷爲英文卷,用英語講授漢語,用音標標注課文的讀音;第二卷爲漢字卷。《言語聲片》採用先用英語導入,再學習漢字的教學方法講授漢語口語,是世界上第一部有聲漢語教材。書中漢字均由老舍先生親筆書寫,全書由老舍先生錄音,共十六張唱片,京韵十足,殊爲珍貴。

上述三類"異族之故書"經江藍生、張衛東、汪維輝、張美蘭、李無未、王順洪、張西平、魯健驥、王澧華諸先生介紹,已經進入學界視野,對北京話研究和對外漢語教學史研究產生了很大的推動作用。我們希望將更多的域外經典北京話教本引入進來,考慮到日本卷和朝鮮卷中很多抄本字跡潦草,難以辨認,而刻本、印本中也存在着大量的異體字和俗字,重排點校注釋的出版形式更利於研究者利用,這也是前文"深度利用"的含義所在。

對"吾國之舊籍"挖掘整理的成果,則體現在下面五個系列中:

"清代滿漢合璧文獻萃編"收入《清文啓蒙》《清話問答四十條》《清文指要》《續編兼漢清文指要》《庸言知旨》《滿漢成語對待》《清文接字》《重刻清文虛字指南編》等十餘部經典滿漢合璧文獻。入關以後,在漢語這一强勢語言的影響下,熟習滿語的滿人越來越少,故雍正以降,出現了一批用當時的北京話注釋翻譯的滿語會話書和語法書。這批教科書的目的本是教授旗人學習滿語,却無意中成爲了早期北京話的珍貴記錄。"清代滿漢合璧文獻萃編"首次對這批文獻進行了大規模整理,不僅對北京話溯源和滿漢語言接觸研究具有重要意義,也將爲滿語研究和滿語教學創造極大便利。由於底本多爲善本古籍,研究者不易見到,在北京大學圖書館古籍部和日本神户市外國語大學竹越孝教授的大力協助下,"萃編"將以重排點校加影印的形式出版。

"清代官話正音文獻"收入《正音撮要》(高静亭著)和《正音咀華》(莎

彝尊著）兩種代表著作。雍正六年（1728），雍正諭令福建、廣東兩省推行官話，福建爲此還專門設立了正音書館。這一"正音"運動的直接影響就是以《正音撮要》和《正音咀華》爲代表的一批官話正音教材的問世。這些書的作者或爲旗人，或寓居京城多年，書中保留着大量北京話詞彙和口語材料，具有極高的研究價值。沈國威先生和侯興泉先生對底本搜集助力良多，特此致謝。

《十全福》是北京大學圖書館藏《程硯秋玉霜簃戲曲珍本》之一種，爲同治元年陳金雀抄本。陳曉博士發現該傳奇雖爲崑腔戲，念白却多爲京話，較爲罕見。

以上三個系列均爲古籍，且不乏善本，研究者不容易接觸到，因此我們提供了影印全文。

總體來說，由於言文不一，清代的本土北京話語料數量較少。而到了清末民初，風氣漸開，情況有了很大變化。彭翼仲、文實權、蔡友梅等一批北京愛國知識分子通過開辦白話報來"開啓民智""改良社會"。著名愛國報人彭翼仲在《京話日報》的發刊詞中這樣寫道："本報爲輸進文明、改良風俗，以開通社會多數人之智識爲宗旨。故通幅概用京話，以淺顯之筆，達樸實之理，紀緊要之事，務令雅俗共賞，婦稚咸宜。"在當時北京白話報刊的諸多欄目中，最受市民歡迎的當屬京味兒小說連載和《益世餘譚》之類的評論欄目，語言極爲地道。

"清末民初京味兒小說書系"首次對以蔡友梅、冷佛、徐劍膽、儒丐、勳銳爲代表的晚清民國京味兒作家群及作品進行系統挖掘和整理，從千餘部京味兒小說中萃取代表作家的代表作品，并加以點校注釋。該作家群活躍於清末民初，以報紙爲陣地，以小說爲工具，開展了一場轟轟烈烈的底層啓蒙運動，爲新文化運動的興起打下了一定的群衆基礎，他們的作品對老舍等京味兒小說大家的創作產生了積極影響。本系列的問世亦將爲文學史和思想史研究提供議題。于潤琦、方梅、陳清茹、雷曉彤諸先生爲本系列提供了部分底本或館藏綫索，首都圖書館歷史文獻閱覽室、天津圖書館、國家圖書館提供了極大便利，謹致謝意！

"清末民初京味兒時評書系"則收入《益世餘譚》和《益世餘墨》,均係著名京味兒小説家蔡友梅在民初報章上發表的專欄時評,由日本岐阜聖德學園大學劉一之教授、矢野賀子教授校注。

這一時期存世的報載北京話語料口語化程度高,且總量龐大,但發掘和整理却殊爲不易,稱得上"珍稀"二字。一方面,由於報載小説等欄目的流行,外地作者也加入了京味兒小説創作行列,五花八門的筆名背後還需考證作者是否爲京籍,以蔡友梅爲例,其真名爲蔡松齡,查明的筆名還有損、損公、退化、亦我、梅蒐、老梅、今睿等。另一方面,這些作者的作品多爲急就章,文字錯訛很多,并且鮮有單行本存世,老報紙殘損老化的情況日益嚴重,整理的難度可想而知。

上述八個系列在某種程度上填補了相關領域的空白。由於各個系列在内容、體例、出版年代和出版形式上都存在較大的差異,我們在整理時借鑒《朝鮮時代漢語教科書叢刊續編》《〈清文指要〉匯校與語言研究》等語言類古籍的整理體例,結合各個系列自身特點和讀者需求,靈活制定體例。"清末民初京味兒小説書系"和"清末民初京味兒時評書系"年代較近,讀者群體更爲廣泛,經過多方調研和反復討論,我們决定在整理時使用簡體横排的形式,儘可能同時滿足專業研究者和普通讀者的需求。"清代滿漢合璧文獻萃編""清代官話正音文獻"等系列整理時則采用繁體。"早期北京話珍稀文獻集成"總計六十餘册,總字數近千萬字,稱得上是工程浩大,由於我們能力有限,體例和校注中難免會有疏漏,加之受客觀條件所限,一些擬定的重要書目次無法收入,還望讀者多多諒解。

"早期北京話珍稀文獻集成"可以説是中日韓三國學者通力合作的結晶,得到了方方面面的幫助,我們還要感謝陸儉明、馬真、蔣紹愚、江藍生、崔希亮、方梅、張美蘭、陳前瑞、趙日新、陳躍紅、徐大軍、張世方、李明、鄧如冰、王强、陳保新諸先生的大力支持,感謝北京大學圖書館的協助以及蕭群書記的熱心協調。"集成"的編纂隊伍以青年學者爲主,經驗不足,兩位叢書總主編傾注了大量心血。王洪君老師不僅在經費和資料上提供保障,還積極扶掖新進,"我們搭臺,你們年輕人唱戲"的話語令人倍感温暖和鼓舞。郭鋭老師在經費和人員上也予以了大力支持,不僅對體例制定、底本選定等具體工作進行了細致指導,還無私地將自己發現的新材料和新課題與大家分享,令人欽佩。"集成"能够順利出版還要特別感謝國家出版基金規劃管理辦公室的支持以及北京大學出版社王明舟社長、張鳳珠副總編的精心策劃,感謝漢語編輯室杜若明、鄧曉霞、張弘泓、宋立文等老師所付出的辛勞。需要感謝的師友還有很多,在此一并致以誠摯的謝意。

"上窮碧落下黄泉,動手動脚找東西",我們不奢望引領"時代學術之新潮流",惟願能給研究者帶來一些便利,免去一些奔波之苦,這也是我們向所有關心幫助過"早期北京話珍稀文獻集成"的人士致以的最誠摯的謝意。

劉　雲

二〇一五年六月二十三日

於對外經貿大學求索樓

二〇一六年四月十九日

改定於潤澤公館

整理點校凡例

自1876年9月始，日本的中國語教育開始轉向北京官話。此後陸續出版了大批北京話教材、讀本和工具書，爲研究這一時期的北京話和域外漢語教學留下了寶貴資料。日本學界對這批文獻非常重視，已將代表性教材影印出版，主要收錄在《中國語學資料叢刊》（波多野太郎編，不二出版社，1985年）和《中國語教本類集成》（六角恒廣編，不二出版社，1995年）兩部巨著之中。在國內，《日本明治時期漢語教科書彙刊》（張美蘭主編，廣西師範大學出版社，2011年）和《日本漢語教科書匯刊（江戸明治編）》（李無未主編，中華書局，2015年）的影印出版也給研究者帶來便利。美中不足的是，這批教材底本均爲竪排，異形詞、異體字、俗字和別字極多，一些手抄本字迹模糊，利用不便。爲了方便讀者使用，我們精選一批口語化程度高的代表性教材，重新録入後加以點校、注釋，橫排出版。本套叢書主要服務於北京話研究，整理中儘可能保持彼時北京話的原貌。相關體例如下：

一　關於標點、符號

底本的標點不合規範，斷句也偶有舛誤。整理本依據《標點符號用法》，并結合文義重新標點。底本原有的批注一律放在脚注中，用※提示，以區別於整理者的新注釋。此外，底本中難以辨識的文字用□表示，并出注說明。例如：

　　不在過强的人的左右爲□①，因爲生出是非來，常是弱的敗。
　　注釋：①底本字迹模糊，似爲"美"，又似"業"，列此備考。

二　關於底本訛誤之處

凡係底本中明確的錯訛、衍文、脱漏、倒文之處，均在整理本中直接更正并出校注。舉例如下：

1. 錯別字

這麼著大家就把酒席都撤①了。
注釋：①撤：原作"撒"。

因繁體字或異體字而造成的錯訛，整理後不易看出，可稍作説明：

趕到了他們乎上，硬説是才彀①五兩三錢銀子。
注釋：①彀：原作"殼"。够。

2. 衍文

做買賣别太手緊了，恐怕耽誤生意；也别太手松了，恐怕傷了①本錢。
注釋：①底本"了"後還有一"了"字，當爲衍字，今删。

3. 脱漏

像這①樣兒挖肉補瘡的事情，聽着真令人可憐可慘。
注釋：①底本無"這"字，據文義補。

4. 倒文

房德①就走到右邊兒廊子底下門磳兒上坐下了。
注釋：①房德：原作"德房"，二字序誤，今改。

三　關於字形

簡體字、繁體字、異體字、疑難字均原樣録入。有的字與現在的用法有較大差異，在首次出現時注釋説明。例如：

就咂着嘴兒讚了讚，驢蹤①了半天，總搆②不着。
注釋：①驢蹤：躘縱。向上跳。※驢：上平，驤也，下倣此。※蹤：去聲，跳也，下倣此。

②搆：够。To plot, reach up to. ［美］富善（Chauncey Goodrich）《北京音袖珍字典》（*A Pocket Dictionary （Chinese-English） and Pekingese Syllabary*, 1891年, 107頁） ※搆：讀上平, 以物及物也, 下倣此。

人名、地名、書名的用字如果轉換後易引起混淆, 則保留原字。

四　關於詞形

部分北京話詞彙的漢字形體無規範可依, 同一個詞在不同作者筆下和不同詞典中往往有不同形體, 以"嚼裹"一詞爲例, 還有"嚼過""嚼骨""嚼果""嚼谷""嚼谷兒""嚼棍""嚼咕"等形式。類似情況極多, 如"腦油—閙油、頷磣—憨蠢、疙瘩—疙疸、合式—合適、皮氣—脾氣"。這些豐富的異形詞恰恰展現了彼時北京話最鮮活的面貌, 對於考察北京話口語詞的面貌、詞源和定型過程都極有價值, 如統一爲一個詞形, 既無必要, 也難令人信服。"與其改而不足信, 改而不能盡, 甚或改後反生歧義, 莫如一律不改。"（許逸民《古籍字體轉換釋例》）因此, 我們對底本中的異形詞采取"悉依其舊"的處理方式, 保留原詞形, 疑似的異形詞也都用現代漢語規範詞形注釋。例如：

他們彼此生了疑心, 嫉妒很利害①, 各自分散開了。
注釋：①利害：厲害。

讀音完全相同的一組詞, 詞義部分相同, 注釋時補充説明。例如：

他那門口兒寫著①"賈寓", 那就是他家。
注釋：①著：着, 助詞。

與現今的叫法不一致的地名和品名, 也當作異形詞處理, 均保持原貌, 例如"戒壇寺""海甸"。一些詞的用字與現今規範用字不同, 如補語標記"得"作"的"、語氣詞"了"作"咯""喇"、"這麽"作"這們"、"做事"作"作事"、"什麽"作"甚麽"等, 這些特殊用字往往反映了當時北京話的特殊發音,也當作異形詞處理,不作改動。

底本中一些帶有污辱蔑視色彩的用詞(如"拳匪"等)僅代表原作者當時的個人立場,這類情況循例均不加更改。

五 關於注釋

1. 對一些有特色的北京話口語詞加以注釋。如:

老太太、大姑兒①,您可憐我一個大。
注釋:①大姑兒:乞丐乞討時對中青年婦女的稱呼。(王秉愚編著《老北京風俗詞典》,中國青年出版社,2009年,149頁)

2. 涉及讀者可能比較陌生的書名、人名、歷史事件、歷史人物或特殊專名時儘可能注釋說明,并爲規範起見注明引用來源。例如:

貴班次①?
候補知州。
注釋:①班次:職位品級。[美]富善(Chauncey Goodrich)《官話萃珍》(*A Character Study in Mandarin Colloquial*, 1898/1916):"問作官的品職爲貴班次。"

3. 注釋詞義中有需要說明的異體字和校對情況時,先說明字形和校對情況,再注釋。如:

我剛才問他來著,他説他是琺藍作①的人。
注釋:①原作"琺是藍作"。琺藍作:製造加工琺藍的工廠。

爲方便讀者使用,所有注釋均采用腳注形式,各頁以①起始,獨立編序。目錄不出注釋,序言視同正文處理。

六 關於書影

此次點校所據均爲已出版或公開的影印本。爲了更好地呈現原書面貌,卷首附有原書的書影。其中，《燕京婦語》原書現爲日本鱒澤彰夫先生個人收藏，其書影出自鱒澤彰夫先生編著的《影印燕京婦語》（好文出版社，2013年），《虎頭蛇尾》書影出自日本關西大學圖書館長澤文庫藏本，《伊蘇普喻言》書影出自日本關西大學東西學術研究所藏本，《北京風土編》書影出自日本筑波大學附屬圖書館藏本，《搜奇新編》書影出自日本滋賀大學附屬圖書館藏本，《華語跬步》書影出自日本東洋文庫藏本，《亞細亞言語集》書影出自日本神戶市外國語大學圖書館藏本，《北京事情》《北京風俗問答》《北京紀聞》《四聲聯珠》《今古奇觀》《急就篇》《華言問答》《中國話》《生意筋絡》《中等官話談論新篇》《官話指南》《改訂官話指南》十二種書影均出自日本關西大學アジア文化研究センター鱒澤彰夫氏寄贈圖書。

　　附書影的原則是儘量做到與點校本所使用的爲同一版本。但由於年代久遠，各書版本衆多，且多藏於日本，故此有兩種書影與點校本版本不一致：一種爲《官話指南》，點校本所使用的是1903年版，而其書影爲1900年版，但這兩個版本的內容和版式均相同；一種爲《虎頭蛇尾》，點校本爲排印本，其書影爲寫本，內容亦基本一致。另外，因編者能力有限，無法得見《官話續急就篇》《京華事略》點校本的原書，因此其書影暫缺。以上望讀者諒之。

　　本卷的編校工作由北京大學出版社崔蕊老師統籌，宋思佳、路冬月、唐娟華、王鐵軍、何杰杰等責編老師也付出了大量心血。高淑燕老師在疑難字識別方面提供了幫助，蔣春紅老師提供了《華語跬步》的底本，羅菲菲、郝小煥、謝超、趙正婕、農蕾、朱斯雲、趙芹、趙旭、曠濤群、吳蕓莉、李紅婷、許静、李郭然、黎楠婷在前期準備過程中予以協助，在此一并致以謝意。

陳穎、陳曉
二〇一七年十月

總目錄

京華事略…………………………………………………………… 1
北京紀聞…………………………………………………………… 135

京華事略

解　題

　　日本北京話教材《京華事略》，作者爲晚清旗人金醒吾。原書無封面、序、跋、目錄，亦無出版年代等信息，開篇即正文内容。

　　金醒吾，旗人基督教徒，北平基督教會董事之一，1920 年代曾任華北協和華語學校教務長，編寫過蒙、藏族學習漢字讀本《國語讀本》（中華教育改進社，1925 年）。

　　該書之原本系豎排繁體，無句讀，無注音。主要内容圍繞當時北京生活風俗而展開，故稱"事略"。全書根據主題的不同分爲十六部分，各部分以小標題統領下文，小標題均係二字，如"天時""地理""國政""家庭""商店""服務"等。每部分内容基本都以對話形式展開，通過書中人物圍繞某一主題由淺入深的問答過程，具體詳細而又明白曉暢地向讀者介紹北京名物、風土人情等情況，既有知識性，又不乏趣味性。其中不乏褒揚中華民國之民主政治、社會進步，貶低清末固步自封之語。

　　由於書中每部分内容相對獨立，不易確定其具體的創作年代。雖文中提到"民國""前清宣統三年"等時間信息，但只可姑且推知此書或著于民國初年。另外出版地等信息亦無從可考，不可不謂之可惜。整理本所據爲波多野太郎編《中國語學資料叢刊・燕語社會風俗官話翻譯古典小説》所藏版本。

目　録

天	時	7
地	理	13
國	政	19
家	庭	34
宗	教	43
學	術	51
商	店	58
商	業	65
風	俗	73
農	務	78
服	務	84
器	用	89
技	術	96
書	海	106
名	勝	114
雜	事	127

天　時

天時節序

"師範學校的趙先生來了，請吧。您從那①裏來？請坐請坐。""我從前門外頭來。""您到前門外頭去做甚麼②呀？""我求了一位朋友，給寫了點對子。""這個時候寫什麼對子呀！""您真是新學家，連個舊曆年都忘了。""噯，可不是麼！我真是'山中無曆日，寒盡不知年'了。也因爲我成天③的窮忙，就把這些事情都忘死了。然而我對於這個過節、過年的規矩是一概不明白。""您別說了，中國人那有不懂中國風俗的道理呢？""您想我從五歲就隨先嚴到舊金山領事任上去了。十七歲的時候，纔回國來，就入了上海的滬江大學了，一向就沒到北京來，那裏能明白這些事呢？""那就難怪了，今天您來有事嗎？""沒事，就是找您來談談天兒。""那好極了，我也沒事。""何妨您就把這一年四季的天時、節氣跟過節、過年的老規矩都說說呢？""那些個怎麼能一時說得完呢？""請您先說天時節氣吧。""這北京的天氣跟各省都不一樣。人人都知道，一年四季春暖、夏熱、秋涼、冬冷。可是北京的春天，非到三月不能暖和；秋天，非到八月半不能涼快；夏天雖然有三個月的熱，然而最熱的時候就是中伏。""怎麼叫中伏呢？""夏天有三伏，是從夏至起，就是陽曆的六月二十二號算到二十七天，是初伏，也說入伏；過十天就是中伏；再過十天是末伏。這三十天就爲三伏。""這個'伏'字是甚麼意思呢？""比方兵士打仗的時候，遇見敵人，就得趴④下。所以無論甚麼鳥獸蟲魚，一到了極熱的時候，都伏在山裏樹裏，或是水裏沙裏。就是人類，也不能成天的動作，必須找一個涼快的地方避暑⑤去，就是到了冷極了的時候，也是如此。""冬天什麼時候最冷呢？""一進十月就冷，一直冷到轉年

---

① 那：哪，疑問代詞。
② 甚麼：什麼。
③ 成天：整天。
④ 趴：趴。
⑤ 暑：底本作"署"。

二月去,要是進了九,那就更冷了。""您説'進了九',這個'九'是什麽意思呢?""在冬天有九九,就是九個九天。從冬至那一天算起,這個冬至日是在陰曆十一月十幾日,就是陽曆的十二月二十二號。過了冬至第三天,即是耶穌的聖誕,一共是八十一天。所以有幾句俗語説:'一九二九不出手,三九四九冰上走,五九六九沿河看柳,七九河開,八九雁來,九九無凌絲,反凍十八日。'又有兩句俗語説:'冷在三九,熱在中伏'。""十二個月裏頭,不是還有二十四個小節氣嗎?""不但有好些個①小節氣,而且還有好些小節哪,您知道嗎?""我就知道一年有三個大節,小節就不知道了。""正月十五日是上元節,又名燈節。""這燈節一定是各處都點燈了。""對了,每月有兩個小節氣。在這個正月裏,第一個是立春,第二個是雨水。""二月呢?""二月初二日是'龍抬頭'。""爲甚麽龍要抬頭呢?""因爲這個月有一個小節氣是驚蟄。凡是蟲類,到了冬天,都藏起來,名曰'入蟄'。到了這個節氣,雷聲一震,他們就都抬起頭來了,所以就説是'二月二龍抬頭'。第二個小節氣是春分。""三月有甚麽呢?""三月三是蟠桃會。""這個會在那裏開呢?""在東便門裏頭,有個廟叫蟠桃宫,裏頭供着王母娘娘的像。相傳三月初三是他的生日,所以有好些迷信的婦女都到那裏燒香去。""還有甚麽節氣呢?""有清明、穀雨倆節氣。""四月有小節氣嗎?""一個是立夏,一個是小滿。""有甚麽廟會呢?""這個月從初一到十五有半個月的妙峯山。""五月呢?""五月初五日是端陽節,又叫端午節,也説五月節,還有兩個小節氣是芒種、夏至。""六月呢?""六月六日是天貺節,家家都要在這天晾衣裳,説是不長蟲子。還有小暑、大暑,兩個節氣。""七月是秋天了吧?""不錯,七月的節氣是立秋、處暑,十五日是中元節,又説鬼節。""八月十五是中秋節,對不對?""不錯,小節氣是那兩個呢?""白露、秋分。""九月有節嗎?""九月九日是重陽節,人人都到各處登高去。也有兩節氣是寒露、霜降。""十月是冬天了。""所以有立冬跟小雪倆節氣。十月初一送寒衣,因爲天氣冷了,家家都用各樣的紙做成衣裳,燒了給祖先送去。""這也是没用的事。""雖然没用,也是不忘本的意思。""十一月呢?""這個月②只有大雪、冬至兩節氣。十二月的節氣是小寒、大寒。俗語説:'小寒大寒,眼看過年'。""這個月還有小節嗎?""有。噯,竟顧了談天

---

① 好些個:許多。
② 底本作"這月個"。

了,也忘了早晚①了,我要回去了。""過兩天見。""年前不能見了,總得忙年哪。""是了,新年再到府上去拜年吧。""不敢當不敢當。"

黃土風

"您今天有事沒事?""今天是禮拜②,我沒甚麼事。""若是沒事,偺們出城,到二閘逛逛去,好不好?""好極了,您等我換換衣裳。""好,您請便罷。""受等,受等,偺們就走罷。""外頭可是掉雨點兒哪,偺們等等再走罷。""下雨怕甚麼的呀!""我就怕地下滑,要是摔了,那兒都不合式③。""您說的這話,一點兒不錯。我記得前些年因爲滑倒了,頭上碰了一個大包,一個多月纔好。要說起來,從前的道兒比現在難走的多了。下過雨之後,大街上跟胡同裏沒一處沒有泥,實在滑的非常。北京有句俗語說:'無風三尺土,有雨一街泥',真是説的恰當極了。現在可比從前,勝強百倍了。""既是不要緊,偺們就走罷。""偺們先出去看看雨住了沒有。""雨倒住了,可是又起風了。""那偺們就再等等兒罷。""對了,我倒不怕風,怕極了土了。今年春天,每到下了衙門就想出城繞灣兒④去,總是有風。有一天下午,天氣很好,我就騎了一匹馬出城繞灣。剛出城不到二里地,四週圍的天都黃了,我趕緊的就往回走。忽然颳起風來了,愈颳愈大,對面都看不見人兒了。不但人睜不開眼睛,馬也不敢往前頭走。我就下了馬,拉着他,慢慢兒的走,簡直的出不來氣。趕⑤到了城門臉兒⑥了,我想這可有盼望了,城裏頭一定沒有這麼大的黃土,再說馬路上總該就容易走了。誰知道一進城門更了不得了;不但城裏的風跟城外頭一樣,飛沙走石,並且天棚、布帳子滿天飛,把電線杆子也颳折了,滿地都是電線。我可不敢走了,就找了一個鋪子,把馬拴在門口,坐在鋪子裏避風。就看見馬路上的樹颳倒了兩三棵。警察的避風閣也颳壞了。後來街上簡直的沒人兒了。太陽光也遮住了,一會兒比一會兒黑。鋪子裏把燈就點上了。那鋪子裏的掌櫃的對我說,今天這個風,還不

---

① 早晚:時候。
② 禮拜:禮拜天。
③ 合式:合適。
④ 繞灣兒:繞彎兒,散步。
⑤ 趕:等到,到。
⑥ 城門臉兒:城門附近。

算十分的利害①。在前七八年,有一次颳黃風,連房子都颳塌了。我聽這話害怕的了不得,打算要走。那個掌櫃的説,您再等等,到了六七點鐘風就住了,我説您怎麼能知道呢。他説,北京有句俗語説:'狂風怕日落。'趕到七點多鐘,果然風就息了,我這纔騎上馬回家去了。一看屋子裏、院子裏的黃土都有二寸多厚。我再一照鏡子,簡直的成了土人兒了。趕緊的漱口、洗臉、換衣裳,連晚飯都吃不下去了。""這可真了不得,北京有這麼樣的大風。現在的風可是住了,我們也不必出城了,改天我們商量好了,再去罷。"

三 節

"先生還拜誰呀?""到師範學校趙先生那裏去。""您拜誰?""拜趙先生。""攑駕罷。""怎麼,不在家嗎?""在家哪。拜年的來了,照例先攑駕。""我們是至交,你領我進去罷。""是夏先生來了。""新禧新禧!""您請上坐,我給您拜年。""萬不敢當,我們把這些舊禮節免了罷,請坐請坐。""這不是顯着我虛讓了嗎?""不能不能,您來了就是了。""您過年過的②好哇?""有甚麼好哇,不過忙合③這張嘴就是了。""請隨便喝茶吧。""是,怎麼茶裏頭擱兩個紅棗呀?""這是新年的吉利,盼望您早早走洪運④的意思。""這些俗禮到⑤有點意思。您能把這年節的情形説説嗎?""您在這裏過了一個年了,怎麼還不知道呢?""我來到北京就住在旅館裏,從那兒知道這些事呢?""可不是嗎。""您去年説,臘月裏也有幾個小節。請您説説,我也可以多明白一點。""可以。臘月初八,俗説是'臘八'。相傳是釋迦佛得道的日子。家家都得熬臘八粥供佛。""這個粥是怎麼熬呢?""用各種米、各種豆子,還要擱許多乾果子。""就是供佛用嗎?""不止供佛,也送親友,自己家裏也要喝點。""是了,還有什麼節呢?""還有二十三,是祭灶的日子。""這個灶是什麼呢?""中國舊俗,廚房裏都供着灶神。因爲人一生最要緊的就是吃飯。俗説灶王爺是一家之主,所以家家都供他。到了二十三那一天是灶神上天的日子。""他上天去有什麼事呢?""相傳他到天上報告這家一年

---

① 利害:厲害。
② 的:得。
③ 忙合:忙活。
④ 洪運:鴻運。
⑤ 到:倒。

的善惡。俗語説，'灶王上天，有一句説一句'。""祭灶都用什麼東西呢?""説起祭灶的供品真是可笑。""怎麼可笑?""用一碗涼水、一碟子草豆①、一碟子豆腐、一碟子南糖②、一碟子關東糖③就完了。""那糖跟豆腐還是吃的，那草怎麼吃呢?""那草豆是給灶神的馬吃的。""是了。""接着就是三十日，家家都貼對子、貼掛錢。也有不貼對子的，在大門上貼上兩張門神，在院子裏擺一張天地桌子。""什麼叫天地桌兒呢?""是祭天地用的。在桌子上，前頭兩邊擺兩個燋杆④，上頭插上一對大紅蠟，中間擺一個香爐，後頭擺幾十樣乾果子、年糕、白米飯、蜜供、月餅等類。上頭都插着供花，再後頭擺上三牲。""三牲是甚麼東西呀?""就是一個猪頭、一隻退毛的鷄、一尾活魚。要是富户，就用整猪、整羊，擺在桌子的兩旁邊。""三牲後頭，還擺甚麼呢?""立一個紅油木頭架子，架着一張天地馬兒。""甚麼叫天地馬兒呀?""上頭畫着好些個天地、山川、江河、湖海的神像。""還有甚麼呢?""桌子前頭擺一個宫熏⑤。宫熏前頭，擺幾個拜墊。到了晚上，就點蠟燒香，焚化黃錢⑥、金銀錁子，放鞭炮。全家都要辭歲，吃煮餑餑⑦。""都必得吃煮餑餑嗎?""北京的風俗，要是三十晚上没有煮餑餑吃，就算是絶大的缺點。如同西國人到了夏天，不能到各處避暑一樣。""這天晚上得甚麼時候睡覺呢?""一夜都不能睡，叫作'守歲'。到了天要亮的時候，就焚化天地馬兒。全家的人，由小至大，一輩一輩的按次序拜年。""怎麼過一個年要費這麼些事呢?""這還是我們寒家的法子。若是富家，那個事情就更多了。所以俗語説：'賠不盡的姑娘，辦不盡的年。'""不用説，五月節、八月節也是大同小異了。""不不。那兩節是很簡單。五月節，大家小户都在大門、房門上頭貼一張符，兩旁插些蒲艾。買些個糉⑧子、五毒餅⑨送禮，自己家裏也吃點。還要喝一點雄黄酒。""這貼符、插蒲艾、喝雄黄酒是什麼意思呢?""因爲到了五月節就

---

① 草豆：黑豆，喂馬的飼料。
② 南糖：花生糖、松子糖、芝麻糖之類的糖食。
③ 關東糖：用麥芽、小米等熬製成的糖製品，又稱"灶糖""大塊糖"等，一般用在臘月二十三時祭灶神。
④ 燋杆：燋扦，用於插蠟燭的器物。
⑤ 宫熏：一種取暖設備，底下是鋼炭火盆，火盆上有罩子。
⑥ 黃錢：祭祀品的一種，用黃紙製作而成。
⑦ 餑餑：此處指餃子。
⑧ 糉：粽。
⑨ 五毒餅：端午節應節食品，是一種玫瑰餡餅，上面印有蠍子、蛇、蜈蚣、蛤蟆、壁虎五種毒物。

是夏天了。用這些東西都是避瘟解毒的意思。八月節，家家買些個鮮果子月餅送親友的禮。到了晚上，在院子當中擺一張桌子，上頭擺上果子、月餅供月。這天晚上的月亮是格外的亮。俗語說：'月到中秋分外明'。要是這天晚上天上有雲彩，轉年上元節一定有雪。""靠得住嗎？""大約十之八九，總有點應驗。俗語說，'八月十五雲遮月，正月十五雪打燈'。""這兩個節跟年節大不相同，爲什麼說三大節呢？""因爲街面上跟住户來往的銀錢賬目在這三個節裏頭，總得清了手續，所以說是年關、節關。""承教，承教！我要走了。""忙甚麼的？""還要去拜兩家年。""那就不留您了，改天我再回拜罷。""不敢當，不敢當。""不遠送了。""留步吧。"

地　理

京城區分（附新開門）

"請問您這京師警察廳應當管的都是甚麽事哪？""警察廳管的就是全北京地面上的事。""這警察廳在甚麽地方哪？""在前門内，户部街路東。""若是北城有甚麽事，到警察廳去報告可太遠了。""不必要到警察廳去，各區有各區的警察署。""各區是怎麽樣的分法？""北京地方分内城、外城，在内外城裏共分二十區。内城是八區，東城分四區，爲左一、左二、左三、左四；西城分四區，就是右一、右二、右三、右四。""那十二區，都在那裏呢？""在外城一共分十區，跟内城一樣，也是東爲左、西爲右。内城一邊是四區，可是外城一邊是五區。内城，是左一、左二、右一、右二；外城，也是左一、左二、右一、右二。""那怎麽能知道，是城裏城外呢？""城裏説内左、内右；城外説外左、外右。""是了，您説的這纔有十八區呀，那兩區在那裏呢？""那兩區在皇城裏頭。東邊爲中一，西邊爲中二。""各區的面積也不小了。若是巡警由警察署到各處去站崗，可真不近。""不是都從各區署出來，到各處去跕①崗。也有從分駐所或派出所出來的。""分駐所、派出所又是甚麽呢？""分駐所每區有一兩處，都是巡警住的地方。派出所是在各段上照料地面兒的。您没看見過派出所的那小木房子麽？""我知道了，在大街上馬路旁邊，有很小的木頭房子，裏頭都站着一箇巡警。""錯了，您説的那是守望所的避風閣。派出所比那箇房子大，裏頭常有四五箇巡警。若是本段上有事，他總得報告區署。""從前没有警察的時候，地面上的事歸誰管呢？""東城歸大興縣，西城歸宛平縣。""現在大宛兩縣没有事了麽？""雖然内外城歸警察廳，凡是城門以外的四鄉還是歸大宛兩縣。""請問您，北京一共有幾箇門？""外城有七箇門，内城有九箇門。北京人常説'裏九外七皇城四'，就是指着城門説的。""皇城不止四箇門罷？我常看見有好些門哪。""您説的那都是新開的門。""是了，我還要跟您打聽，甚麽地方是新開的門哪？""在皇城的南面

---

① 跕；站。

東邊,南池子口兒有一箇,北御河橋西有一箇。""南面西邊呢?""西邊在南府口兒跟灰廠兒有兩箇。""西面有幾箇哪?""西面沒有。""北面呢?""北面後門西,廠橋對過有一箇,後門東沒有。""東面呢?""東面可多了。""有幾箇?""一共有四箇。""都在甚麼地方呢?""北頭寬街有一箇;再往南翠花胡同口有兩箇;東安門的南邊,大甜水井兒口兒上有一箇。""爲甚麼開這麼些門呢?""因爲是交通便利。以後還不知道開多少門哪。""既是圖便利,還不如把皇城完全拆了,倒是痛快事。""現在的皇城本來是無用,或者將來都拆了也是說不定的。"

北京街道新舊之比較(附紫禁城)

"周先生您好,我們分手好像有八九年光景了罷。""是呀,我出外已經就七年多了。""您看現在的北京比從前怎麼樣?""比從前強多了。我記得從前大街中間的道比兩旁的道高。中間的那個道兒叫甚麼路來着?""叫甬路①。""對了,那甬路不是磚砌的,也不是石頭墁的,還是真磁實②,車馬往來都走甬路,人人隨便蹧蹋③,也沒人拾掇。好天氣那土飛起多高來,趕上颳風,對面就看不見人;若遇下雨下雪時候,是泥濘難行。我還記得北京的那句俗語哪,甚麼'無風三尺土,有雨一街泥'。""對了,您還記得兩旁的便道上做小買賣兒的任意支搭棚帳,還是隨便佔地方。您到大街上一看,這兒也吆④喝,那兒也喊,是真熱鬧。可是細細的一查,是非常的雜亂,毫沒有一點的秩序,並且也很髒。那個時候也沒有人管理街道,各街巷雖有看街的,也不過是有名無實。""那麼後來在甚麼時候纔改了馬路了?""在光緒卅幾年以後⑤就有人提倡修馬路。於是就把甬路拆平,再用碎石頭墊好,用鐵軌車軋平了在馬路兩旁有兩道明溝,爲的是下雨洩水,又種上好些槐樹柳樹,天天有清道夫把馬路跟便道打掃的乾乾淨淨,還要隨時的潑水。""在馬路旁邊有一個木牌子,上頭寫着中國字,那是爲甚麼呢?""那木牌上寫的是馬路的規則,大意是不許往來行人以及各住户鋪户任意蹧蹋,重載大車不准走馬路。""是了,我還看見內城的各城門,好像

---

① 甬路:大街中間四五尺高、三四丈寬的路,其上走車走馬。
② 磁實:結實,牢固。
③ 蹧蹋:糟蹋。
④ 吆:吆。
⑤ 底本作"光緒卅幾年以後"。

也改樣兒了似的。""是,您知道內城有幾個城門?""有九個,不是都說九城麼?""是呀,從前每一門都是兩個門洞兒,前門可是四個門洞兒。現在別的城門,只有一個門洞兒,前門又新開了四個門洞兒。""爲甚麼把外頭的門拆了呢?""自從民國建立以後,大總統爲交通便利起見,又因修環城鐵路,所以纔把各門都改了,並且把皇城牆開了好些個豁子①,就是紫禁城沒改。""可是的,這紫禁城有幾個門哪?""有四個:南面是天安門,東有東華門,西有西華門,北有神武門。""是了,我還要看看紫禁城呢。""好,那一天我可以同您去。"

交民巷

"你從那兒來?""我從前門來。""您看現在前門外頭比早年②熱鬧多了罷?""可不是麼,這兩天我還沒得功夫③去逛哪。今天一早晨我就進城來了,到交民巷找一位朋友。""見着了麼?""找了半天也沒找着。""您沒到他家去過麼?""我在前些年去過一趟,現在我纔到了北京四五天。我看交民巷都大改樣兒了。要不是坐洋車,我還不認識哪。""現在北京的洋車倒是很方便。有不認識的道兒,花幾箇銅子兒,他就把您拉到了。""是不錯的,所以我一出門兒就僱車,叫他拉到交民巷。到了那裏一看,都是外國人,簡直的連一箇中國人在那裏住家④的都沒有。要打聽打聽都没法兒。我正要問您,這交民巷怎麼那們⑤些外國人哪?""因爲現在算是使館界了。""那一條街很長哪,從棋盤街通到那兒呀,往東直通到哈德門大街都是使館界。在當中有一條街,通王府井大街的那是臺基廠。""也在使館界以內麼?""不錯。""這地方可真不小。怨不得所有裏頭的住戶鋪戶都是外國人了。前些年我記得不過有四五家外國人,只有門口兒有大鐵練子的法國使館,還有西口裏頭的美國兵營、御河橋那裏的英國府這幾家兒,其餘的都是中國人。我還記得我那位朋友,他就住在中間路北。現在我看都改了洋樓了,連一點兒基址⑥都沒有了。""您這一說,總在二十年前

---

① 豁子:豁口,缺口。
② 早年:多年以前。
③ 得功夫:得工夫。有空,有時間。
④ 住家:居住。
⑤ 那們:那麼。
⑥ 基址:遺址,遺迹。

了。""不錯,我總有三十年沒到北京來了。這使館界是甚麼年立的呢?""在一千九百年立的條約,纔把交民巷改成使館界,所以那裏的外國人就多了。""那麼那箇地方是歸那一國治理呢?""他們是各國輪流着值年。""我看見那裏也有警察呀。""警察也是外國人辦的,所有往來的行人,都得遵守使館員警的指揮。如要發生特別的事情,當時就能斷絕交通,一切的章程,也很慎重哪。""這麼說,那裏住的外國人,都是重要的人物了。""不錯的。從西口到御河橋那一帶都是各國的使館、銀行、洋行、飯店、醫院跟各國兵營。""從中間往南通到水關,那裏還有一箇很大的飯店,那飯店是甚麼字號哪?""那是六國飯店。河西還有繙譯館。從御河橋往北有日本兵營、英國使館。往東有匯理銀行、祁羅福洋行、荷蘭使館。""這們說起來,一家中國人也沒有了。""對了。可是現在還有一家中國的錢鋪。我想您的那位朋友一定早就搬家了。""不能啊,前年他給我寫信還說是在交民巷住哪。""那也許是西交民巷罷。""西交民巷在那兒哪?""就是前門裏頭,西邊對着東交民巷的,就是西交民巷。""好,謝謝您,明天我再到那裏找一找罷。"

清華園

"京西有名的地方很多,可是現在的情形跟從前就差多了。就以清華園說罷,現在只能說是清華學校的清華園了。""怎麼那不是清皇室的清華園麼?""那不過就指現在清華園的一部分說就是了。""我聽說這個地方還不是清朝的呢。""不錯。在書上說是明朝武清侯李偉的別墅。這年深代遠的事,更題不到①了。""這些費考據的事我們先不用說了。請問您,現在的清華學校是甚麼人立的呢?""您要知道,成立這學校最有力量的人就是美國外交總長海約翰先生,跟中國駐美的公使梁敦彥。""清華學校不是中國人立的麼?爲甚麼要借重外人呢?""因爲那學校的經費就是美國退還庚子的賠款。當時全賴海梁二人竭力維持,經美政府允,於一千九百零九年正月起,將未交足一千零七十八萬餘元的賠款退還中國,作爲遊美留學的用費。當時將清華園做爲遊美肄業館。第二年又將近春園併入。後來在一千九百十四年的時候,美國又將雜項賠款一百十七萬餘元退還,故大加擴充。復將長春園圈入,纔建築的科學館、大會

---

① 題不到:提不到。

堂、圖書館、體育館各處的工程。所有從前清華園的遺址,已無從辨認了。""我聽說,現在的工字廳還是工字殿改的哪。""是啊,還有一進門的兩棵柏樹就是從前的大宮門。學務處就是二宮門。那塊清華園的匾額還是御筆呢。""工字廳西邊寫着怡春院,現在是誰住着哪?""那是庶務長的住宅。""我看售品所①跟荷花池一帶的地方也不小哪。""那就是從前的馬圈、車房、黃花院、佛樓各處的舊址。""那麼圖書館、大禮堂這些地方,都是在清華園裏頭麼?""不是。現在的清華園是佔着從前清華、近春、長春三個園子的地方,還有買的餘地,合計起來,這地基一共約有一千二百餘畝哪。""從前這些地方都是平民所不能到的,到了現在一變而爲學校,真是滄海桑田了。改天還要跟您打聽打聽那清華學校的大概哪。""可以可以。"

買賣街

"兄弟初到北京,各處的道路也不熟。要想出去逛逛,又不知甚麼地方熱鬧。今天跟您領教領教,北京買賣最多、最熱鬧的地方都在甚麼地方哪?""在從前是東四牌樓、西單牌樓、後門外大街。這都是出名的熱鬧街道。俗語說:'東四、西單、鼓樓前。'現在可不然了。因爲時勢變遷,熱鬧的地方反倒不熱鬧了。可是到了過年、過節的時候,照舊還是熱鬧。但是所賣的東西都是臨時應用的。""那們別處就沒有熱鬧買賣街麼?""還有很多很多的哪。就以前門外天橋跟香廠說罷。從前是一片空地,連一棵樹都沒有。現在可熱鬧多了,茶樓、飯館、戲園子,無一不有。現在又蓋了好些箇公共娛樂場。平常的時候,無論甚麼人都可以隨便去逛。""那們要買東西呢?""您要買甚麼東西就必得到甚麼地方去。比方買書籍、古玩、字畫、南紙②等等的,必得到琉璃廠。""我要買綢緞呢?""就得到大柵欄、觀音寺這些地方去。要買金珠首飾等物,要到廊房頭二三條。買玉器到門框胡同,或是珠寶市。買銅鐵器到打磨廠。要買紙花兒得到花兒市。""要買鮮花兒呢?""買鮮花兒得到南西門外頭。若是遇見隆福寺、護國寺的廟市,也有賣的。""要買外國的東西呢?""在哈德門內大街跟前門大街、東西交民巷,都有洋行、洋貨店。""從交民巷往北,有箇最大的商場,那是

---

① 售品所:民國時,各地專營國貨的商業機構。
② 南紙:品質較好的紙張,特指文化用紙。

甚麽地方呢？""那是東安市塲，裏頭賣甚麽東西的都有。""那麽賣魚、賣菜、賣豬羊肉的都在那兒呢？""您要買這箇東西，可是必得到各地方的菜市、肉市。""菜市、肉市都在那兒呢？""東長安街有一處，東四牌樓有一處，前門西河沿也有一處。每天早晨，賣菜、賣肉的都聚到那裏去，倒是很熱鬧的。""那麽賣估衣①的在甚麽地方呢？""您要買舊衣裳得到東四牌樓東邊、北邊，都有許多的估衣鋪。在西邊，每天下午還有很多的舊貨攤子。""我聽說北京有兩箇頂熱鬧的地方，一箇是新世界②，一個是城南游園③，您怎麽不告訴我呢？""可不是麽，因爲我整天窮忙，不但這些熱鬧地方没去過一趟，就連前門樓子都有二年没見着他了。""改天我約您一塊兒逛逛這些地方好不好？""好極了，一定奉陪。"

---

① 估衣：舊衣服。
② 新世界：位于前門外西珠市口大街的北京新世界第一游藝塲，軍閥陳光遠投資，1918 年農曆正月初一開幕。是一座五層高的船型大樓，娛樂爲主，商業爲輔，包括戲塲、商塲、茶樓、照相館、咖啡館、西饗館、屋頂花園等。
③ 城南游園：位于永安路路南先農壇外壇墻北門内的城南游藝園，督軍李淮投資，1919 年農曆正月初一開幕。以四面鐘爲標志，設有坤劇場、文明戲場、魔術場、雜耍場、咖啡館及各種游藝項目。

國　政

中華政體

"上月，我聽您說了一次前清的大概，實在是佩服之至。然而兄弟自幼住在山裏頭，對於現在我們國的政體是絲毫不懂。您若是沒有甚麼事，就請您畧畧的說一說，好不好？""可以，可以。在前清的時候是君主國，現在是民主國了。所以現在說是共和政體的中華民國。""怎麼就成了共和民國了呢？""自從清帝退位，南京臨時大總統孫文即向參議院辭職。當時由衆議院提出趕緊選舉正式大總統。經參議院同意，又經國會議員在參議院按着大總統的選舉法投票，袁世凱得票最多，當選爲正式大總統。次日，黎元洪的票數得四分之二，當選爲正式副總統。後來袁世凱病故了，就舉黎元洪繼任，馮國璋爲副總統。黎元洪任滿，就舉馮國璋爲大總統，未滿任，就病故了，纔選出現在的大總統徐世昌來。""大總統有甚麼職權呢？""大總統爲全國行政的元首，兼陸海軍大元帥。""那麼全國的事，都是他一個人辦嗎？""不，有國務總理，還有國務員。""總理都應當管甚麼事呢？""國務總理，爲國務員的首領，對於大總統公布法律、發布教令，以及關於國務往來的公文，須由他署名；對於議會，應擔負政治上一切的責任；對於行政各部也能發布院令。""那麼國務員都是做甚麼的呢？""就是各部總長。""一共有幾部呢？""有十部。""那十部呢？""就是外交、內務、財政、陸軍、海軍、司法、教育、農商、交通、參謀。""外交部管甚麼呢？""辦理國際交涉、經管僑居的外人及在外的僑民，保護華僑的商業，監督外交官及領事官。""還有甚麼官呢？""還有次長、司長、科長、科員、參事、秘書、僉事、主事、繙譯等等。各部均有以上的官職。""內務部辦甚麼呢？""專辦地方行政、選舉、賑恤、土地、警察、土木工程、禮俗、宗教、戶籍等事。職官跟外交部一樣，就是比外交部多技正、技士十幾個人。""財政部呢？""財政部總轄國家的財務、會計、出納、租稅、貨幣及銀行等事，也有總次長等官。""陸軍部呢？""辦理全國的陸軍事務，統轄軍人軍屬，又有副官、一二等的軍法官。""海軍部呢？""是管全國的海軍事務，統轄海軍軍人軍屬。又有司副官、視察，等等的。""司法部呢？""是專司民事、刑事、訴訟、户籍、監獄,並一切的司法行政事宜。""教育部呢?""是辦理全國普通、專門、社會的教育、藝術,比別的部多視學十幾員。""農商部呢?""是專理礦政、農林、工商、漁牧等事。""交通部呢?""全國的郵政、電政、航政、路政、路工,都歸這個部管,比別的部多技監二員。有統率辦事處、辦事員、參議等等。""參謀部呢?""掌管國防用兵及全國參謀將校,並管陸海軍大學、陸海測量、各國駐紮武官,及軍事、交通等事。另有參謀數員。""還有甚麼行政機關呢?""雖然還有許多,可是細細的一說,恐怕三天也說不完。""平常民間有事歸誰管呢?""有地方官哪。""有甚麼地方官呢?""北京的地方官有京兆尹、大興宛平兩縣的知事、京師警察總監及步軍統領。""外省都有甚麼官呢?""各省均設督軍一員,統轄全省的軍隊;省長一員,專理全省的民事;各縣都有縣知事一員;每省還有幾個道尹;也有警察廳,各縣均有警察署。""在前清的時候,不是分府、廳、州、縣嗎?""從民國三年,把各省的府、廳、州,一律改爲縣了。""是了,是了。明年我再進京來,還有許多的事要跟您討教哪。""只要我知道,沒有不肯說的。""那好極了。您是知無不言,言無不盡了。"

中華禮節

"貴姓?""鄙姓趙,轉請教。""鄙姓孫。臺甫?""賤字石庵。""未領教。""奉一,貴省?""敝省廣東。您貴省?""敝處江蘇,恭喜。""在星加坡①有一個小買賣。""您甚麼時候到的那邊呢?""兄弟生在那裏。""那麼就算是華僑了。""不錯。""星加坡那邊的風俗禮節也跟咱們本國一樣麼?""不都一樣,有的按着英國禮節。""我們中國僑居的人也隨着他們嗎?""也不一定。要是跟他們交際,必須按他們的禮節。在我們各人②家庭中,以及對於我們本國的人,就是用敝省的禮節了。然而我們祖國普通的禮節我是一概不懂。""您既是常在外國,咱們本國的禮節懂不懂也沒甚麼關係。""不然。兄弟這次回國來,雖然因別的事,可是最注意的,就是我們的禮節。不知道老兄能否賜教?""豈敢,豈敢。怕兄弟也說不完全。""您太謙了。請問這個官民見大總統,應當是甚麼禮節呢?""見大總統的禮節可分四樣。""那四樣呢?""是覲賀、覲見、謁見、公宴四種。"

---

① 星加坡:新加坡。
② 各人:自己,本人。

"覲賀是甚麼規矩呢?""應當穿大禮服。到總統府遞銜名柬①,由承宣官領到接待室,由侍從官引大總統到禮堂南向中立,帶覲官領着覲賀的官民北向立行三鞠躬禮,帶覲官引覲賀的官民退出來,大總統也退回去。""覲見是甚麼禮呢?""文武官員第一次進見,或是授職、改職、出京、到京,都爲覲見。一切的禮節跟覲賀禮一樣。可是得預先上呈,請示日期。見了大總統行禮後,稍進一步,由帶覲官介紹。問答完了,稍退一步,行一鞠躬禮。大總統先退,由帶覲官引覲見的人退出。""各國公使覲見,怎麼樣呢?""也是跟文武官員覲見一樣。可是行禮後再遞國書。""謁見禮呢?""是先遞銜名柬,由承宣官領入接待室。請大總統到延見室,承宣官引謁見員進去,行一鞠躬禮,大總統讓坐。問答完了由承宣官引出。""謁見用甚麼禮服呢?""可以用常禮服。""公宴是怎麼個禮節呢?""凡是接到大總統請柬的,到了那一天,到總統府遞名柬,由承宣官請大總統前引,與宴員隨行,按着次序入席。飯用完了,大總統帶着與宴員到茶廳稍坐。總統先退,與宴員再退。""文武官員相見也有一定的禮節嗎?""官員相見,可分兩種。一是敵體②相見;一是屬員見長官。""屬員見長官,應用甚麼禮呢?""初見,先遞禮柬。長官出見,屬員免冠,再鞠躬。長官答禮、讓坐。問答完了退出的時候,行一鞠躬禮。長官答禮,送到門內。若是常見,可以通名帖、免冠、一鞠躬,長官也須答禮。""敵體相見呢?""初見,通名刺③,客人進去,主人迎到門口。入室各免冠,一鞠躬。客人退,主人送到門外。""人民見官長呢?""初見,遞名帖。官長出見,人民免冠,一鞠躬,官長答禮。退的時候,一鞠躬,官長答禮。常見是一鞠躬。""人民敵體相見呢?""也跟官員敵體相見一樣。""卑幼見尊長呢?""卑幼見尊長,跟屬員見長官一樣。可是通名帖不用禮柬。""若是尊長來見呢?""尊長通名刺,卑幼迎到門外。走的時候送到門外。常見是免冠一鞠躬,尊長答禮。""弟子跟師長相見,用甚麼禮節呢?""跟尊長卑幼相見禮一樣。""男女相見,該用甚麼禮呢?""也是按着長幼、師生跟敵體相見的禮一樣,就是女子不免冠。至於握手禮,是表示親近的意思,可以隨便。""承教承教。"

---

① 銜名柬:舊時做官之人朝覲,將官銜名、姓名寫在其上的名帖。
② 敵體:指彼此地位相等,沒有尊卑上下之分。
③ 通名刺:呈遞名片。

前　清

　　中國五千年以來，朝代互有興衰。直到明朝崇禎皇帝的時候，國政不良，人民離叛。有一個陝西米脂縣人李自成自稱"闖王"，聚衆起事，攻破北京，逼迫崇禎縊死煤山——就是現在景山。彼時有一個大臣吳三桂，把滿洲兵請到中國來幫着打闖王。趕把闖王打跑了，滿洲人就佔據了中國，自立爲中國的皇帝，把帶來的兵丁，按着八旗分駐在各省及各衝要的地方，各種政治大加刪改。至於各官的名稱與明朝仍是大同小異。惟有人民的服制不像從前圓領大袖、攏髮包巾那種樣子，都叫人民薙髮梳辮子。穿的衣裳也是瘦袖小領。官服更是不一，平常是穿蟒袍補褂，戴朝珠花翎。由帽子上頂戴的顏色分出九等的品級；由補子花翎分出文武的官職。若遇見慶賀或祭祀的大典，另有朝衣、朝帽、披肩、朝裙。見皇帝的時候，腰子、荷包、忠孝帶①是總離不開的。這所說的不過是與前朝服制的不同。至於風俗禮節，滿漢並行，各不相擾。就是政治上也無甚差異。以北京而論，仍用的是吏、戶、禮、刑、工、兵，六部舊名辭。各部的長官，仍是尚書、侍郎、司員的名目，也分郎中、員外、主事。俗說：五府、六部、十三科道。順天府、大興宛平兩縣這都是文官。管理地面的武官有提督、總兵。往下說就是副、叅、游、都、守、千、把、外、委、兵了，還有八旗的正副都統。合十營的統領所帶的都是滿洲兵丁，按月支給糧餉，爲是保衛京師的。在外省的文官，有總督、巡撫、藩司、臬司、道、府、州、縣，武官也是提督、總兵等等。只於駐紮滿洲人的省分有將軍、都統，是專爲管理旗營兵丁的。在各省還有布政使、鹽運使等等的官名，我們也不必細說。可是凡從前有大功於國家的，都獎以公侯伯子男五等世爵，按着爵位支給俸祿。後來將京外文武各官在原有俸祿之外，加給津貼、養廉。這原是爲叫作官的人用度充足，自然就能清廉，不至於作貪贓違法的事了。那知日久天長，親貴專權只顧了自己②的快樂，那管人民的困苦？所以在一千九百十一年的時候，就激起人民的公憤，在湖北武昌起義革命，各處響應。清帝見大勢已去，又知道全國的民意不可違背，所以毅然退位，大權歸在國民的手裏，纔造成了中華民國共和政體，真是中國五千年以

---

① 忠孝帶：清朝大臣在胸前或腰間佩戴的有"忠""孝"字樣的帶狀飾物，表示效忠盡孝於皇帝。
② 底本作"已"。

來最大的光榮歷史也。

軍　界

"今天我好容易得着一點閒工夫，特意找您談一談。""好啊，現在我正悶得慌哪。""您聽見現在有甚麼新聞沒有？""也沒有甚麼特別的新聞，不過我昨天看見好些個軍人帶着一羣穿便衣的人，從北往南順着大街出城去了。我跟人一打聽，纔知道是解散軍隊，遣送他們回籍的。我見中國現在的軍隊比從前增的多了，一時解散也真不容易哪。""真是的，我正要請問您從前軍隊制度，您總該知道罷。""我也說不很清楚，不過大概的說一說還可以。從前各省綠營裏的兵丁，都是由各處招募來的，分守兵、戰兵、馬兵三樣。軍械也不甚講究，平常操練的不過是馬步、箭弓、刀石。""那麼管他們的都是甚麼人呢？""各省帶兵的有提督，以下有總兵。再小一點兒的，就是副將、參將、游擊、都司、守備、千總、把總、外委各種的官職。""這麼看起來，要打算求大功名很不容易哪。""誰說不是呢，不然怎麼俗語說'兵見兵，十三層'，就是這個意思。""現在陸軍的軍制不是都改編了麼？""是啊，從前的那些個名目都改了。""那麼現在帶兵的官兒都叫甚麼名兒呢？""現在各省有督軍，是管理本省軍務的。以下有師長、旅長、團長、營長、連長、排長，還有司務長，一共分出三等九級的堦級服制來。""這一師有多少人哪？""一師裏分步、騎、砲、工、輜五種，還有機關槍等也都附屬在一師裏。若連軍醫、軍需各種軍佐算上，一師就是一萬多人哪。""請問您這些兵都是招募的麼？""大概是招募的。也有從前各處立的鄉團護勇，因爲得用就改編爲正式陸軍。另外還有淮軍、毅軍、安武軍種種的名目。""這麼看起來，軍紀風紀上是不能都完美的了。""也不盡然。這全在下級長官平常受的教育怎麼樣了。若是他們受過好教育的，自然能操練兵丁，軍隊的名譽就能強。""這麼一說，造就軍官人材比兵丁更要緊了。""不錯的。所以從前立的有講武堂、武備學校。現在北京陸軍大學、保定府的軍官學校，這都是造就軍官的。""據您這麼說，中國各省的陸軍都受過學校的教育了。""不能不能。若論天下各省的軍隊，成立有早晚。人的性情也都不一樣。但能知道服從命令、保衛人民，那就算頂好的軍人了。""這話您說的很對，也很詳細。您怎麼說是說不很清楚呢？""不是那麼說。我並不是軍界出身，您問我軍界的事，我恐怕說錯了招您笑話。所以我只能説一個大概。""這也是您一分客氣的意思呀。""笑話,笑話。"

警　界

"無論那一國都有一定的法律,法律不能說是限制人民的自由,正是要保護人民在法律以內的自由。可是人民的程度,能說都一樣麼?""不能啊,所以必得有人維持一定的秩序,保護永久的治安。""像您這們說,應當誰負這責任呢?""往大處說,自然歸內務部了。要是與人民最接近的,就是巡警了。""真是我們中國的警察,辦的已經二十多年,現在的成效總算不錯。可是我在外省做了這些年的事,於北京警察的情形就有好些不明白的了。""我們今天可以略談一談。""好,我正要跟您請教哪。我先要問您,下火車一進前門往東走,路東有一個衙門,門口站着有巡警,那是甚麼公所?""那就是京師警察廳,可以說是北京警界的總機關。""那裏也有廳長麼?""北京警察廳的長官不叫廳長,叫總監。裏頭分總務、司法、衛生、行政四處,直轄內外城二十警區。每區有一警察署,每署有署長一人,署員可沒有一定的人數。""我看前門外很繁華,那裏歸那區管哪?""那歸外城警察廳管,大街以東有五區,叫左一、左二、左三、左四、左五;大街以西的五區,叫右一、右二、右三、右四、右五,左右共是十區。""內城哪?""也是十區。可是皇城裏頭有兩區,東邊說中一區,西邊說中二區。皇城以外共分八區,左邊四區、右邊四區。""請問您這區裏應當辦甚麼事呢?""一區的事情,也很繁雜哪,分內勤外勤。""甚麼叫做內勤哪?""內勤就是動筆墨的公事。也分總務、司法、行政、衛生四種,還有各處的報告跟鋪戶的捐款、住戶的轉移,公事也很多哪。再要說外勤更累了,守望巡邏都有一定的鐘點路線。""是啊,我想一區的地面也很大的,一個警察署照應得過來麼?""您想的不錯。可是從每一區裏還分出幾處分駐所來,一個分駐所又分出幾個派出所來。""那麼那馬路旁邊的木頭房子就是分駐所麼?""不是,那是避風閣。""避風閣是作甚麼的呀?""爲是在守望的時候遇見風雨,可以進去避一避。""我說的不是那小房子,是那有屋門、有玻璃窗戶的房子。""哦,是了。那個房子不但在馬路上有,就是僻靜的地方跟那繁華的地方都有。""那到底是甚麼呀?""那就是派出所。""一個派出所管多大地方呀?""管着有四五條胡同。在他所管的那些個胡同裏的鋪戶跟住戶都受這派出所的保護。""若是有擾亂公共治安的呢?""那就是帶到區裏去,單有違警的罰法,不是拘留,就是罰金。""我看當警察的責任也很重,總得受一點兒警察的教育纔成哪。""是啊,所以北京這裏有警察教練所,還有警務學校,都是培養警察人材的地方。""看起來比外縣可强多了。在小縣分裏,有一個警察所長,警察也不過四五百人,按村莊一分,一個村莊裏也就剩幾個人了。""若是像天津、上海有商埠的地方,也不能一樣罷。""那是自然。村莊裏的事情那能像省會這們繁雜呢?""在北京這裏還有保安隊,是分馬步兩種,專爲彈壓地面的。消防隊是預防火警的。偵緝隊是爲緝捕盜①賊的。""請問您,我在火車上看見的那是甚麽警察呀?""那與京城警察的性質可又不同了。那是專管火車上的事,叫鐵路警察。還有航空、農林、水上、司法、衛生,各種警察,他們的性質跟責任各有不同,名稱階級也都不一樣了。""北京這裏的警察,是怎麽個階級哪?""在警察廳有總監,各區有署長、署員、辦事員。再往下說,就是巡官、巡長了。""警察都是一樣的了。""不能啊,也分三等哪。薪餉雖各有不同,所負的責任可都一樣,不外乎保護治安,禁止人民法外的自由就是了。""承教,承教,真是俗説'不經一事,不長一智'。今天您②這們③一説,我的腦子裏又添了警察這一種的材料了。多謝多謝,改日再專來府上謝師罷④。"

郵　政

"這一程子⑤老没見,前幾天我跟您的鄰居還打聽您來着。您還在郵政局裏作事麽?""可不是,上禮拜局子裏派我到南昌調查一點事,去了幾個禮拜,昨天纔回來。""現在郵政可是真有進步了。從前的信局子⑥,一封信不定多少天纔能到。現在只用一個禮拜,南昌都能打來囘⑦。""這不是因爲有火車,交通方便了麽。請問您,從前的信局子是怎麽寄法呢?""那麻煩極了。前門外打磨廠有好些個信局子,他們在各省、州、縣裏、鄉鎮上,都有分局,寄信、帶東西都

---

① 盗:盗。
② 底本作"愁"。
③ 這們:這麽。
④ 此段中,從"負的責任……"到"改日再專來府上謝師罷","在底本中位於"郵政二"之後。現將兩部分接合。
⑤ 這一程子:這些日子,這段時間。
⑥ 信局子:清末民間寄送信函的機構。
⑦ 囘:回。

成，沒有一定的價錢，看路程的遠近了。可是不能專爲您這一封信就走，必得等湊好些封信在一塊，纔走一盪①。""那不就悮②工夫了麼？""誰說不是呢？就悮工夫還是小事，若是有要緊的事，依靠着信局子簡直是不行，並且您要打算往外寄銀錢，他們信局子還不管。""那麼寄銀錢又該歸那裏管呢？""那得由匯兌莊銀號，也説票莊。這些地方寄，他們得一點兒匯水③，比起現在郵政可差多了。今天要跟您打聽打聽，中國的郵政立了多少年了？""您等我想一想，大概是從一千八百九十六年，由總稅務司赫德先在沿江、沿海跟各通商口岸的地方設立郵政局。後來慢慢的把驛站裁撤了，所有的公文也改由郵政局投遞。直到一千九百十一年，各省也都擴充起來了，成績一天比一天好。在北京設立總局，總辦就是帛黎。在各省會設立郵務管理局一處，並有各等郵局及代辦所。可是郵票從半分直到二十元，明信片有單雙兩種，都是由京裏發出去的，不過各省打上各省的字樣就是了。""我還要請問您，我常看見信上有貼欠資票的，那是作甚麼用的？""那是因爲您的信没貼郵票，或是郵票貼的不够分數。郵局裏有一種欠資票，遇有欠資的信，郵局先發出欠資招帖給收信人送去，叫他拿着應找補的錢數到局子裏來取，然後把欠資票貼在信上。凡是不够分的郵件都要貼欠資票。""是了，那麼一封信應當貼幾分票呢？""那要看您往那裏寄了。比方北京城裏，那叫本城投遞郵件，只用一分；往各省寄的信，那叫各省互寄的郵件，必得用三分，開口信可以減半。""甚麼是開口信呢？""就是印刷品，比如甚麼傳單、新聞、紙廣告等類。只要不是用手寫的，都算是印刷品。""那麼我要往外洋寄東西呢？""那又算是包裹類的了。""寄包裹還單有章程麼？""有哇。包裹是按尺寸算，至大不過一米達④，長寬高不得過一米達零八十生⑤。若是在國內各省互寄包裹，又跟往外洋寄包裹的章程不同了。""這麼看起來，郵局比從前信局子強的多了。昨天我的朋友要往南京給他兄弟寄衣服，他不知道郵局的章程⑥，所以我跟您打聽。今天您這麼一説，我心裏也

---

① 盪：趟。
② 悮：誤。
③ 匯水：在銀行或郵電局辦理業務匯款時，按匯款金額所收的手續費。
④ 米達：英文 meter（米）的音譯，此句意爲"包裹最大不超過一米"。
⑤ 生的：英文 centimeter（厘米）的音譯簡稱，此句意爲"包裹長寬高不超過一米八"。
⑥ 章程：此處指規定、規矩。

明白了。我現在就到他家告訴他，省得他找不着頭腦。明天我們接着再細談罷。"

郵政二

"昨天我把寄包裹的章程告訴我那位朋友，他非常的謝謝您，他還跟我打聽往外國寄包裹的章程。我告訴他等我跟您打聽明白之後再去告訴他。請您告訴我往外國寄包裹的章程。""往外國寄，除了美國跟非律賓①臺島可以直接投遞，別的國還另有詳細章程。要是從外國來的東西，在北京郵政局能收海關的進口稅。可是您要寄貴重東西，價值過三十元的就得保險。不保險要有損失，郵局是不認賠償的，並且保險費也不多。包裹保險是按着所保的數目值百抽一，只有四川省因為舟車不便是值百抽四，並且以二百元為限。還有信函保險，是把信裝在郵政局所賣的特別封套裏，大概都是甚麼憑單匯票之類，保險費是每元一分，至多不過千元。這因為都是要緊的信函，要是平常的信，掛號也就成了。""甚麼是掛號哪？""掛號分單掛號、雙掛號。您把信送去，他給您一張執照，若是後來這信有甚麼舛錯，您可以拿這張執照到郵局查詢去，這歸單掛號。雙掛號是把收信人的回條還給您帶回來。""那們掛號是多少錢呢？""單掛號是在國內，除去應貼的郵票，另外再貼五分。可是蒙古新疆，五分又不成了，得貼一角。往外國也是一角，只有日本可以貼七分。雙掛號是按着掛號費再收一份回執費，惟獨日本是收三分。""都能掛號麼？""也有幾樣不能掛號的，就是用鉛筆寫姓名住址跟假姓名，筆畫寫的不清楚，及信內有錢票之類都不能掛號。""聽您說這些法子很妥當了。我要給人匯款是怎麼寄呢？""也能開匯票。可是有一點限制，火車通的地方，每日每人不得過三百元；火車不通的地方，每日每人也就是寄一百元。""我要是天天寄呢？""那他就不能管了。""照您這麼說，郵政局甚麼都能寄了。""不然，也有禁止的。凡是能損壞郵件的、爆烈引火的，跟稅關上例禁的東西，還有一切生死動物昆蟲，都在禁止之內。可是惟獨活蜜蜂，只要您裝置得法，就能給您寄去，這也可以說是一條特許的了。""聽您這們一說，後來我送信決不至於碰釘子。現在您不是還要上局子了麼？""是，快到上班的鐘點了，我也不能久陪了。後來對於郵政上您有甚麼不明白

---

① 非律賓：菲律賓。

的,當時可以往局子裏打電話。""好,好,您請治公罷。""失陪失陪。"

海　關

"多日不見,十分的惦念您。因爲事忙腿懶,總没工夫聚會聚會,竟要給您寫信,問一問近日的平安,都是被別的事給破散了。好在我們是知己的朋友,一定不怪罪我的,可是您近來倒好啊?""承問承問,諸事託福。""我聽説您在海關上作事哪,一定得意罷?""慚愧慚愧,不過充數而已。""請問您海關所辦的都是甚麼事?""辦的是收税的事。""甚麼叫做收税呀?""您連收税都不懂,聽我慢慢的告訴您罷。一國裏的財政,賦税總佔多一半,所以在各處衝要的地方立一處税關,凡是貨物的出入都要納税。一則爲補助國家的財政,二則也可以調查各地方出産的東西多少。""您説的這税關就是海關麼?""不是海關。海關在各海口立的,與各國通商,徵收往來貨物税款。税關是國内各地徵收貨税的機關。""税關在從前就有麼?""在周朝的時候就有,跟現在的名子①一樣,也叫常關。後來各朝各代都有,只是名目不同。""中國的海關,在甚麼時候纔有的呢?""在元朝的時候,在廣東立了一處市舶提舉司。明朝也有丈抽的法子,按隨來的船隻大小定税課的多少,這都是海關的性質,可没有海關的名稱。""那麼甚麼時候纔叫的海關呢?""在清朝康熙二十八年,跟俄國立了通商的條約,後來又跟別的國會議通商的辦法,纔在寧波、福州、廣東、上海立了四處海關。各關都有監督,管理一切。""這麼看起來,與中國通商最早的就是俄國嘍?""不錯的,從前中國是拿定了閉關自守的主義。自從跟各國通商以來,出口貨以茶絲爲大宗,入口貨是機器、呢革等類居多。所以事情比從前就多添了好些。在一千八百四十年與英國因鴉片戰争,後來開了幾處商港,所有税款也歸海關收取。從前海關不過纔有十四處。""現在呢?""現在有四十四處了。""這些處商埠,都是我們自己開的麼?""不都是自己開的。有的是因爲跟各國定了通商的條約後來纔開的商埠,所以現在受條約的束縛,有好些事不能隨便改革的。""請問您,海關不是給中國徵收課税麼?怎麽有好些外國人呢?""那是因爲從前中國初立海關的時候,一切章程都不甚熟悉,所以在一千八百五十四年的時候,由英美法三國領事公推三人爲税務司總辦,幫同辦理税務,這就是海關設

---

①　名子:名字。

稅務的原因。至於一切僱員，也都是由各國聘請來的。所立的海關稅課章程也很多呢。""出入口稅，您能略說一說麼？""可以。大概分進口稅、出口稅、通過稅、船鈔稅、特殊稅這幾樣兒。""甚麼是進口稅？""進口也分洋貨的進口，跟土貨的復進口半稅兩種，都是值百抽五的稅率。""出口稅我知道，就是土貨的出口稅不是？""對了，也是值百抽五。""通過稅是指甚麼稅①哪？""就是洋貨入內地，土貨出內地的子口半稅。""船鈔稅是甚麼呀？""船鈔稅又說噸稅，是按着船的噸數抽稅，分理船營造燈塔三處，跟徵稅處的三班差不多。""您說的這都是海關的事情嘍，那麼中國內地不是還有常關哪麼？""現在的常關也沒有幾處了，可是各省抽稅的法子更多了。""我記得從前各省還有釐金局呢，那不也是徵稅的機關麼？""是啊，如今釐金局已經沒有了。可是現在各省的統稅、物產稅，種種名目，都是從釐金局改變出來的。總而言之，不過叫人民身上多擔負一點兒責任就是了。""這麼說，當初這釐金局，是為甚麼立的呢？""您不知道麼？這是在一千八百五十三年，就是清朝咸豐初年，在南方各處打仗，因為軍餉不足，有一個叫雷以諴的想出這個法子纔立的。起初在揚州②水陸衝要地方試辦釐金局，抽釐助餉，無論甚麼貨物，都加收值百抽一的通過稅。在當初商民所納的稅並不算多，可是釐金局的收入很是不少。商民也很樂輸，公家也很得益，也算是救急的好法子。""那麼後來人民為甚麼對於釐金又很不滿意呢？""就是因為後來各省都看着這法子好，也要學着辦，辦來辦去，局子立的可就多了，辦事人也就不一樣了，甚麼情形都有了。另外又立了許多名目，跟着再有差役的勒索，這麼一來，人民納的稅就不止是值百抽一了。真有把貨賣完了得的錢還不夠納沿路的釐金稅哪。您想人民怎麼能滿意呢？""現在可好多了，沒有這些捐稅了。""到現在釐金的名目雖然說沒有了，可是抽稅的法子比那個更多，要較比起海關的章程來，可差的多多了。""這可怎麼好哇？多怎③人民的擔負纔能減輕了呢？""您不要替古人擔憂了。我請您出城去活動活動，您肯不肯哪？""這是那裏的話，我本來沒事，偺們一塊兒走罷。"

---

① 底本作"說"。
② 底本作"揚洲"。
③ 多怎：多咱，什麼時候。

監　獄

"少見少見，您現在作甚麼事了？""現時在步軍統領衙門①。""在那一科哪？""我在執法科。""您公事忙罷？""不很忙。""我跟您領教領教。貴衙門的監獄，一共有幾個哪？""敝衙門的監獄一共有三個。一個在帽兒胡同本衙門裏，其餘的兩個在別的地方。一個是第一監獄，一個是第二監獄，一個是待查所。""這三個監獄有甚麼分別呢？""凡是明伙、路刼，以及傷害人命的要案，都收在第一監獄裏。要是小偷竊的、次要案件都收在第二監獄裏。那待查所裏所收的都是沒有證明的案件，暫收在那裏。""還有個模範監獄是那衙門管哪？""模範監獄在姚家井，是歸司法部管轄。凡收在那裏的人，都是特別要犯，或是犯無期徒刑的跟一等有期徒刑的。""司法部的第一、第二監獄哪？""第一監獄在宣武門外鐵門，第二監獄在德勝門外。這兩個監獄裏所收的人犯，都是大理院、高等審判廳、初級審判廳的案件。""是，是。安定門裏頭砲局那兒有個監獄是歸那兒管哪？""那是陸軍部的監獄，歸陸軍部管。凡是上中級的軍官犯了法，都收在這裏。""在彰儀門外頭的習藝所是做甚麼的呢？""這習藝所是屬警察廳管。凡是警察廳一部分的犯人，以及冒充軍人的、擾亂治安的那些個犯人，都收在那裏。因爲有學習手工的性質，所以叫作習藝所。""除了這幾個，還有甚麼監獄呢？""還有順天府跟大宛兩縣的監獄。""不錯，我倒是知道。可不知道現在改了名字沒有？""大宛兩縣的監獄現在改爲待質所，順天府的監獄改名京兆尹公署監獄。""我還跟您領教，在監獄裏的犯人天天作甚麼呢？""在監獄裏的犯人都作一點手工。""作甚麼樣的手工哪？""有織腿帶子的，有編柳條箱子、筐子的。除去作工的時間，也有休息的地方，也有游戲的地方、洗澡的地方。若有人來看他們，也有接待的地方。""現在的監獄，可比從前好的多了。那麼女人要是犯了罪也收在監獄裏麼？""也收在獄裏，可是跟男犯不收在一塊兒。男有男監，女有女監。看女監的，都是四五十歲的老誠婦人。""男女監的情形有甚麼分別麼？""都是一樣，沒有甚麼分別。""改天請您同我參觀參觀，行不行？""可以，可以，您若是看見他們情形，可別哭哇。""不能不能，若是那個樣

---

① 步軍統領衙門：統領分駐京師的八旗步軍營的官署，負責京師警衛、稽查等事務。

子，真是俗語説的'戲臺底下掉眼淚——替古人擔①憂'了。"

北京鐵路規則

"伯恭先生，您怎麼還没走哪？""喝，竹翁。我本打算昨天晚上搭夜車走。因爲津浦車又不通了。""怎麼不通了呢？""在直隸、河南交界的地方發大水了，把鐵軌都冲斷了好幾十里。您説怎麼走呢？""昨天還有一個朋友從奉天來，怎麼没聽見説發水冲斷鐵路呢？""那是京奉車，從北京到奉天去的，怎麼能到南京去呢？""您可別笑話我，我長了這麼大，實在還没坐過一回火車哪。請你把這坐火車的規矩都告訴告訴我吧。倘若後來我要坐火車的時候，就免得臨渴掘井了。""可以可以，比如您要到張家口去，先必得歸着②行李、打鋪蓋。應帶的東西都收拾齊了，叫您的用人雇車來，點點件數，裝在車上，告訴他們拉到西直門外頭京綏車站。到了車站，就叫脚行把行李搬下去，再開發車錢。""脚行是作什麼的呢？""是車站上的夫役，專爲替客人搬運行李的。""他們搬行李要錢不要錢呢？""那兒能白搬呢。""不白搬，得給他們多少錢呢？""也要看您行李的件數多少。若是一件就給他倆銅子，兩件給他四個子兒。總而言之，是倆子兒一件。""喝，搬下車來就是倆子兒，要是再叫他們把行李送到車上去，不還得給錢嗎？""那就不給了，他們是管裝管卸。就是到了地方下車的時候，也是這樣的規矩。""請問我們到了車站就上火車嗎？""先要買票。比如您要坐頭等車，就買頭等票；要坐二三等車，就買二三等票。""這車票在什麼地方買呢？""車站裏頭有賣票房，到了時候就開門賣票。""要是不到時候，我們到那裏去呢？""在車站裏頭有頭二等的候車室。""買完了票怎麼樣呢？""您就叫脚夫搬着您的行李上車。到了車站外頭栅欄門那裏，您把車票拿出來，給那個驗票的看看，驗完了，就跟着脚夫上車。""要是有朋友送我，他們没有票就不能過去嗎？""也能過去，總得花六個子兒買張月臺票。""嘔，是了，是了。那麼到了車上，我們買的票交給誰呢？""您先自己帶着，開了車，有察票的過來，給他看，看完了還交給您收起來。趕車要到了，就有人來收票。""還有我們帶的行李擱在那呢？""要是行李少，就可以擱在座位上頭的吊板上。要是多了，就得擱在悶

---

① 底本作"犹"。
② 歸着：收拾，整理。也作"歸置"。

車裏頭。""什麼叫悶車呢?""就是在客車的後頭,郵政車的前頭有幾輛車,又叫行李車。有門沒窗戶,行李裝在裏頭,鎖上門,無論甚麼人都拿不了去。""要是到了地方跟誰要呢?""在上車的時候,行李先得過磅,交給管車的點點件數,發給我們一張票。取行李的時候拿着票就要出來了。""是了,在火車上有飯吃嗎?""車上頭有飯房,隨意要菜,可是稍微貴點,就是喝茶也得一毛錢一壺。""那不是上了當了嗎?""那沒有法子,俗語説:'既在矮簷下,怎敢不低頭呢'?""要是睡覺總應當有牀吧。""要是想在床上睡覺,得買睡車票。""在車上要買點零碎吃的,有賣的嗎?""車上有小營公司,汽水、點心、糖食甚麼的都有。""無怪人人都願意坐火車,哪敢情①很舒服哪。""那是比從前行路好的多了。""請問您,從北京到奉天去的火車什麼時候開呀?""一天有好幾趟車哪。""有幾趟呢?""有兩趟快車,兩趟慢車,還有一兩趟通車。""什麼叫通車呢?""就是逢站不換的車。""一天一夜能走多少里呢?""大約可以走兩千多里地。""我們中國有句俗語兒:'人是地理仙,十天不見走一千。'②這個火車,比那個俗語説的快着十倍了。""可不是嗎?""今天承您賜教,後來我要對人説起來也可以充充行家啦!""哈哈哈哈!"

煤 礦

"您好。""好,您好啊。""您怎麼總沒到舍下來呀?""因爲前幾天有朋友要在西山開礦,請兄弟到西山去看看,昨天晚上纔回來。""令友要開甚麼礦哪?""要開煤礦。""這煤有幾樣哪?""大概分四樣。""第一樣是甚麼煤哪?""最好的就是紅煤。這紅煤體質極輕,燒的時候沒有氣味,也沒有煙子,所含的炭質有百分之九十,最容易燃燒。因爲產的極少,所以價錢很貴,平常的人家實在燒不起。""第二樣的是甚麼煤哪?""次一等的是黑煤。顏色很黑,稍微的有一點兒褐色,體質稍重,性質很硬,燃燒力最強,所含炭質有百分之八十,就是現在通用的那一種煤。""是了。那們第三等是甚麼煤哪?""是青煤。體質很重,性質很頓,燃燒力稍弱,一烘兒就滅,所含炭質百分之六十。""第四等的是甚麼煤哪?""就是歪煤。所含的炭質百分之五十。燃燒時有一點臭氣。因爲價錢極

---

① 敢情:副詞,原來。用在表示發現了新情況時。
② 人是地理仙,十天不見走一千:人像傳説中的神仙,很短的時間就到了另一個地方。也説"人是地裏仙""人是地行仙""一天走一千""一天走八千"。

賤,都用他燒石炭。""是了,您所說煤的種類我都明白了。可是不知道煤是天然的哪,還是人做的哪?""是天然的。因爲在上古的時代,有些植物經過地質的變遷埋没在地下,過的年代多了,慢慢的就把性質變了。有可溶化的,都化成了別的東西了,就膡了炭質没能變化,所以在地下埋藏多年。""這煤既是在地裏埋着,怎麽把他取出來哪?""那必得開採呀。""都用甚麽法子開採哪?""有用土法的,有用洋法的。""洋法我不必打聽,土法開採我倒要請教請教。""豈敢豈敢。採煤的法子,都是用鐵鍬挖地,挖成横坑,或是豎坑、斜坑。横坑安好了鐵道,把煤運到豎坑,然後用起重機起出來。這起重機,有用電力的,有用氣力的。""您説了半天,這是土法嗎?""不是,我説的是洋法。""那們土法哪?""土法是用人力,不用機器,要開雙井。一個運煤,一個通風。井口有用拉門的、背門的。拉門很矮,人得灣着腰,用筐把煤拉出來。這種法子在斜坑、横坑全能用。背門是井口高,人能站着把煤背出來。""這們説起,土法可比洋法費力多了。我請問您,都是那一省有煤礦呢?""在直隸省有唐山、開平、灤州;山東省有博山;湖南省、江西省中間有萍鄉、醴陵,這都是最著名的烟煤礦。其餘没開採的還有很多了。現在我所説的也不過是大概情形,要是細細的一説恐怕要説到天亮了。""是。我跟您告假了,明後天我們再談罷。"

家　庭

家　庭

"前次聽您説這中國的禮節，我是佩服極了。我還有好些事要請教請教呢。""豈敢豈敢。""您别客氣。從前我已經説過，我是從小兒就到星加坡去了，所有祖國的一切風俗、人情是一概不懂。今天我要跟您領教偺們中國的家庭裏是怎麼箇情形呢？""凡是人的家庭裏，最要緊的要講究父慈、子孝、兄寬、弟忍。婦女們，必須侍奉尊長，和睦妯娌。所以有五世同居的，九世同居的，傳揚出去是一件最美的事情。""外國可不是這樣兒，父子都應當分居。""那是爲甚麼呢？""那就是爲叫人自立的意思。""中國人不分居，也不是不自立呀。外國人分居的，不是也得有自立的能力麼？""在外國人作父母的，總得給兒女一箇正當的職業，決不叫他專等着承受祖業，所以没有爲分家產搗亂的。""這分家產的事，也是中國的習慣。雖然分了家產，也還有同居的。""我想弟兄們同居，一定是人多心不齊，日子一久了倒不和氣了。""這類的事，可也要看各人的家庭教育怎麼樣。若是人人都按着法理作事，彼此一定不生意見，不生意見那兒還能不和睦呢？""您説的這倒是至理。像這有家庭教育的人家兒是怎麼箇法則呢？""一家無論多少口人，總得有一箇當家的人，主持一切的事情。父母年歲大了，必得加意的奉養，不叫老人家操心。弟兄們一和氣，妯娌們自然也就没有口舌是非了。還有一件最要緊的事我還没説哪。""甚麼呀？""就是教訓小孩子。""怎麼箇教訓法呢？""無論男女孩子，到了七八歲的時候總要他上學念書。然而這家庭的教育更是要緊。因爲小孩子作事本不懂好壞，所以一舉一動作父母的都要留心管教，慢慢的把他的好習慣養成了，後來無論作甚麼事都不能錯。比方女孩子，也要叫他識字念書，學針黹①、禮節以及往來交際。在從前的女子限制的利害極了，没有事連大門都不許出。""那也未免太過火了罷。現在呢？""現在也必須有點兒限制。除去在外頭做事之外，要是天天兒走

---

① 針黹：指縫紉等針綫活。

走逛逛,也應當禁止。""這男孩子也是這樣麼?""男孩子雖然跟女孩子不同,在未成人以前也必須有點兒限制。倘若縱容壞了,可就不能挽救了。""您想這們教訓小孩子,後來他的家庭能好不能好麼?""後來准怎麼樣雖然是説不定,也要看小孩子後來所娶的媳婦怎麼樣。若是門當户對,總還不至於錯到甚麼地方去。""現在是自由結婚,還講甚麼門户麼?""門户雖然不論,可也必得才貌相同、性情相似,然後他的家庭纔能和美。夫妻要是和美了,全家纔能歡天喜地的各作各的事。比起那娶了媳婦就鬧分家的可强的多了。所以我們中國人的家庭是大家庭制,比起外國人的小家庭制來,自然是不同的了。""家庭制度雖然不同,也是各有各的好處。萬不能説中國的家庭比外國好;也不能説外國的家庭比中國强。若是把中國外國的家庭制换着用,我想不論那一國,都一定做不到的。"

婦女針線

"一個人生在世界上,這衣食住三樣是離不開的。就以穿衣裳這一件事説罷,那能樣樣都買現成的呢?""不買現成的,誰會做哪?""家裏的婦女都應當學着做。比方小姑娘上學念書、認字本是不錯的,可是到了十七八歲,就應該帶手兒學一點針線纔對哪。""學校裏不是也有縫紉科麼?""各學校裏雖然有縫紉一門,可是並不十分注重。所以凡是姑娘們都必得在家裏用心學學纔成哪。比如甚麼裁裁剪剪、幣邊兒①、縫縫兒、沿邊兒、揸縫子。就連自己的鞋、襪子也都得作得上來纔成哪。再遇見心思巧妙的,就是扎拉鎖扣、戳紗②、堆花③、釘小綫④,跟做件絲棉的衣裳、吊皮襖、馬褂⑤等等的。家裏婦女們做出來的活計,真有比外頭成衣手工好的,真要是橫針不知豎綫,連綻了縫、破了補都不會,那後來還怎麽自己過日子呢?""那不要緊,可以都拿到成衣舖去做呀。""照您這麼説,難道補一塊補靪都得找裁縫了。""我又不懂了,甚麼叫裁縫啊?""就是成衣舖裏做手工的。因爲做衣裳離不開裁剪縫連,所以叫裁縫。他們在舖子裏都是按月掙工錢。""我們到他舖子去做衣裳得論件數罷?""那是自然哪。在他舖子裏,一件衣裳是大家做。您要單把他叫到家裏來做活,得按日子給工

---

① 幣邊兒:縫紉時(給布料)鎖邊。
② 戳紗:刺繡針法的一種,用素紗作底,用彩色絲綫戳納成圖案花紋。
③ 堆花:把紗堆紮成花的工藝。
④ 釘小綫:傳統刺繡針法之一,用較粗的絲綫釘成圖案,通常是各種幾何紋形,又稱"釘綫秀"。
⑤ 褂:底本作"掛"。

錢了。""這麼一說，既是能叫到家裏來，就無論甚麼活計都能叫裁縫做了。""不能，不能。比方做綢緞綾羅的講究衣裳可以找裁縫，他們做的平正漂亮，穿上合身兒得樣兒①。要是家常穿的褲子、襪子、領子、袖子、小孩兒的圍嘴兒②、轉脖兒③、小衣裳甚麼的，難道也找裁縫做麼？""您説的不錯，這些東西外頭雖然也有賣的，可是家裏的婦女年青的時候學針線也是很要緊的事。"

滿　月

"馬先生您大喜呀！""同喜同喜。""您的小孩兒很好罷？""小孩兒倒是很好，就是奶不夠吃的。""在貴處的小孩兒，奶要是不夠吃的，有甚麼法子麼？""有法子。可以餵他牛奶、羊奶或是牛奶粉跟糕乾甚麼的。""請問糕乾是甚麼？""糕乾是米面作的，裏頭有一點糖。""是怎麼樣的餵法呢？""買一點糕乾來，用涼開水和匀了，擱在火上蒸二十分鐘，就拿下來晾涼了，用一根筷子或一把小匙子往小孩兒嘴裏抹。""吃那個東西小孩兒能結實麼？""怎麼不能結實？跟吃奶一樣。""多偺④可以餵他呢？""到洗三開了口兒以後就可以餵他。""'開口兒'跟'洗三'又是甚麼意思呢？""小孩兒生下來第三天，先請一位外人來給他一點兒奶吃，就叫'開口兒'。跟着叫收生婆來給小孩兒洗澡，就是'洗三'。也還必得給親友家送紅雞蛋，親友們得着紅蛋就知道某人得了小孩兒了，趕緊就都送禮來。""都送甚麼禮呀？""送缸爐⑤、槽糕⑥、雞子⑦、小米、黑糖、核桃仁，或四盒或六盒或八盒都可以的。""洗完了三以後就没甚麼事了罷？""還要辦滿月哪。""滿月是甚麼意思呢？""小孩兒生下來一個月那一天，就是滿月。有的在家裏辦，有的在飯莊子上辦。預備酒席，再叫幾種玩藝兒，或是唱大戲，或是唱影戲。""那們給小孩兒辦滿月，親友怎麼能知道呢？""必得先下請帖。""請帖怎麼寫呢？""比方説滿月要唱大戲，用紅單帖，右邊寫'某月某日，小兒或是小女，彌月，敬治彩觴，恭請光臨'，當中寫本人的名字。若是在家裏辦，左邊寫自

---

① 得樣兒：好看。
② 圍嘴兒：圍在小孩子胸前使衣服保持清潔的東西，用布或塑膠製成。
③ 轉脖兒：圓形的圍嘴兒。
④ 多偺：多咱，什麼時候。
⑤ 缸爐：老北京的一種甜味糕點，也説"缸烙"。
⑥ 槽糕：也叫"槽子糕"，用模子製成的蛋糕。
⑦ 雞子：雞蛋。

己的住處；若在飯莊子辦，就寫假座某飯莊。親友得着這個帖子就都來道喜。""那們親友還送禮不送呢？""還得送禮呀。""送甚麼禮呢？""不過是送些金銀做的鈴鐺、壽星、鐲子、鎖、八仙人甚麼的。""這些東西，有甚麼用處呢？""都是送給小孩兒戴的。""還有送甚麼的呢？""還有送尺頭、鞋襪、帽子的，或是做好了的小衣裳，這也是給小孩兒的。還有送酒席、桃、麵、燭、茗的。或是送錢，裝在紅封套裏，上頭寫彌敬，或寫代鈴。也有送幛子的。""甚麼叫幛子哪？""是用一塊大紅緞子，或大紅洋呢，上頭釘上金字。上款寫：恭賀某人弄璋之喜，或是弄瓦之喜。""'弄璋''弄瓦'，是甚麼意思呢？""比方這個人得了兒子，就寫'弄璋'；得了女兒就寫'弄瓦'。""上頭還有甚麼字哪？""當中釘一個大金喜字。下款寫送幛子人的名字。""本家收下幛子，應當擱在那裏呢？""應當掛在棚裏或是掛在屋裏。各親友送了禮來了，各家的人跟着也都來道喜。""本家兒怎麼樣呢？""請親友們坐席，大家歡聚一天。完了事，本家兒到各親友家去道乏①、道謝。""這就沒事了罷？""怎麼沒事呀，還有百祿呢。""甚麼是'百祿'呀？""就是小孩兒生下來的一百天，也有親友來送一點水禮。""這也總得辦麼？""總得辦。人常說：'生日年年有，百祿只一遭'。""那麼過了百祿還有甚麼呢？""還有一生日，又說叫'抓週兒'。""甚麼叫'一生日'呢？""就是小孩子第一個生日。""甚麼是'抓週兒'呢？""到了小孩兒生日的那一天，預備各樣的東西叫小孩子自己拿，拿着甚麼，就知道他後來愛甚麼。""那是真的麼？""那都是人造作出來的。我所說的不過還是大概的情形，要往細裏一說，那事情可就更多了。""貴處的風俗跟敝處的風俗一點也不一樣。'百里不同風'，真是不錯的。"

嫁　娶

"這位太太貴姓？""賤姓金。您貴姓？""姓白。您今天到這兒來，是行人情②麼？""是。我一來是賀喜，二來是看看貴國喜事的規矩。""貴國是那一國？""是美國。""您到中國幾年了？""我是去年四月到的北京。""您的中國話實在不錯。""我是初學中國話，恐怕說不好，您不要見笑。""府上在甚麼地方兒啊？""我住在燈市口中間，公理會。您府上在那兒呀？""我在四牌樓，北頭條。""您府上都有甚麼人哪？""我們就是夫妻二人，跟前有一兒一女。""令郎多大歲

---

① 道乏：通過口頭或宴請等方式表示謝意。
② 行人情：指向親友家送禮物或到親友家賀喜、吊喪等。

數？""小兒十七歲。""令愛呢？""今年二十三歲，十月就出嫁了。""貴國結婚都是甚麼規矩呢？""現在敝國最時興的是文明結婚，又叫自由結婚，非常的簡單。要是按着古禮，手續可就太多了。第一要有媒妁之言，父母之命。""這兩句話是怎麼講呢？""不論是男家看女家好，是女家看男家好，都要求出媒人來求親，就為'媒妁之言'。再經兩方的父母認可了，就是'父母之命'。""兩家的父母都認可了，還有甚麼規矩呢？""兩家各把男女的八字帖寫好，交給媒人對換，兩家都要找算命的給合婚。合上了，男家就送給女家兩個戒指，或是四個，或是別的東西為定禮，名為'放小定'。""還有大定麼？""第二就是放大定。因為第一次的戒指是臨時的定禮，放大定就是正式的了，必須備辦一對扁方①、一對花針、一副鉗子②、一對耳挖③、一副鐲子，再請兩位或是四位全福人④送到女家，當時就給姑娘戴上。""這一切的首飾是金的是銀的呢？""有錢的就用金的、珠鑽的、寶石的；沒錢的就用銀的，或是銀的包金。""那麼就用首飾，沒有衣裳麼？""那是通信的時候纔送哪。""請問怎麼叫作通信呢？""通信是定準了娶的日子，把婚書和裝新的衣裳抬着送了去。另外還有鵝酒⑤。""那麼快到了娶的日子還有甚麼事呢？""女家倒沒有多少的規矩，就是收到信禮以後，必須給姑娘預備預備嫁粧。""甚麼是嫁粧呢？""就是姑娘穿的、戴的，一切應用的桌、椅、牀、帳。在娶的日子前一天送到男家，那就是嫁粧。到了喜期，男家的轎子來了，打發姑娘上轎，就請送親太太一同送過去，另外還有僱的喜娘陪房。""男家都有甚麼規矩呢？""從通信以後，就要收拾新人的房，預備房裏一切的東西。還要給新郎作應用的衣裳、預備酒席、下帖請親友、搭喜棚、請娶親的官客、堂客。到了喜期再發轎娶親。""新人娶過來，還有甚麼規矩麼？""新人下了轎，同新郎一齊拜天地。拜過之後送入洞房，喝交盃合巹酒⑥、吃子孫餑餑⑦、長壽麵。第二天一清早拜祖先、見公婆，然後再分大小。""怎麼叫'分大小兒'呢？"

---

① 扁方：滿族婦女梳旗頭時橫插在髮髻上的扁平一字形髮簪，像尺子一樣。
② 鉗子：耳環或耳墜。
③ 耳挖：掏耳垢的工具，亦指頂端帶挖耳勺的簪釵。
④ 全福人：公婆健在、夫妻和睦、兒女齊全的婦人。
⑤ 鵝酒：男方送給女方鵝、酒作為聘禮。
⑥ 合巹酒：古代新人結婚時飲的酒，"巹"是一種瓜，將其剖成兩半裝酒，夫妻二人各持一半，寓意夫妻二人合二為一。
⑦ 子孫餑餑：給新人吃的煮得半熟的小餃子。親友問"生不生"，新人說"生"，取其早生、多生之義。

"就是拜見闔家的哥哥、嫂嫂、兄弟、姐妹,就是姪兒、姪女、孫子、孫女,以及本家、親戚、朋友都要見一見。受禮的人都應當送拜禮。""都拜見完了,男家就沒事了罷?""還要預備新人的娘家人來看姑娘,又名叫'吃酒'。""吃過酒怎麼樣呢?""到新房裏看看新人,説些安慰的話,然後向親家太太討一個接回門①的日子。可是回門不能住下,必須當天回去。""怎麼不住下呢?""因爲中國有這樣的風俗,在這新婚的一個月内,不能叫他夫妻離開。俗説是不准空房。""在敝國也有這樣意思。可是他們兩個人不在家裏,必須找一個有山有水的好地方,過一個月的日子,名叫'度蜜月'。""您看他們轎子到了門了,我們一同看看去罷。"

喪 事

"請教,這北京辦白事,都是甚麼規矩哪?""您要問白事的規矩可多了。從一倒頭起,直到出殯止,這其中的手續是很多很多的。""請問您,倒頭以後該當做甚麼呢?""先出報喪條。""上頭寫甚麼呀?""就寫某人于某月某日病故,某日接三②。""不寫那一天出殯麽?""那是出訃聞的時候纔寫哪。""既是有訃聞,爲甚麼又印報喪條呢?""這是因爲至近的親友得着信,就可以趕緊來探喪。訃聞印的慢一點兒,可以第二天再送。""那麼訃聞上應當寫甚麼呢?""訃聞上寫死人的姓名、歲數、死的日子,再寫上接三、起經、送庫、伴宿、發引等等的日期。""接三是怎麼回事情哪?""就是死的第三天晚上,得預備紙糊的車、轎、頂馬跟騾,並且有和尚或喇嘛打着法器念經。把這些燒活③送到大街上燒了,那個意思就是,死人的魂得着車馬,可以回家來。""叫他回來做甚麼呀?""這個意思也是虛無漂渺④的事情。據説,人死了,他的魂魄無所歸宿,所以到了三天叫他回來,請些高僧、高道超度他的靈魂得歸樂土。""是了。我再問您,這'起經'又是甚麼哪?""就是頭一天念經,就叫'起經'。""是甚麼人念經哪?""請和尚喇嘛或是道士這些人念經。""都在一塊兒念,倒是很熱鬧哇。""不是在一塊兒念,是一樣兒念一棚。""甚麼是一棚呢?""或三天或五天念一回經,就爲一棚。到了末一天就是送庫。""甚麼是'送庫'哇?""就是用紙糊的一樓、二庫,您没看見大

---

① 回門:女子結婚後第一次回娘家,一般和新郎同回。
② 接三:人死後第三天晚上,爲了迎接死者靈魂歸來,燒些用紙糊的車、馬、人等。
③ 燒活:用紙糊製而成的燒給死人的用品。
④ 漂渺:縹緲。

街上常常有的。""這庫是擱甚麼的呢？""是擱紙錢的。""伴宿是甚麼禮節呢？""就是在出殯的前一天，死人的兒女以及眷屬都在靈柩旁邊。伴宿就是捨不得跟他父母分離的意思。""那麼朋友就可以不去了？""也得去，出分子①。""甚麼是分子呀？""就是朋友們送一點兒錢去買些紙錢燒了，當作死人靈魂的路費。""怎麼送去呢？""用米色封套、藍籤兒，把錢擱在裏頭，籤上寫'奠敬'兩個字。下邊用小字寫明多少錢。在封套右首下邊還要寫出分子人的姓名。""只可以送錢不可以送別的麼？""也可以送紙錁②、花圈、輓聯、花盆、祭席、紙糊的一切冥器，還有用松枝作的各樣東西，還有幛子等等的。""是睡覺的帳子麼？""不是。這是用一塊綢子或緞子或洋呢，上頭掛四個大金字。""寫甚麼字哪？""死的若是男人，就寫'壽高德重''福壽雙全'等等的；若是女人，就寫'駕返瑤池'等等的。上款寫死人的行號，女人寫門氏；下款寫送幛子人的姓名。""發引是甚麼意思呢？""就是出殯。""是了。我在街上也常看見出殯。前頭有好些人，拿着好些樣東西，那都是朋友送的罷？""那不是朋友送的東西，那是執事。""抬棺材的人也不少罷。""有用三十二個人的，有用四十八個人的，有用六十四個人的。""出殯的那天，朋友們去不去呢？""也得去送殯。若是至親近友，還要送到墳地，看着下了葬纔回來呢。""您這麼一説，跟敝縣的白事規矩可差的太多了，真是'百里不同風'。"

小兒玩物

天生萬物，惟人最靈。可是在初生的時候一點兒知識沒有，就知道餓了要吃，困了要睡，不舒服就哭，這都是小孩子們天然的知識。趕到周歲以後，他的知識就漸漸的加增了。作父母的必得按着他們年歲給他們買點玩物。比如纔能坐着的小孩子，可以給他們布作的人，布作的貓、狗、牛、羊、虎、象、駱駝等等的。還有一樣不倒翁，俗名叫"搬不倒"。這種玩物非常有趣，因爲是用紙作的半截人形，上輕下重，小孩子們無論怎麼搬倒了他，悢悢悠悠的還是立起來。小孩子們初學走的時候，可以給他一個三個輪子的小推車，他自己推着就能走，不但練走道兒，並且不能跌倒。後來自己能走了，可以給他一個琴車拉着

---

① 出分子：出份子，爲慶吊等事送人禮物或現金。
② 紙錁：紙錠，用錫箔糊製成銀錠狀的冥錢。

玩兒,因爲車箱裏頭安着一個小鋼琴,車輪子一轉,鋼琴就響,是小孩子們非常歡迎的。還有一種琴球,是用紙作的圓形球,裏頭安上鋼琴,小孩子們扔的時候,裏頭發出種種好聽的聲音,也是小孩子們最喜歡的。到了能跑的時候,就可以給他們買一副兩段的紙馬繫在腰間,再給他一個小鞭子,叫他來回跑着玩,這個名子叫"跑竹馬"。還可以給他們買些個木頭作的刀、槍、劍、戟,各樣的兵器,叫他們隨便玩耍。這些兵器都是古時候打仗用的。還有商務印書館新發明有益兒童的玩物實在不少。類如兒童教育畫、兒童歷史畫、六面畫、兒童日曆,還有木頭作的各種輪船火車、飛禽走獸等等的。還有一種積木能夠改變好些個樣子。近年來又有東西洋各國興出來的皮球、汽鎗等等的玩物,這都是他們玩耍的東西。到了七八歲、十來歲的時候,小孩子的知識日開,力氣是一天比一天強了,作事也有一點次序了,就該給他大點的玩物。比如到了春天放風箏;七月十五點蓮花燈;八月節,又説中秋節,擺兔兒爺①;正月燈節,又説上元節,放花炮。以上這些個玩物,都是按季應節應當有的。還有隆福寺、護國寺賣的影戲人②、傀儡人③,甚麼小桌子、小椅子等等的。説起來小孩子們的玩物是極多極多,可是各人所玩的東西不能一樣,都是跟他們性情相近的。要買這些個玩物,有的是洋貨店賣,有的是耍貨④攤子上賣。現在所出的玩物日漸精彩,不用説小孩子們看見喜歡,就是成年的人看見也是愛的了不得。因爲材料原不要緊,就是工夫實在費的不小。雖然是不要緊的玩物,然而也可以看出是中國的工業進步來了。

童子歌

"李姐,少爺醒了。你哄着他玩一會兒去,我好梳頭洗臉。""少爺,您睡醒了?咱們到花園子裏玩玩去罷!那裏的空氣很好哪。""李姐,您看桂花都開了,有多麼香啊!我們到亭子上坐一會兒去,您給我説一個笑話聽聽。""我的笑話都給您説完了,沒有甚麼可聽的了。我教給您一個童子歌罷。""甚麼是'童子歌'呀?""童子歌您都不懂。就是小孩語麼。""好,您説罷。""我説您記

---

① 兔兒爺:泥塑兔面人身像,多在中秋節供應,兒童以其作爲玩具。
② 影戲:皮影戲。
③ 傀儡人:木偶。
④ 耍貨:玩具。

着。小小子,坐門墩兒,哭哭啼啼要媳婦兒。要媳婦兒作甚麽,吹燈作伴兒,點燈兒説話兒,第二天早晨梳小瓣兒。""真不錯,再給我説一個罷。""誰跟我玩兒?打火鐮兒。火鐮花,賣甜瓜;甜瓜苦,賣豆腐;豆腐爛,攤雞蛋;雞蛋雞蛋搭搭,裹頭坐着哥哥;哥哥出來買菜,裹頭坐着奶奶;奶奶出來燒香,燒了姑娘鼻子眼睛。説完了。""你再説一個罷。""別讓我一個人説呀,少爺也説一個給我聽聽。""我的小孩語可短①哪。""不要緊,您説罷。""我要説了,您聽着。説的不好,可別笑話我呀。""誰笑話您哪。""小耗子,上燈臺,偷油喝,下不來,吱兒吱兒叫奶奶。""這個説的很好,您再説一個長的我聽罷。""我不説了,我累的慌了。""得了,我給您請安了,再説一個罷。""我可就説一個,我説完了,還是你説。""是了,您説罷。""黄狗黄狗你看家,我到南邊兒採梅花;一朵梅花没採了,瞧見親家到我家;我家媳婦會擀②麫,擀到鍋裏團團轉;公一碗婆一碗,案板底下藏一碗;耗子過來吃了麫,狗兒過來砸了碗,貓兒過來鋸上碗③。我説完了,又該你説了。""我再説一個,我們就回去吃早飯了,省得太太等着我們。""是了,您説罷。""小大姐,小二姐,你拉風箱我打鐵;挣了錢,腰裏掖,買個餑餑哄哄爹。""説完了麽?""説完了。""太短,不行,你再説一個罷。""我不説了。我破一個悶兒④,您猜罷。""您快説。""老大老大,四角拉叉⑤,嘴裏吞人,肚子裏説話。""我猜着了!""甚麽?""房子。""對了。""您再説一個。""大頭大,大頭大,人人大頭都朝下。你不信? 到家問你媽,你媽大頭也朝下。""這是甚麽哪? 我可猜不着了,您告訴我罷。""我若是告訴您,我們可得回去吃飯,餓的我肚子都叫唤了。""您告訴我,咱們就回去。是甚麽,你快説罷。""鼻子。"

---

① 短:缺少。
② 擀:底本多處作"趕",依文義徑改,下同。
③ 鋸碗:鋦碗,用專門的工具將碗破裂的地方鋦合在一起。
④ 破悶兒:猜謎,也説"猜悶兒"。
⑤ 底本作"乂"。

宗　教

孔　道

"噯呀，老弟，可應了俗語説'吃慣了嘴，跑慣了腿'，因爲連日聽您所講的佛道兩教，意思雖不能都懂，可也有些明白的，所以今天來再跟您領教領教這儒教中的道理。""這儒教的道理十分的深奧。我的學問淺薄，恐怕説不清楚，您聽了反倒糊塗了。""您不必太謙，請把大概説給我聽聽就得了。""可以罷。若論儒教，並不是普通的神道設教，乃是孔子傳授與人説話行事一定的真道理。不論是誰，小事大事，按着他的理去做，就能有成。不按着他的理，就行不下去。他的這個道理，與天道並行的，全是以德行化人，於無形之中合乎道理，並不是設立教會，招人入教然後傳道。所以後人稱他爲聖人，稱他的道爲孔道。""聽您這麼説，這孔聖人的道德大的很了。可是他生在那一朝，是甚麼地方的人呢？""他姓孔，名丘，字仲尼，生在列國時代的魯國，就是現在的山東曲阜。""甚麼叫列國呀？""就是在周朝末葉各地諸侯自立爲國。這國與那國爭地，那國與這國爭城，因爲幾個人的喜怒，鬧的人民睡不安、吃不飽，就驚害怕，日日在困苦中過生活。孔聖人因見各國的國政敗壞、道德淪亡，可就激動了熱心，周遊列國，不怕舌敝唇焦，往各處去勸化人民，要他們以忠孝爲本。也有聽的，也有不聽的。可是他的話全都得應驗，所以後人都很敬服的。""據您所説，孔聖人他的道德能夠化行後世，究竟用的是甚麼法則呢？""您要問他行道的法則，據我的淺見，不外乎就是以仁德待人，以忠恕立己。""這儒教的意思，聽您説了半天，我可明白許多了。請您再把這仁德忠恕的道理講給我聽聽，更是承情不盡的了。""不要緊。按我的拙見，這個'仁'字，在文話説'博愛謂之仁'。""甚麼叫博愛？""就是没有我不愛的人，凡是我心裏所明白的道理，務必叫我所愛的人全都明白這個道理，就叫仁。德是不以權力服人，無論甚麼事處處退讓，就是有人以無禮的事待我，絶不與他計較，總把不是責備自己，仍把好心待人，這就叫德。盡己之謂忠，就是自己應盡的義務或代人謀爲，我有多大心力盡多大心力，絶没有一毫的偏私。推己及人之謂恕，就是我所不願意的事也不願意讓人去做；我所受的利益，也要叫人都受這個利益。這幾句話就是孔聖人行道的法則。您瞧說着不要緊，作起來可是難的很哪。孔聖人身體力行，化及萬物，爲萬世儒學師表。與佛教所說的眞空、道教的寂靜，其宗旨大不相同。今天我們說的話不少了，我可有一點兒累了，改天再談罷。""謝謝，您也該休息休息了。"

佛　教

"大哥久違了，您好哇？""托福托福。您這一程子上那裏去了？""因爲這些日子沒事，到西山大悲寺住了幾個禮拜，那裏倒是很涼快。""那裏雖然是涼快，一個人不覺得悶得慌麼？""也不理會，有時候跟和尚談談，倒能領略點靜中的樂趣。""您眞是入鄉問俗，入廟就要學入定參禪。""倒是沒跟他們一塊兒參禪打坐。可是聽了一點佛教的源流來。""旣是這麼樣，今天我可以請教請教。""豈敢豈敢。說起佛教，本是印度國的國教，崇奉釋迦牟尼。因爲他生來好道，後來修行成佛，爲佛教之祖。""請問佛教的修行就是像和尙們打坐念經這些事麼？""不然，您所說的不過是形式上應作的。要照那樣的修行，街上化小緣的也都成佛作祖了。可是眞精神原不在這些皮毛上，就連經典也不過是給人一個修行的門徑就是了。""那麼說，這佛教到底是甚麼宗旨呢？""按經典上說，就是'無我無人，無生無滅'，教人要去掉了情慾，不生妄想。說'色卽是空，空卽是色'，就是說有形像跟沒形像都不能感觸於我。""得了老弟，這些深奧的意思別往下說了。請您告訴我這佛教是從甚麼時候傳到中國來的罷。""佛教傳到中國，可有幾千年了。相傳是漢武帝夜裏夢見一個長人，金光繞身，就說是佛祖現身前來感化。從此以後，上自天子，下至庶人，沒有不信佛的。修寺蓋廟，佛教可就興起來了。歷代相傳，愈傳愈速。國家專有祭佛的典禮，這麼一來不要緊，可是人民差不多就拿佛教當作國教了。""這也難怪，皆因在上的人極力提倡，下邊的人就得隨着效法，所以書上說'上有好者，下必有甚焉者矣'。日久天長就成了人民的習慣了。""這話誠然不錯。您看所有的廟宇，都是供奉佛像，鋪戶住戶，都是用佛龕供一張紙像，燒香上供，虔心至誠，可是他們的本意都是一片私心。""怎麼見得是私心呢？""咳，他們的私心大了。廟裏的和尙，是'指佛穿衣、賴佛吃飯'。鋪戶住戶，供奉神佛，希望求財。您想神佛能管那些個事麼？若是按書裏的意思說，就是用神道設教，勸化愚民，補助法律施行不到的地方就是了。""但是佛教中也有一種很好的誡命,就是戒貪、戒葷、忌酒色、禁屠殺。所以真修行的和尚,沒有一個不吃素的,正是遵守誡命之意。""是了是了。""今日得聞妙論,獲益實多。""豈敢豈敢。""改日有了閒工夫再細細的聆教。""不敢當,不敢當。"

道　教

"上次聽您所說佛教的宗旨,我稍微明白一點兒。現在我要跟您請教請教,這道教是甚麼宗旨呢?""這道教的道字意思,是人生離不開的規矩。創這一教的就是當初的老子。""這人是姓老麼?""他不姓老。他本沒有姓,因爲他母親懷孕有幾十年,後來在一棵李樹底下產生了他,指樹爲姓,所以姓李。生下來的時候,他的頭髮眉毛都是白的,就跟老年人一樣,所以當時的人都稱呼他爲李老子,也叫他爲老君。""他怎麼創的這道教呢?""您別忙,等我從頭至尾給您細說一說。這位李老君生在周朝,正當國勢衰微、人心險詐的時候。他看世界上的人終日爭名奪利,不顧禮義,把人生寶貴的精神、純正的思想,都被名利二字白白的消耗了,實在可憐。他看破了人世的虛榮,就一意的修持。說道本自然,無爲而化,以虛無爲根本,做了一部書叫做《道德經》。他的本意就是叫人清静無爲,不以世俗的榮辱、人生的是非擾亂本來天性,這就是道教的宗旨。""據您這樣說來,也是一件很難做的事呀。""因爲本不容易,只他能做得到,所以稱他爲道教的祖師。""請問後來學道的都能這樣麼?""雖不能都得着這道的真理,也算是一種節制人欲、涵養性情的好法子。""我嘗聽說,道士還能用法術拘神遣鬼哪麼?""那不過是後來教中的人格不齊,所以纔有這些左道旁門的情形。""那麼各處遊行的道士,見人就打稽首化緣,那能說是清静無爲麼?""那不過是俗說'指佛吃飯,賴佛穿衣',您那裏見有真正修道的在廟裏應酬施主的哪?""是,承教承教。"

回　教

"請問老兄,中國西北各省盛行一種回教,聽說他們那教的習俗,和我們有些不同。兄弟要知道那教的源流和他們的習俗,今天特來請教。""豈敢豈敢,兄弟也是一知半解。現在把我所知道的說一說,可不定對不對。請您後來再考查考查。""得了,您別客氣了,咱們還是外人麼?""好好。這回教起於阿拉伯，是穆罕默得創的。中國宋時回回等國多數人奉這教，所以叫作回教，本來叫伊斯蘭教，也有人叫清真教。""爲甚麼說'清真'兩字呢？""因爲這教的教旨，是尚潔淨，所以也有割禮。""嘔，是了。請問這教那一國還有？""當初這教盛行於中亞細亞、北非洲、土耳其、南洋羣島和中國西北各地方，中古時西班牙也盛行。自十八世紀以來，勢力可就不如從前了，這就是回教的起原①跟教旨。""我想回教的習俗大概跟各教都差不多罷。""就是過年和各教大不相同。別教的人過年都是吃吃喝喝，惟獨他們在新年前一百天就封齋了，通常說是罷齋。""甚麼是封齋罷齋呀？""就是禁食的意思。""嘔，是了。吃齋就是不吃葷罷。""不是那個意思，他們這個罷齋不是不許吃葷，就是不許照常吃東西。必得到了時候纔許吃哪。""甚麼時候纔許吃哪？""每天從早晨起來就不許吃東西，非得到了晚晌②纔許吃。到了夜裏兩點以後就不許吃了，還得等到第二天日頭落了的時候再吃。必得吃一百天，現在他們因爲百日太多，實在與衛生有礙，所以現在改爲三十天了。可是小孩子、老年人和孕婦不罷齋。""這個辦法倒奇怪，那們回回教的人也作禮拜麼？""作呀。可是跟我們禮拜的日子不同。我們的禮拜五就是他們的禮拜日。""他們作禮拜是在家裏是在禮拜寺？""在禮拜寺，您看街上彷彿是一個廟寫着禮拜寺或清真寺，那就是他們作禮拜的地方。""這禮拜寺北京有多少處呀？""有二十多處。""甚麼人管理禮拜寺的事哪？""管理禮拜寺的事是阿衡③，俗說是老師傅。凡是回教人家裏有婚喪嫁娶、辦生日、過年等等的事，都請他到家裏來念經。""按這麼一說，這教也是一個古教。""不錯不錯。""我還請問您這教的人都以何爲生？""平常的人都是做買賣。到了西北各省多以畜牧爲生。在政界作官的是頂少。""嘔，是了。您說他們是作買賣的多，我常看見各處有些個作小買賣的，他們都帶着一個小玻璃鏡子，畫着一把水壺，還寫着'清真回回'，或是'西域回回'，那都是罷？""不錯。""那水壺叫甚麼呢？""那叫湯瓶，就是回教人做買賣的記號。""是是，今天所談的回教，實在詳細得很，大概④也沒甚麼了。""您歇歇罷，我要跟您告假了。""忙甚麼，您再坐坐。""改天再見罷。"

---

① 起原：起源。
② 晚晌：晚上。
③ 阿衡：阿訇。
④ 概：底本作"慨"。

耶穌教

"上次承您賜教各教的教旨，實在增了我好些學問。""我說的太略，不要見笑。""您總斷不了客氣。今天我還要請教請教耶穌教的情形。""這耶穌教也是基督教的一派，尊耶穌爲救主。""再請您説説他的歷史。""在猶太伯利恒地方，有一個人叫約瑟，是一個木匠，妻名馬利亞。在他們夫婦沒結婚的時候，馬利亞因感受聖靈，就懷孕生了耶穌。他後來漸漸長大，到了二十七歲的時候，在約但①河纔受了預言者約翰的洗禮。當時猶太教徒正盼望基督降生來救世人。耶穌因爲受了約翰的教訓，這纔宣傳福音，改革猶太教。""後來怎麽樣呢？""他在各處講道三年，收了十二個門徒，人人都很信從的。不幸惹動猶太教的嫉妬，百般設計陷害他。後來給他造了一個叛逆的罪名，於是把他送到官府，由羅馬巡撫給定了死罪，釘死在十字架上了。這天從晌午直到夜裏三點鐘，天地昏暗，非常的悽慘。""他的屍身後來也沒有人掩埋麽？""後來他的門徒把耶穌葬埋在石穴裏。過了三天，耶穌復活，顯現給他的門徒看。在當天晚上就昇天了。自從耶穌死了以後，他的門徒都稱他爲基督，所以耶穌教現在又名基督教。""這基督是甚麽意思呢？""這本是希伯來的邁西亞語，又從希臘語譯出來，爲基利斯督的略稱，就是救世主的意思。""是是。我還請問您，這教的教旨是甚麽呢？""這教的教旨就是博愛。只要懺悔罪惡就能上昇天國。以上帝爲真神，不拜別的假神。""那麽這教的經典是甚麽呢？""《新舊約全書》是這教的經典。""請問這教自耶穌死後興盛没有？""自從耶穌昇天後數十年，到了法王專權時代，是極盛的時期。""這教甚麽時候傳到中國來的呢？""在唐朝太宗的時候，有一個波斯人叫阿羅本，他帶着《聖經》來到中國。唐太宗很是信從，還建造了一個波斯寺，信的人很多。""那不是叫景教麽？""是呀，那就是基督教聶斯託里②一派。""是嘍，這麽説也很早了。""可不是麽。""請問您，北京有好些個教會。那是作甚麽的呀？""是本教信徒們聚會守禮拜的地方。在北京有五大公會，您知道麽？""我不知道，請您告訴我。""一個是公理會，一個是長老

---

① 約但：約旦。
② 底本作"聶斯託良"。聶斯託里派是唐太宗年間傳入中國的最早的一支基督教。

會，一個是美以美會，一個是安立甘會①，又叫聖公會，還有一個是倫敦會。這五公會皆是西國人立的，各有各的禮拜堂。裏頭有牧師、長老、教士、執事等等的，辦理教會一切的事。""中國人對於教會的事業有甚麼發展麼？""近十年來，中國人士研究基督教的真理頗有心得，又兼這種關於道德的事業，若是長久受西人輔助，未免可恥，所以各省皆有中華基督教會的成立。就以北京而論，已立了四處，均有自養自立的能力。若再過些年，西國人在各省所立的教會或者都要讓給中國人自己辦了。""他們費了很大力氣成立了教會，就肯隨便的讓給中國人辦麼？""那是他們求之不得的了。他們差會宗旨，輔助中國人辦理教會，一俟中國人有了自立自養的能力，就算他們的目的達到了，那有不肯的道理呢？""是是。"

天主教

"兄弟今天又來府上打攪。""您這話從那裏説起，我們能天天在一處談談學問，很是有益處的事。""不錯不錯。今天兄弟還是要問問宗教的事。請問天主教和耶穌教有甚麼分別？請您説一説。""是，我可以給您略微説一説。""費心費心。""這天主教是基督教的一派，奉羅馬教皇爲教主，繼彼得位爲教皇的，傳至現在已經三百多人了。在新教勃興的時代，已經分了二十二派。天主教是屬於加特力一派的，也是二十二派之一。""那麼基督教有這麼些派別，他們的内容怎麼樣呢？""都差不多，各有各的好處。這基督教比方是一棵大樹，又分了好些枝幹，所以人的觀念和修行的儀式各派不免互異。形式上雖然不同，本源還是一樣。""這個意思您説的很對，可不知道他們的教旨變換了没有？""没有，都是根據《聖經》上愛神愛人的教訓。""是了，那麼這天主教堂裏都是甚麼規矩呢？""他們是每逢禮拜日早晨，教友進堂望彌撒，本堂的神父代表全體作彌撒。凡是本教教友家裏有喜事，必請神父到家主婚。若是白事，也必請他到家裏主喪。遇有自己不能直接禱告的，也可以請神父代表。""他們這教在社

---

① 底本作"安立干會"。安立甘會，是基督教的新教三個原始宗派之一，在清朝時傳入中國。

會上有甚麼慈善事業麼？""有養老院、各種學校，施醫院①也立了不少。還有一樣特別的慈善事，凡是貧寒的教友，他們堂裏量力幫助錢財。""這是很有義氣的事，那麼北京這樣的教堂多不多哪？""倒不很多，城裏共有四處。東堂在八面槽，西堂在順治門城根，南堂在交民巷，北堂在西什庫，這都不是天主教在北京的總機關。您没事的時候，可以到他們那裏參觀參觀。""對了，等没事的時候我一定去一趟。今天雖然打聽明白了天主教的教綱，可是攪鬧了您半天。""這算甚麼呢？這都是盡人皆知的，不過用我的嘴説一説就是了。""謝謝。改日兄弟備些茶點給您道乏、道謝。""太多禮了。""我要告辭了，請回請回。""候乘候乘。"

福音堂佈道

"明天是三月十五，東嶽廟開廟了。我們没事一塊去看看好不好？""很好很好。""明天是我找您去哪，是您找我去呢？""您不用找我去啦，咱們廟上見吧。""廟上那麼多的人，往那兒找您去呢？""您到廟前頭佈道棚裏找我去，就找着我了。""您到那兒作什麼去哪？""因爲每年這個日子，我總得到那兒去佈道。""佈道是什麼意思呢？""就是傳耶穌教的道理，盼望中華全國的人人歸主。""那麼您是奉了教了？""不錯，我大前年在燈市口公理會領的洗。""公理會是什麼地方呢？""是耶穌教的禮拜堂。""在北京有多少禮拜堂呢？""有八九處禮拜堂了。""不止吧，我常看見各街上的禮拜堂很多很多的。""您説的那都是福音堂。""難道福音堂不是禮拜堂嗎？""禮拜堂跟福音堂有一點分别。""怎麼分别呢？""禮拜堂是每禮拜日開門，由牧師講道，聽道的大半都是教友。每年聖誕節、復活節、謝恩節，以及望道的記名、領洗，都在禮拜堂舉行。福音堂可不能做這些事。""那麼福音堂都做什麼事呢？""福音堂是專爲没信道的人立的。所以每一個禮拜開三次門，隨便什麼人都②可以進去聽講，有看着耶穌教的道理好的，願意跟本堂的執事研究研究，可以到堂裏頭的談道室，隨時都有

---

① 施醫院：又稱"施醫養病院"，是基督教新教在中國所設的教會醫院，一般由傳教士本人或教會組織捐資修建，主要是爲教徒和願意信教的人治病，規模不大。後傳教士高超的醫術贏得了廣大信衆和朝野王公貴族的信任，亦有不少官宦捐資助建施醫院。施醫院的建立爲中國近代公共醫療設施和體系的建立做出了貢獻。

② 底本作"都都"。

人招待。有的人瞧着這個道的理由不甚充足的,打算辯論辯論,可以請到本堂裏頭的辯道室,也是隨時有人接談。""要是有人辯道,説出不大好聽的話來怎麼樣呢?""本堂的人也不能生氣。""那是甚麼緣故呢?""因爲在《聖經》上有兩句話,説有人打我左邊的臉,我連右邊都給他。""是了是了,這個福音堂跟禮拜堂有關係没有呢?""怎麼没關係呢? 福音堂是禮拜堂分出來的,專爲佈道用的。""那麼城裏有福音堂,城裏的人可以聽的着道了。城外鄉村的人可就聽不着了。""在城外各鎮店上也有福音堂。""大村鎮有福音堂,可是小地方的人又聽不着了。""小地方也有人去演講、佈道。""那樣佈道的都應當是甚麼人去呢?""不論男女老幼,只要有熱心,願意爲主做工的,都可以出去佈道。""他們出去佈道,是一個人去呢,還是好些人搭夥去呢?""大約可以分爲三等。""第一是怎麼個佈道法呢?""第一是箇人佈道。就是一個人到山裏頭,或是離城鎮遥遠的地方,對教外的人勸他們信主,後來可以永生。""第二呢?""是二人佈道。因爲當初耶穌派人傳道,總是叫兩個人一塊兒去,所以是按着主的法子爲二人傳道,可以彼此相助。要是聽講的多了也可以分開演講,算是個人佈道。""第三呢?""是成隊佈道。無論男女老幼都一塊兒出去佈道。到了一個地方就分開,或是三四個人,或是一兩個人,挨門挨户的口講指畫,傳主的真道。現在各省各地,都很歡迎這佈道的事業,所以又發生出來好些個游行佈道團。""這個耶穌教的道理我倒是很羨①慕的,就是不得其門而入。""那很容易了,過兩天我可以介紹您到公理會去守禮拜。""要是守過幾個禮拜怎麼樣呢?""只要您真心信主就可以記名。再過一年就可以領洗了。""領了洗以後就能得着永生的真道麼?""那是俗語説的,'師傅領進門,修行在個人'了。""不錯不錯。""那麼咱們明天見了。""好好,我一定在佈道棚裏等您了。""是,不見不散。"

---

① 羨:羡。

學　術

國文與國語

　　世界人民的進化都是從野蠻裏慢慢的變化，纔能到了文明的地方。文理也是由難懂裏慢慢的更改，纔能成了明顯的文理。古今天下萬國，都出不去這個定理。雖然語言文字各有不同，可是發表出來的意見却都是一樣。以中國而論，五千來年的文字經過了多少朝代，直到現在，文法比較從前簡便多了。在上古的時候連字還都沒有哪，那更說不到'文理'兩個字了。在那個時候，一天有幾件事就拿繩子結幾個扣兒，大事結大扣，小事結小扣。後來有字了，就寫在竹片上。那還甚麼文法可說麼？可是看那種說話的神氣很是實誠，真是後來的文法趕不上的，所以中國的國文都拿四書五經爲根本。中國從秦漢以來作出來的文法很有規矩，您要作官必得拿國文作個台階。人人都知道國文作好了就能出去作官，誰還不求着往好裏作呀？這麼一來不要緊，您要求古時候的那份樸實可就沒有了。後來又興出甚麼詩詞歌賦，不過一時高興拿他發表自己的心意。可是詩詞歌賦那些個法子，限制非常的嚴，因爲是要拿他解悶，所以纔定出種種的法子，立了種種的規矩，實在麻煩的很。自從八股廢除改爲策論，也是很費腦力。現在所作的論說把文語改成了白話，把舊詩改成了新詩，並且加上新式標點，比較從前容易多了，令人一看就懂，真是方便極了。但是白話這一種，雖然句法都一樣，可是各處的聲音不同、口音不同。語言是人生時刻離不開的，語言不通，甚麼事都不能作。比方兩個人初次見面，您要不懂他的話，您有甚麼意思他也不知道。這都不是因爲言語不通、口音不同的原故。從前雖然有官話，不過是官商各界的一種應酬話，還是不能普及的。有學問的人又好說文話。同在一國，同是一省一縣的人彼此誰不懂誰的話。既然連話都不懂，那裏能生出感情來哪？這不是因爲國家沒給定出一定的國語來麼？現在人人都知道這個毛病，所以立了一個讀音統一會，請各省有名望的人來到會裏研究國語，研究了多少回，費了好幾年的工夫，纔定了注音字母。後來各省的讀音或者一樣了。這字母就是聲母、韻母、介母三樣，彼此拼用，叫各省的人皆容易念。日子一多就成了國語了，所以現在各學校的課本上有的注上字母。將來各地方土語就變成了國語了。那時全國的人都像一家人是的①，彼此親愛，感情一天比一天厚。可見注音字母有這樣大的好處哇。後來無論作官的、爲商的以及平常的人，都是用國語說話，這也是一件很通快②的事。我很盼望這種國語早早的實行，那時中國必然另有一種新生活發現出來了。

學　校

"聞先生少見哪。""可不是麽，偺們有好幾年沒見了。您倒發福了。""托福，托福。現在您做甚麼事了？""現在在教育部有點兒事。""這教育部管甚麼事呀？""各學堂的事都歸教育部管。""我請問您，這學堂一共分幾種？各校的課程跟畢業的年限都有一定的規矩麽？""您要問學校的大概情形啊，我可以說一說。各學校都歸我們本衙門管，大約就分三種。""那三種呢？""就是普通、專門、師範這三樣兒。""普通都是甚麼學校呢？""就是大學、中學、高等小學、初等小學，以至於幼稚園，這都是普通的學校。""普通是甚麼意思呢？""就是教授普通知識的學校。""這一種學校，都是甚麼功課哪？""就是國文、算學、地理、歷史、圖畫、體操、物理、唱歌這些樣功課。若是大學有分科，比方各國的文字，還有聲、光、化、電，各學科可就只能認一兩門，然而也算是一種普通的學識。""分科跟專門不一樣麼？""不一樣。專門，是教他們一樣兒的學術技藝，所以有一種專門學校。""專門都有甚麼學校呢？""有商業學校、農業學校、工業學校、各國語言文字的學校、法政學校等等的，還有師範學校、高等師範院校兩樣兒。他們的功課就是普通的科學了。""是了，功課我也都知道了。那麼這各學校畢業的年限都是一樣麼？""也不一樣。國民學校是四年，高等小學是三年，中學四年，大學四年，大學預科只有二年。""師範學校呢？""師範學校本科四年，預科一年。高等師範學校本科三年，預科一年。""專門學校幾年畢業哪？""專門學校本科三年或四年，預科是一年。但是現在的新學制，一切學校都是三年，叫'三三制'。""是了，這就是各學校

---

① 是的：似的。
② 通快：痛快。

大概①的情形了。那麼,從前沒有學校的時候,是用甚麼法子呢?""就是私塾。有的人請先生到家裏來,就是專館。别的學生來念書,就是附學。到現在教育進步了,那樣的舊法子就不適用了。""這麼說起來,這教授法也比從前有進步了。""實在是進步的多了。""是是。""現在兄弟要到部裏去了,改天再談罷。""不遠送,不遠送。"

新學舊學

"喝,楊先生,您在家哪!巧極了,我正來找您談談,解一解悶。""很好很好。""我們彼此許久没見面,今天您來,正好談一談。您現在還處館②哪麼?""没有,早就把館擱下了。我如今在家看着幾個小孩子,天天給他們講講書、改改文,累的我一天一點工夫也没有。""您爲甚麼不叫他們上學校去念書哪?""不瞞您說,我是一個守舊的人,所以學堂裏現在的新學我是一竅兒不通。我正想給您寫信,請您細細的指教指教。""豈敢豈敢。提起'新學'二字,他的範圍是大極了。""今天您要没事,請您慢慢的談談。""可以。我先說學校的國文罷。現在都用的是白話,爲是叫人一看就懂,句法也顯明,話語也簡單,就是地理、歷史等等,也都用語體講解。""請問您這地理不就是各處山川的形勢麼。比方要是没到過的地方怎麼能往詳細裏說呀?""不要緊哪,書裏都印着很細的地圖,分五大洲,把各國的形勢連出産的東西都詳詳細細的寫在上頭。歷史是分中國史、外國史,把人類一切的事分出種類來講。""我想這歷史就是史學罷。""不錯,就是用綱鑑,從古至今按着朝代編的。可是按着學年程度定出課程,先學中國史,後學外國史。還有外國文也是很注重的,因爲有好些科學書都是由外國文繙譯出來的。""甚麼是科學呀?""就是從前說的那格物學。現在科學裏分聲、光、化、電,很有好些新發明的學問。還有算學,是用筆算,不用算盤。可是起頭兒,也是先學加減乘除,又有三角、幾何、代數,都是很費腦筋的功課。還有體操、圖畫、音樂,爲是活潑人的身體跟腦力的。""我想在舊學裏這是不甚要緊的。""不然。舊學也說這是有用處的。""您没聽見說,孔子的門徒都能通六藝麼?""請問您,甚麼是六藝呀?""就是禮、樂、射、御、書、數。""可見

---

① 概:底本作"慨"。
② 處館:指在私塾(主要是學生家中)教書。

這六樣兒本事當初也很講求，不過後來都拿作文章一門。爲求做官，把這些事就都看成玩藝兒了。""是的，就是我方纔説的那些樣兒，不過是新學裏頭的普通學。要在專門學校裏，還有哲學、理學、文學、法政學、經濟學、藝術學，好些樣兒哪。果然有一技之長，不必人人都去做官，這就是提倡新學的目的。""請問您，講舊學的爲甚麼要人一定做官呢？""您聽我告訴您。在從前小孩子念書的時候，先教他念四書五經，把這些經書的意思給他講解明白了，自然他心裏就存着個道德的思想。""那麼爲甚麼又總得叫他作文章呢？""因爲念的那書本子上頭的話都是死的，作文章是要用他自己①的意思說出話來，就能看出他是不是真明白。至於作文的法子，大概分古文、時藝二種。""甚麼是古文哪？""古文是從前的人做的文章，時藝就是爲科考用的那八股文章。""甚麼是八股兒呢？""就是用起承轉合的法子，把文章分開八段，一段有一段的意思，那就叫作八股兒。""我聽説舊學不是還講究詩詞歌賦哪麼？""不錯呀。詩有古詩、律詩、試帖詩。五個字一句的是五言，七個字一句的是七言。作歌詞的法子不跟作詩一樣，句有長短，規矩很多，很費心思。可是遇見不高興的時候，做幾首詩歌，填幾首詞，能把煩悶表明出來。若是遇見痛快的事，也能寫出滿紙的高興話來。總而言之，也算是借文章發表自己②的意思罷了。""我看從前的舊學多注重在詩文上。現在的新學都是求實際的。您的少爺若是能新舊兼學那是更好了。"

清華學校

"請問您，那清華園的清華學校內容的大概是怎麼個辦法呢？""那學校的學生有考取的，有保送的，還有半官費的和各機關轉入清華官費的。""一共分幾班呢？""就是中等科、高等科兩班，一共八年畢業。考試及格的送到美國去留學。一千九百二十一年，把中等、高等兩班畢業的年限一律改爲六年，後再加上大學二年，共是八年。學生的程度可比從前就顯着高多了。""學生都在校裏住，我想這管理也是很難的。""可不是麼。中等科的學生年齡還小，性行未定，故取嚴整主義。高等科的學生年歲大一點了，遂以提倡德育，養成他們自

---

① 己：底本作"已"。
② 己：底本作"已"。

治的基礎。""這麼一説,這管理的是很得法了。""不但管理如此,就是學校佈置也很好哪。就以醫院而論,房屋是十分的清潔,花木極多,誠然是一處很好的養病所。""主持醫院事的是甚麼人呢?""歷年是由請的美國醫士主持院事。近復添設看護二人,更加完美了。""這是好極了。我想離城太遠,郵政一定不甚便利罷。""您聽啊,我還沒説完哪。園子裏有二等郵政局一處,往來信件是方便極了。又新蓋了一個圖書館,一切的規畫①皆由主任戴志騫先生按着美國的圖書學改弦更張,很是講究。館內共分兩層,上層是閲覽室,閲書分中西兩部,同時可坐二百四十人。下邊是館員辦事室、教員會議室。後頭是藏書樓,能容圖書十五萬册。全館地面或用橡皮,或用花石。牆壁用烏木或大理石。一切窗幔桌椅皆極壯麗。這學校中圖書館②真可謂首屈一指了。""圖書館實在能增進人的智識。我想那校裏學生一定是不錯的了。""學生這一方面也真有些個可觀的舉動。""他們最注重是甚麼呢?""很注重的是德、智、體三育,並且服務社會跟研究學術都很有進步,所以一切道德、藝術皆極精美。更兼常為各種游戲,如運動會等等的。這一般活潑潑的青年真是不堪限量的了。""可惜這學校開辦的稍遲了一點兒。""也不算甚晚,開辦不過十年,送入美國留學的已近千人。這一班受過高等教育的將來若能協力同心,將全副精神致身祖國,力圖富强,後來一定要得一個良好的結果了。""這話誠然。現在正是時勢造英雄的時候,我們是很有盼望的了。"

華語教授法新舊的比較

"何先生,您好。我們有幾年沒見了,您還在英國府教書麼?""不是。現在我是在美國府教丁先生。""您教他難不難?""不難。""您都教他念甚麼書?""他念的書有《英華合璧》《官話指南》《文義津逮》。""那麼您每天教他幾點鐘?""我教他四點鐘。""這四點鐘您教他多少話?念多少書?""沒有一定。""您用甚麼法子教他呢?""我沒有一定的法子。他愛説話,我們就説話;他愛念書,我們就念書。""請問您説的話太多,他記得住麼?""他有一個紙本子,所説的話他都用羅馬字記在上頭。""若是書裏頭的字他不懂怎麼樣呢?""他可以查字典。""那

---

① 規畫:規劃。
② 底本無"館"字,據文義補。

麼認字有甚麼法子呢？""我給他寫字號，天天認字號。""照着您這麼教，簡直的沒有教授法。那可跟華語學校差得天上地下了。我有一位朋友張先生，是華語學的教員①。據他說，要入華語學校當教員，先得考試一次，作一篇論說。取中了然後再入師範班，學習教授法，學好了纔能教書哪。教的時候，必得嚴守定法。每天的新字、新意思都有一定的字數，不能隨便加添。按着學生的程度分級、分班，每一級都有一定的課程。教的時候必得注意學生的聲音，説錯了當時就改，倘或學生有不能説的聲音，必得用注音字母的拼音法念給他聽，然後再叫他跟着説。若遇見難懂的話或費解的意思，先生得多用比方。寫羅馬字、記英文、寫字號、查字典。用英文教授是一概不准的，就是寫字、認字，都有一定的次序。最要緊的是要學生多説話。先生有時用新字或舊字叫學生説話；有時用比方叫學生説新字或舊字；有時候叫學生講字義。可是無論怎麼講解、比方，都不能出學生所學的新字範圍。就是學生故意問課外的字或是特別的話，先生也不能給他講解。""要按您這位朋友所説的，可比在外頭教書難的多了。""教授固然是很難，可是學生的進步比在外頭念書真是有霄壤之別了。""我聽説華語學校的校長跟教務長都是精明強幹的，學識也十分的淵博。全體教員也都是學識優長，教授有方的。華語學校的名聲將來一定是傳遍了全球。"

協和醫學校

"林先生，昨天您上那裏去了？怎麼回來的那麼晚哪？""昨天我到醫學校去訪一個朋友。""醫學校是在甚麼地方？""在海岱門大街，東單牌樓北邊，路西。""請問醫學校是中國人立的，是外國人立的？""是外國人立的。""甚麼時候立的呢？""在西曆一千九百零六年纔成立起來。創辦人是一位英國人，他的名字叫科齡。""立這個學校是甚麼宗旨呢？""宗旨是招中國的學生學習西國的醫法。從開辦到民國二年，學生畢業有十次，人數在一百多名以上。後來因爲英國人不願意往下續辦，可就有美國人接辦了。""美國人是誰呢？""有一位美國的煤油大王羅拉思夫，他是一個大財主，又是慈善家。可就派他們本國人顧林先生到中國來接辦，改了一個名稱，叫羅氏駐華醫社。接辦以後又招生四次，

---

① 底本作"校員"。

也有一百左右,畢業三次。當初英國人辦的時候,在本校裏有養病房,可是看病在雙旗杆醫院裏頭。""那麼裏頭地方也不小罷?""裏頭地方也不十分大。一進門,南面有櫃臺,北面有招待室。在後邊有課堂,樓上也有課堂,那都是預備學生上課的。下邊有地窨子①,在後頭還有好些學生們的宿舍。後來美國人接辦了,他們因爲地方狹窄,想要擴充,就把豫王府買過來作醫學校了。於是就把海岱門大街的醫學校的養病房和雙旗杆醫院、新開路醫院三處治病養病的處所一律取銷,都移在豫王府裏去了。""我聽說豫王府不是也給人看病麼?""是呀,在裏邊有許多的西醫跟男女的看護。看病的人到了那裏,必得先掛號,然後看病。若是病的不利害,看完了可以回家;若是病重,必得住院。病人住的房子分三等。有錢的住頭等或是二等,窮人只能住三等。除內外科以外,還有產科、婦科、眼科、牙科、耳鼻喉科等等的。""後來沒事的時候請您同我到那裏參觀參觀,可以不可以?""可以。"

---

① 地窨子:地窖,地下室。

商 店

古玩鋪

"掌櫃的在屋裏麼?""在屋裏哪,您請到後頭客廳坐吧。""掌櫃的,王先生來了。""請裏頭坐。""買賣好哇?""没甚麽事。""請坐請坐。""隨便隨便。""倒茶呀。""不喝茶。剛在觀音寺惠豐堂吃完了飯。""您今天是請客呀,是被請哪?""是我請一位朋友。""您請的是那一位呀?""是外交部的張小山。""喝,也是一位大收藏家呀。""甚麽收藏家,也不過是好買點零零碎碎的就是了。""聽説前幾天,張先生在琉璃廠花了一千六百塊錢買了一個康熙五彩的錐子把的瓶、一個墨地三彩的筆洗子①。您聽説了嗎?""剛纔他在惠豐堂對我提了。不過現在的磁片都叫西國人把價錢買起來了。差不多的中國人都買不起了。""可不是麽。在二十幾年前的磁器那兒有這麽大的價錢呢。我記得從前,我買了四個元磁碗,個個都有一大半紅,還有一個青花白地的大花瓶,兩個雍正官窰②、五彩的印色盒子,一共纔二百八十塊錢。""要是擱到現在總值兩三千。""恐怕還不肯賣哪。""現在郎窰、柴窰的東西還見得着嗎?""簡直的看不見了。""您近來買了什麽好貨啦?""倒是買了幾件,就是不容易出手。""怎麽呢?""因爲買的底子太貴,所以不好賣。""您都拿出來我瞧瞧。要是合式,我可以留兩件。""您看這個煙壺,畫片真細,底下的欵多規矩呀!""現在古月軒的東西很少哇,您多少錢收的?""這個煙壺是九百八十塊錢買進來的。""底子真不小,那個小瓶是雞紅③的嗎?""不是雞紅的,是豇豆紅④的。""是麽?""您看這釉子多好哇,滿身

---

① 筆洗子:洗涮毛筆的器具。
② 窰:窑。
③ 雞紅:即"祭紅釉",瓷器中一種鮮紅色釉,又名"鮮紅""寶石紅",因銅紅釉器被用作祭祀禮器,故名"祭紅"。
④ 豇豆紅:瓷器釉色的一種。以淡粉紅色爲主體,摻雜緑斑,因似豇豆色澤,故名。

都是鬃眼①。敢情您這個高眼②也有看左③了的時候哇。""俗語說是'慣騎馬，慣跌跤'。這也不算是怎麼丟人。""您別說了。這裏還有一張刻絲④的畫請您看看。""可惜是素三彩。要是五彩的就值的多了。""現在五彩的刻絲見不着了。""您這裏有什麼好一點的字畫沒有？""有幾張，也都是小名家的。倒是還有一張王石谷的山水、一副王夢樓的對子，我看不出真假來，請您給斟酌斟酌吧。""這張山水畫的不很精神，墨氣也不好。然而圖書跟欵是一點不錯的，千真萬真，一定不假。這副對子是照着原字勾的。""我看着就不對麼。""我還要找兩件零碎東西，不知道有沒有？""您請到前頭看看去。""東邊架子上那件銅器是真的是假的？""是真的，我拿下來您看看。""銹兒不大勻，倒是花紋很好，可惜裏頭沒字。""要是有字早就賣出去了。""玻璃匣子裏頭都有什麼呀？""您看看吧。""您把那兩塊雞血圖章拿出來我看看，就手⑤把那個漢玉杠頭⑥也拿出來。""這裏還有一塊白壽山的圖章您要不要？""不要那個。這個杠頭是油炸鬼⑦呀。這兩塊圖章也有釘子，請您收起來吧。""是是。""掌櫃的，剛纔我們看的那張山水您拿來我再看看。您的這張畫打算要賣多少錢呢？""這張畫是三百四十塊的本兒，您瞧着給吧。""給您三百八十塊錢，有四十塊錢的賺利，行不行？""這張畫已經擱了四年了，您拿去吧。""好，您先記在賬上吧，我要失陪了。""您閒着來呀。""改天見，別送別送，請回吧。"

當　鋪

"昨天我坐着車到燈市口去看朋友。到了那裏下車要給車錢，一摸兜兒，只有票子，没銅子了。我一看路東有一個鋪子，大門外頭有栅欄門，栅欄門上有兩個鐵鈎子，掛着好像兩串銅錢似的，我以爲是錢鋪哪，就進去換錢。一看

---

① 鬃眼：即"棕眼"，又稱"針眼""豬毛孔"。瓷器釉面上由於燒製時含有機物或雜質而形成的無釉小孔。明代永樂、宣德年間的瓷器釉面多有此特徵。
② 高眼：識貨的人，内行。
③ 看左：看走眼。
④ 刻絲：緙絲，采用通經斷緯織法的傳統絲織品。
⑤ 就手：順便，順帶。
⑥ 杠頭：一種玉器製品，形狀外方内圓。
⑦ 油炸鬼：民國時期一種仿古玉器及工藝，將玉料染色後放在油内炸透而成。

欄櫃很高,看不見裏頭,我心裏很納悶兒。這個錢鋪怎麼這麼特別呀。趕到我把洋錢擱在櫃上的時候,掌櫃的就說:'贖甚麼呀? 拿票兒來。'我說:'我要換錢。'他說:'這裏不是錢鋪,是當鋪。'我這纔知道是錯了,趕緊出來又到別處換去,給了車錢。那天我因爲有要緊的事情,沒能跟朋友打聽。今天我特來跟您請教請教,當鋪是甚麼鋪子? 我實在不懂得。""哈哈! 可笑的很。這也難怪,您是自幼沒過過艱難的日子,又是初到北京來,一時那能都知道呢。您既不懂這個當鋪是作甚麼的,我可以細細的告訴您。""好,請您說說罷。""這當鋪不是賣東西的鋪子。若是有人急用錢,可①以拿衣服、首飾等物到當鋪去通融錢,所以當鋪的人常說他們這鋪子是'裕國便民,緩急相通'的。""怎麼個通融法呢?""比方說您若是用錢,可以拿您的東西到當鋪去。他看您的東西值十塊錢,他就給您寫六塊錢。""那不是賣給他了麼?""不是賣,是當。""那麼當鋪都要甚麼東西哪?""各樣的衣服、金銀的首飾,以及珠寶、玉器、古玩、字畫、花梨、紫檀的木器都可以當。""我們的東西當了,他們給我們甚麼憑據哪?""給您一張當票。""上頭都寫甚麼哪?""在當票的上頭寫着當鋪的字號,右邊寫着所當的都是甚麼東西。""若是當的東西多,當票上寫的下麼?""他們有專用的減筆當字,所以無論多少東西都寫的下。""當中寫甚麼哪?""當中寫錢數。左邊是利息跟期限,還有年月。""多大利錢哪?""每月按着三分行息。""多少日子的限期呢?""二十四個月。在二十四個月的裏頭都可以贖。""要過了限期怎麼樣呢?""那就當死了。""照您這麼一說,當鋪的東西可存多了,非大資本家開不了當鋪罷。""不然。所有當死的東西到二八月招商拍賣,名叫'打當'。把當死的東西賣了,本錢、利錢就都回來了。""那麼到了二十四個月我沒錢贖,眼看着就當死了,那麼還有甚麼法子哪?""您要是跟當鋪認識,可以留月呀。不認識當鋪,可以入利。若是您沒錢入利,可以拿別的東西替換,那就叫作'頂當'。""到了一個月,要過個三兩天再贖成不成?""成啊,可別過五天,一過五天就得多給一個月的利錢。當鋪說'過五了',就是這個意思。""我還問問您,要是窮人沒有很好的東西,就有一把破茶壺,當鋪要不要哪?""不要,那可以到小押去。""小押跟當鋪又有甚麼分別呢?""凡是小押,就要破爛的東西。限期是三個月,利錢是加一九五出。現在小押可沒有了。""這麼說起來,當當的是很上當了。"

---

① 可:底本作"何"。

"可不是麼。所以俗語說'當當贖當當頂當,當當頂當活上當。'"

飯莊飯館

"尊姓?""敝姓王,未領教。""賤姓張。""寶號?""惠豐堂飯莊。""您是飯莊子的掌櫃的? 我正要打聽打聽貴行的規矩哪。請問北京的飯莊子大約有多少家呀?""也沒有多少家。城外有天福堂、同興堂,城裏頭有燕壽堂、福壽堂、增壽堂、天壽堂、會賢堂等等的。""東安門那裏有一個東興樓,那不是飯莊子麼?""不是飯莊子,那是飯館子。""飯莊子跟飯館子有甚麼分別呢?""飯莊子比飯館子大。比方要辦喜慶大事,生日、滿月、開吊①等事,都可以到飯莊子辦去,也可以叫到家裏來。""若是不用飯莊子行不行?""那您可以找口上②的廚子。""辦法也跟飯莊子一樣麼?""有兩個辦法,或是您自己買材料,僱他們幾個人作菜,給他們工錢;或是您要預備甚麼菜,開出單子來叫他們包辦。""口兒上的廚子有鋪子麼?""沒有鋪子,都是朋友介紹。""若是隨便吃飯或是請客,或是給朋友接風、送行用一桌兩桌的席,叫他們做,成不成?""那可不如上飯莊子叫果子和菜送到家裏去好。""果子都是甚麼?""果子平常的都是二十件,就是四乾、四鮮、四冷葷、四炒菜、四點心。""菜都是甚麼?""平常的是九大件,外加四炒菜。若講究一點兒,炒菜、果子都加倍。炒菜用的是燕窩、銀耳、翅子等等的。""一年四季都用這樣的菜麼?""那可不能一樣,一季有一季應時的。春季有鱔魚等等的,夏季用河鮮。""河鮮是甚麼?""就是蓮蓬、藕、核桃、菱角作冰碗,還有螃蟹甚麼的。""秋季吃甚麼應時的呢?""菊花鍋子就是秋季應時的。""冬季呢?""冬季應時的是湯圓、水餃、一品鍋、冬筍,各樣的鍋子。""若是三五個人隨便吃飯也用整桌的麼?""那就可以隨便,您愛吃甚麼就告訴茶房要甚麼。""茶房是作甚麼的?""就是飯莊子上開飯的。""不是叫跑堂兒的③麼?""飯館子叫跑堂兒的,飯莊子叫茶房。""是了,這麼說起來,飯莊子跟飯館子是不一樣啊。""對了,是不一樣。""那麼賣飯的就是這兩樣地方麼?""還有小飯館子、大貨屋子、二葷鋪④甚麼的。""那麼回回教的人辦事就沒地方找廚子去麼?""也有包辦教

---

① 開吊:有喪事的人家在出殯前接待親友的吊唁。
② 口上:某行業的非正式營業場所,同業者臨時聚集接頭的地方。也說"口兒上""口子上"。
③ 跑堂兒的:舊時指飯館中負責上酒菜的夥計。
④ 二葷鋪:兼賣清茶和酒飯的小鋪子。

席的地方。若是隨便請客,也有回回館。前門外有元興堂飯莊、西域樓羊肉館;城裏有東來順羊肉館。""那麼羊肉館有甚麼標記呢?""您看牌子上或是匾上有'清真'兩個字的,那就是回回教的買賣了。""承教承教。"

銀行錢鋪

"久違久違。""彼此彼此。""您也是出分資①來了麼?""可不是麼。""您看本家兒忙的了不得,等一等再道喜罷。""也好也好。現在您櫃上忙罷?""也沒有甚麼忙的。不過因爲是年底了,比平常稍微忙點兒,家家兒都要換點錢預備過年。""您櫃上存着不少的銅子兒罷?""也沒存多少,總得天天上市現買。""錢市在甚麼地方啊?""在前門外,珠寶市兒。""您天天上市,可真不近。買了錢來還得數,這有多麻煩。您怎麼不開票子哪?""您還不知道哪。現在的錢鋪不准開票子了。""爲甚麼不准開票子哪?""因爲從前有幾家兒錢鋪開了不少的票子,可是沒有實在的本錢。趕到後來有人拿票子來取錢,當時沒有錢開發,這個信一傳出去,取錢的人就更多了。大家一擠,這個錢鋪就關門了。所以現在的錢鋪就是殷實,官家也不准開票子。設若官家准開,我想市面上也不敢用了。這就是'前人撒沙子,迷了後人眼'。""那麼現在市面上銅子票子是那兒來的哪?""那是平市官錢局出的。因爲各錢鋪都沒票子,市面上離開票子又不行,所以官家立了一個平市官錢局,利錢都被他們奪去了,錢鋪算是沒飯了。""怎麼哪?""您想錢鋪既是不准開票子,盡指着換一塊錢賺一兩個銅子,那個利錢就有限了。再說現在煙捲鋪、雜貨鋪都兌換洋錢。雖說'船多不碍港',到底受點影響。簡直的錢行買賣算苦到極點了。""您說這話未免有點太過。""我說的都是實在情形,您怎麼不信哪。""我昨天從西河沿路過,路北有一個錢鋪,往裏直搬運洋錢。若是買賣不好,怎麼能那樣呢?""您看錯了,那不是錢鋪,那是銀行。""銀行跟錢鋪不一樣麼?""不一樣。銀行的資本可比錢鋪大的多了。""銀行都是甚麼人開的哪?""有國家立的,也有商人開的。""是了,那麼銀行出票子不出哪?""現在通行的銀元票都是各銀行出的。""銀行作法跟錢鋪一樣不一樣呢?""不一樣,錢鋪就指着買賣洋錢。""銀行哪?""銀行是專辦匯兌、存款、借款一切的事。""存款有幾樣?""大概分兩樣,有長期,有短期,還有一樣是零

---

① 出分資:出份子。

存整取儲蓄性質的。""給利不給利哪？""給利。短期的可就是小一點兒。存錢的時候給您一本支票，您用錢的時候就照着支票的年、月、日填寫，再簽上數目跟您的名字，拿到銀行去取款，銀行就按支票上的數目發給。""匯兑用甚麼法子哪？""大半都用電匯。""往各國、各省匯錢都行麼？""都行，可是必得給匯水。""銀行電匯各省的款項匯到甚麼鋪子呢？""各銀行在各處都有分行，匯兑是很方便。""是了。在北京有幾家銀行哪？""國家立的有中國銀行、交通銀行、儲蓄銀行。商家開的有邊業銀行、保商銀行、實業銀行。外國立的有花旗銀行、中法實業銀行、橫濱正金銀行、東方匯理銀行、滙豐銀行。"喝，可真不少啊！咱們談了半天，也忘了過去道喜了。""咱們趕緊過去罷。"

乾果子鋪

"您貴姓？""賤姓王。""貴省是那一省？""山西。""貴縣？""太原縣。""在那兒發財呀？""在東四牌樓路西晉義源乾果子鋪。""您這乾果子鋪賣的東西不少罷？""沒有甚麼。不過賣些零碎的東西。""大概有幾種哪？""有四種。一樣是乾菜類，一樣是蜜浸類，一樣是乾果類，那一樣就是鮮果了。除了這四樣東西以外，還賣一點兒日用的東西。""乾菜類都有甚麼呀？請您説説。""有黄花、木耳、海帶菜、花椒、大料、茴香、魚肚、海參、魚翅、大蝦米、燕菜①、火腿、鹹板鴨，等等的。""蜜浸的都有甚麼哪？""有蜜浸蘋果、蜜浸沙果、蜜浸杏乾、蜜浸桃脯、蜜浸青梅、瓜條、金絲棗兒、無心棗兒、藏葡萄、山查糕②、青絲、紅絲③、橘餅，還有各樣罐頭，這都是蜜浸類的。""乾果子都有多少樣哪？""有桂元④、荔枝、蓮子、焦棗、榛子、大扁、核桃仁、柿餅、倭瓜子、西瓜子、大小花生、栗子、松子甚麼的。""糖蘸的東西也有麼？""有糖花生、糖核桃仁，還有油炸花生仁、油炸開花豆、五香瓜子、藕粉、百合粉，以及日用的黑糖、紅糖、白糖、冰糖，一時也說不完全，這不過大署説説。""鮮果子都有甚麼哪？""鮮果子有蘋果、沙果、秋果、檳子、鴨兒梨、白梨、廣梨、酸梨、秋梨、紅削梨、海棠、桃兒、杏兒、柿子、石

---

① 燕菜：用燕窩做的菜。
② 山查糕：山楂糕。
③ 青絲、紅絲：糖漬的以柑橘皮為原料的調味果料。
④ 桂元：桂圓。

榴、香蕉、柚子、波羅蜜①、橘子、橙子、蜜柑、香圓、木瓜、佛手、長圓葡萄，到六月裏還賣點兒河鮮。""河鮮是甚麼哪？""就是蓮蓬、藕、菱角、西瓜、鮮桃仁、鮮杏仁。""不賣別的瓜麼？""別的瓜有人挑着挑子賣，我們就不預備了。""是了，剛纔您不是說還賣日用的東西麼？""還有筷子、涼席、雨傘、油鞋。""我還聽說，乾果鋪的夥計都還能作小玩藝哪。""沒有甚麼，不過年年到了燈節的時候做點燈，點一點就是了。""都是做甚麼燈哪？""用麥芽做龍燈、魚燈。在二九裏堆一點兒冰燈。""做得了也賣麼？""不是賣的。因爲到了燈節，姑娘、太太都出來逛逛燈。看見乾果子鋪有新鮮的燈，他們都要進去看，就手兒就能買兩罐兒溫樸②、紅果、蜜浸海棠，或者買幾斤雜拌。""甚麼是雜拌哪？""就是把各樣的乾果子摻在一塊兒，那就是雜拌。""也擱蜜浸果子麼？""有蜜浸果子的是高雜拌，沒有蜜浸果子的那是中雜拌。還有一種都是蜜浸果子。畧微有點乾果子的那是細雜拌。""是了，我改天到您寶號去看看。""那是很歡迎的。您要是用甚麼，到小號去隨便拿，可以給您記帳。""那好極了。"

---

① 波羅蜜：菠蘿蜜。
② 溫樸：一種小紅果，似山楂。常用以製作帶汁兒的蜜餞。

商　業

東安市場

　　東安市場在北京城內，王府井大街路東有兩個門，金魚胡同路南有一個後門，一共是三個門。這個市場從前沒有，在二十幾年前纔立的。初立的時候都是席棚，後來改用木板房，漸漸的就蓋起鋪面房來了。也有新式門面的，也有舊式門面的；有帶樓的，有不帶樓的。在十幾年前被火燒了一次，第二年又都修起來了。所有的鋪子都是一樣的門面，就很可觀了。裏頭有丹桂商場、中華商場。市場裏的買賣，綢緞鋪、洋貨鋪是最多，兩樣總在三四十處。還有國貨莊，專賣本國貨。金珠店賣各樣的金銀器皿、首飾等物。鞋鋪夏天賣夾鞋，冬天賣棉鞋。帽鋪夏天賣草帽，冬天賣皮帽，春秋兩季賣便帽，俗說是"帽頭兒"。估衣鋪賣四季的衣裳。織襪廠賣的襪子都是本鋪織的，也有各省來的。茶葉鋪賣各樣茶葉，最好的是香片、龍井。南貨鋪賣的都是吃食。洋貨店賣各種的洋貨。耍貨鋪專賣小孩子的玩藝兒。花鋪賣各樣的絹花、綾花、紙花。球房裏頭有地球，有盤球。若是不會打球，也可以到裏頭去喝茶、吃點心。還有茶樓，賣點心、賣茶，也有帶賣飯的。羊肉館是回回教人開的。還有銅器鋪、磁器店、照像館①、理髮館、牙醫室、皮件廠、眼鏡店、大藥房、古玩鋪、奶茶鋪等等的。其餘就是各樣的攤子，各樣日用的東西都有。夏天有賣冰淇淋、酸梅湯的；冬天有賣糖葫蘆、梨膏的。在市場的南頭是一個大花園子，裏頭花廠子很多，專賣四季的各種鮮花。還有賣金魚、龍睛魚的。在市場的東邊是雜技場。有賣藝的，也說練把式的，有說相聲的、唱曲兒的、變戲法兒的，有算卦的、相面的、賣各樣吃食的。還有戲園子，俗說叫戲館子。晚上還有電影兒。所有這些鋪子、攤子都是歸警察廳管理。鋪子是按月納捐，攤子是按天兒納捐。各攤子均有一定的地點，無故不准挪移，辦理的很好，也算是北京最熱鬧的地方了。

---

　　①　照像館：照相館。

拍　賣

"剛纔我從哈達門走，看見一家門口掛着一個外國旗子，是從來沒看見過的，今天要跟您請教請教。""是甚麼顏色的旗子哪？""是藍白豆腐塊兒的。""那不是外國旗子，那是橫二條的大通拍賣行的旗子。""拍賣行是作甚麼的呀？我還沒聽見說過哪。""這拍賣行的名稱是歐美各國興的。現在中國各商埠也都有拍賣行了。""拍賣行到底是做甚麼呢？""比方您的東西自己不用了，可以交給①他們拍賣。他們自己從各處買來的傢俱②等物，然後也是拍賣。""替人拍賣都用甚麼法子呢？""比如有人要賣東西，拍賣行就趕緊的貼出一個廣告去，某日、甚麼時候、在某處拍賣。到了那一天，買東西的人都來了，拍賣行把東西放在外頭，先說一個價底，是一塊或是兩塊。要買的人可以按着他們章程添價。比方第一個人添一塊錢，第二個人必得再添一塊。我們看着東西好還可以再添，到了頂大價錢的時候，沒有添價的了，這東西就算他買了。""那們這個人給的價錢雖然比別的人大，可是還沒達到賣主的目的，那也必得賣麼？""賣主必得先跟拍賣行說明白了。若是給的價錢不能達到目的，他自己要說一個價錢，若是沒人再添錢，那就明天再拍賣了。""是了，那們買妥了，甚麼時候纔交錢、交貨哪？""那不一定。有當時交錢、交貨的；有先給定錢，定日交錢交貨的。""拍賣行是白替人拍賣麼？""那能白拍賣呢？必得有拍賣費。""那們誰給哪？""賣主給呀。""還有別的法子拍賣嗎？""還有倒拍賣的一種法子。這種法子又叫作'荷蘭拍賣'。""這倒拍賣是用甚麼法子呢？""這種拍賣法子是先由賣主說一個最大的價錢，若是沒人要，再落一點價兒，還沒有人要，還得落價。後來買東西的人看東西不錯，價錢也不大了，誰先說話就賣給誰了。這就是'倒拍賣'。""那們除了拍賣行，住人家的也可以拍賣麼？""不能拍賣。""不能罷。今天早晨我從西城來的時候，在北池子看見一家兒門外貼着一張白紙，上頭寫著'明日下午一點鐘至四點鐘，在此拍賣傢俱等物'。""那不是拍賣行拍賣東西，那是審判廳拍賣動產哪。""那是甚麼意思哪？""比方有一個人借了別人的錢，後來他不能還。債權人沒法子，到審判廳把他告了。他還是沒錢，可是他

---

① 給：底本作"拾"。
② 傢俱：家具。

家裡有東西，審判庭要把他的東西拍賣，賣了錢還給債權人，就不用他們兩方面交涉了。這就是審判廳拍賣的意思。""承教承教。"

隆福寺護國寺的大概

"我常聽見人說北京有一個隆福寺，我不但沒去過，就是在甚麼地方我都不知道。請您告訴我。""這隆福寺在東四牌樓北，有一條街地名兒就叫隆福寺街。在街的中間路北就是隆福寺。""地方大不大呀？是怎麼個規模呢？""當中是山門，兩旁有兩個角門。頭層殿跟二層殿在一千九百年都被火燒完了，現在只剩下兩個碑亭跟第三層殿了。""就是三層殿麼？""後頭還有一層佛樓，一共是四層。佛樓後頭有後門，通着錢糧胡同，地方不算很小，就是太破爛了。""廟裏沒有和尚麼？""沒有和尚，有喇嘛。""他們爲甚麼不修呢？""因爲喇嘛沒有錢。現在也沒有許多的迷信家捐錢修廟了，所以就破着罷。""我們可以看看去麼？""可以。每月逢九、逢十是開廟的日子。""每到開廟，燒香的人必多罷。""沒有甚麼燒香的，竟是賣東西的、買東西的。""裏頭的鋪子一定是很多了。""沒有鋪子。""那麼他們在那裏賣東西呢？""他們都是在廟裏擺攤子。""這賣東西的都是喇嘛麼？""不是。就是賣藏香的是喇嘛，其餘都是從各處來趕廟的。""在廟裏擺攤子，喇嘛願意麼？""怎麼不願意呀？一個攤子一天是給多少錢，都是有准規矩的。""那麼裏頭一個鋪子也沒有麼？""也沒有多少家，就是照像館、鞋鋪、小器作①、花廠子、紙花鋪這麼幾家兒。""那麼擺攤子的都有賣甚麼的呢？""賣的東西樣數可多了。一進山門，當中有賣古玩的攤子，有賣玉器的攤子。再往後有賣布的、賣瓷器的、賣食品的、賣要貨的。""甚麼是要貨呀？""就是小孩子們玩兒的各種玩藝兒。""是了。還有甚麼呢？""在已燒的殿座上有唱曲兒的、變戲法兒、說書的。這廟裏頭是甚麼零碎東西都有。""廟外頭沒有賣東西的麼？""廟外也有甚麼賣果子的，賣笤帚、簸箕、笸②籮、撣③子等等的。""這麼說起來也很熱鬧了。那一天趕上我有工夫總得去逛逛，買點兒古玩、花草甚麼的。""對了，隆福寺花廠子也不少，可是沒有護國寺的花廠子多。""真箇

---

① 小器作：製作小型精細木器的作坊。
② 笸：底本作"管"。
③ 撣：揮。

的,護國寺在那裏呀?""在西四牌樓北,路東有一條街,地名兒就叫護國寺街,在街中間路北,就是護國寺,也是喇嘛的廟,地方比隆福寺大一點兒。""裏頭也有賣東西的麼?""有,跟隆福寺是一樣。""也是逢九、逢十開廟麼?""不是,是逢七、逢八。""這倒不錯,誰也不碍誰的事,我明兒也得逛逛去。"

戲園子

"您到我們鄉下來住了這麼幾天,顯着悶的慌罷。""倒不大悶的慌,恐怕住的日子一多了,難免就有點兒厭煩了。""不要緊,再過兩天,我們這村子北邊禾神廟要唱謝秋戲①了,我可以同您看看去。""我不去了,在城裏頭天天聽戲都聽夠了。""怎麼?城裏頭既不種莊稼,又不謝秋,您天天在那兒聽戲呢?""您要問我在那兒天天聽戲,簡直②告訴您說罷,城裏頭沒有一天沒有戲的。比如住人家兒裏辦滿月呀、辦生日呀,都可以唱戲。""那麼平常日子甚麼地方唱戲哪?""各戲館子裏都有戲。""唱戲的人也住在戲館子裏麼?""不是,他們單有住的地方。""那麼要唱戲到那裏找他們去呀?""上戲班子裏找去。""那麼戲館子天天得到戲班子裏請他們去呀?""不必天天請,他們是有死轉兒的、活轉兒的。""甚麼叫死轉兒、活轉兒啊?""死轉兒啊就是立長期的合同。活轉兒就是立短期的合同。""是了,那戲館子都在甚麼地方哪?""大半都在前門外頭。""前門外頭一共有幾個呀?""您等我給您算算。大柵欄有三慶園、慶樂園、廣德樓;門框胡同有同樂園;糧食店有中和園;前門大街東邊肉市有廣和樓;小橋有華樂園;再往南,西珠市口有文明園、第一舞臺;新華街東邊有新明大戲院;海岱門外有廣興園。這十一個戲館子是從前舊有的。現在新世界、城南遊藝園也有戲館子。在天橋還有歌舞台、燕舞台幾個戲棚子。""戲棚子跟戲館子又有甚麼分別呢?""沒有甚麼分別。不過是戲棚子設備的很簡單,角色也不大好,大概就是這樣。""您所說這是城外頭的。那城裏頭有戲館子沒有?""在東安市場有吉祥園;後門外大街有天和園。""戲館子可不少哇,戲班子也得多了。""戲班子倒不多,連男班帶女班只有七八個。""男女班都一樣麼?""班子是一樣,可是分二簧、梆子。""梆子我倒聽過,是我們鄉下常唱的,都很可聽。二簧是甚麼

---

① 謝秋戲:舊時農民因糧食收成好而在秋天請戲班到鄉下唱的戲,以此戲感謝上天賜予的好年成。
② 簡直:直接。

呀？我可不懂。""二簧是拉胡琴唱的，分徽調、湖廣調。""除了這個還有甚麼戲哪？""還有崑腔、高腔、半班戲甚麼的。""那麼去聽戲的人給錢不給哪？""給錢哪。""我們鄉下聽戲都不給錢，無論男女都可以站在那兒聽。""那可不好。我們城裏的戲館子是男女分座。樓上是堂客，樓下是官客，並且有看座兒的①給沏茶伺候着。""還給看座兒的錢麼？""在戲價以外多給幾個茶錢就是了。""在戲館子裏頭要是餓了呢？有賣吃食的麼？""有托盤兒賣點心的、賣果子的，可以隨便買着吃。再說戲館子裏的設備現在是日見改良，坐的椅子都很寬綽，夏天有電扇，冬天有洋爐子。""戲館子裏都是唱舊戲麼？""有新戲有舊戲。新戲都是時裝，舊戲都是古裝。""那麼當初興這個演戲的時候，有甚麼用意哪？""他們寓意是爲勸化人行善，不要做惡。""除了戲館子，還有甚麼消遣的地方麼？""還有雜耍館、電影院。""若是過兩天沒事，我跟您進城看看去。""好罷。"

小買賣人

"您貴姓？""敝姓張，未領教。""敝姓王，您恭喜。""在京師總商會。""我跟您打聽一位朋友，安廸②生先生您認識不認識？""認識，那是我們從前的會長，現在可辭職了。""那麼他現在做甚麼哪？""他沒有甚麼事，不過就是經理他自己的買賣。""他有甚麼買賣呀？""他有兩個金珠店③。""都是甚麼字號哪？""兩個都是寶華樓。""不錯。常聽說有兩個寶華樓。要是調查各字號，貴會都能知道麼？""都能知道。因爲無論甚麼買賣都要入會註冊。""金珠店一定也得入會了。""那是一定的。""那麼挑挑子賣東西的跟擺攤兒的，那也得入會麼？""那是小買賣，不入會。""您不是說都入會麼？怎麼他們又不入呢？""這小買賣有行會的少，所以不叫他們入會，也是敝會體恤他們的意思。""這小買賣拿東西賣錢，有甚麼苦處呢？""您想，既是做小買賣，就沒有多大本錢。一家大小都是指着他度日。俗語說：'上磨肩髈，下磨脚掌。'出去一天未必準能賺多少錢，那還有敷餘④錢去入會呢？""我還要請教，賣甚麼東西的算是小買賣哪？您可以告訴告訴我麼？""小買賣的樣數可多了。有賣吃食的，有賣小孩玩藝的，有

---

① 看座兒的：在戲園子等地方負責給客人安排座位的人。
② 廸：迪。
③ 金珠店：製造金銀飾物、買賣金銀的店鋪。
④ 敷餘：富餘。

賣家常日用的,以及賣零碎的。""賣吃食的都有甚麼哪?""吃食東西分兩樣,有賣生的,有賣熟的。生的是各樣青菜跟各樣兒的果子;熟的是賣燒餅、果子、賣粥的、賣燻魚的、賣羊頭肉的、賣花生的、賣白薯的、賣餛飩的、賣酪的、賣麵茶①的、賣大米粥的、賣豆汁的、賣老豆腐②的、賣饅首③的,到晚上還有賣硬麵餑餑的。""小孩子的玩藝兒都有甚麼呢?""有打糖鑼④的,有吹糖人兒⑤的,還有賣耍貨的。""那麼這家常用的都有甚麼哪?""有賣炭的,有賣劈柴的,有賣煤土的。""煤土是甚麼呀?""就是搖煤用的黃土,他們都吆喚煤土。還有賣油的、搖鈴的、搖銅鼓兒的、賣盆兒的、打瓢⑥的、賣花兒的、賣花樣的⑦,這都是家常日用的東西。""那擺攤兒的都賣甚麼呀?""吃的用的都有。""那擺攤兒的吆喚不吆喚呢?""擺攤兒的不吆喚。""那麼挑挑兒的都吆喚罷?""有吆喚的,有不吆喚的。""不吆喚是賣甚麼的呢?""就是皮匠、捏江米人的、修秤的,俗說這三樣叫作'三不語'。""我想還有剃頭的、修腳的也不吆喚。""剃頭的雖然不吆喚,可是扯喚童⑧,俗名叫'喚頭修腳的''打扳兒'。人一聽見這種聲音就知道是他們來了。還有磨剪子磨刀的也不吆喚,可是打鐵片兒,那鐵片兒名叫'驚閨'。""那麼鋸碗兒的、收拾桌椅板櫈的,這也都算是小買賣人兒了?""也算是小買賣人兒,可是他們不賣東西,不過是憑着手藝掙錢,也有一點兒傭工人的意思。""甚麼叫傭工人哪?""您要問傭工人哪,請您恕我⑨,咱們明天再談罷。"

東洋車

在海禁未⑩開的時候,中國出外的人水路坐船,旱路坐車或是騎牲口,坐馱轎、小轎等等的。然而各處所用的車船也不一樣。就以北京而論罷,從前

---

① 麵茶:一種傳統北京小吃,用小米麵等煮成的糊狀物,在表面淋上芝麻醬食用。
② 老豆腐:北方小吃,在煮開的豆漿里加上石膏或鹽鹵使其凝結成塊,吃的時候澆上韭菜花等佐料。
③ 饅首:饅頭。
④ 糖鑼:舊時商販為招攬生意敲打的響器。
⑤ 吹糖人兒:用稀糖吹製出各種造型的糖食。
⑥ 打瓢:沿街叫賣出售日雜用品的小販。
⑦ 賣花樣的:售賣雕剪花樣以供婦女綉花的小販。
⑧ 扯喚童:扯喚頭。喚頭是形狀像大鑷子的鐵夾子,走街串巷的剃頭匠用棍子從中撥過,使之發出響聲,用以招徠生意。
⑨ 請您恕我:本義是"請您原諒我",此處係用於結束對話的客套用語。
⑩ 未:底本作"末"。

都是用轎車。鄉下人拉糧食用大車，賣菜的用小車子，隨便運東西的都用手車子。現在又興出一種東洋車來，因爲這車是外國人造的，又是從東洋興來的，所以名叫'東洋車'。相傳發明這個車的並不是日本人。在從前，有一個歐洲人隨着他的太太到日本國去養病，要換一換新空氣。他們到了日本以後，這位太太的病更重了，並且不能走道兒了。這個人想了一個法子，就畫了一個帶轂轆①的椅子圖，就叫人按着這個圖打造了一個，用一個人拉着慢慢的走。這位太太坐在上頭，有人拉着就可以出來活動活動。後來日本人看見這個東西很輕便，就仿照着打了幾輛，叫人拉出去作買賣。到了一千九百年以後，這車就興到中國來了，就有人按着樣子打做，叫人拉出去作買賣。也有人打一輛自己用的。後來慢慢多了，地方上就收他們的捐了。一年總要取締兩回，太舊的恐怕出危險，就扣他們的捐，就不能再拉買賣了。自用的車也是照樣兒上捐。這樣的車以北京計算，現在的營業車是有一萬多輛，自用的不在其內。可是打造的一天比一天精。始而這類車都是鐵輪子、方車箱，並且車輪子是很高，搖搖愰愰的實在是有點兒危險。再說那方車箱，人坐着也很不舒服。近幾年來，一律改用圓箱兒、橡皮輪子，可强多了。不但是這個，就是車上一切的東西都比從前强了：車棚子用水龍布做的，熱天遮太陽，下雨天又能搪雨；兩邊掛上雨搭，一點也溜不進來；前頭掛上大帘子，脚也淋不着了；靠墊兒也有用緞子作的，脚墊都是毛毯子的；一切的銅活②有景泰藍的，有用鍍泥格兒③的，又乾净，又好看；兩邊還安兩個電燈。現在就是不要脚鈴、手鈴、喇叭等等的了，因爲走在街上太討厭。到了冬天坐在車上覺着冷點兒，可以做一個棉套，前頭也有帘子放下來，一點兒不冷，颳風也進不去土。現在的車是比從前進步了，坐車的固然是十分的舒服。可是拉車的苦人就永遠得受這個罪了，不但違背人道主義，並且有失國體。孔子有話："始作俑者，其無後乎。"

運貨法

中國地大物博，各處有各處的出產。出產的東西可不能盡用於出產的地

---

① 轂轆：軲轆。
② 銅活：銅製配件或飾物。
③ 鍍泥格兒：鍍鎳。"泥格兒"爲英文單詞 nickel（鎳）之音譯。

方,所以行銷各處。往返的運輸,非得熟習此道的,到處纔能不碰釘子。況且現在海禁大開,輸入中國的統名説是洋貨,雖然都是由輪船運來的,可是一切進口、報關,直到落棧,這種種手續也是不能少的。若是離火車近的地方,自然省事。要離火車遠的地方,一起早可就費大了事了。粗重的東西尚可用大車拉運;輕巧點兒的就得雇馱子,或是找人抬。這還論的是從外洋運來的。若是內地土貨,轉運的法子也不外水旱兩路。即如木料,是由水路運,把他紮成排子推在水裏,也是扯帆拉縴的,跟船差不多。還有從前的稻米,也是由南方用木船運來的,那可是歸漕糧奉官運的。就是運河裏的民船也有載貨的,何況南省多由水路,用木船運貨。不過到了碼頭,該查驗的得等着查驗,應報關的報關,納税的納税,漏了税就能把貨給扣了,所以一切發單税票,都是很要緊的。若是裝載在輪船上就省心多了,因爲無論甚麼事都有船上負責任了。要往北幾省來,説到起早走,那心更操大了。二套車一帮幾十輛,駝馱子一大羣,起早睡晚,下店打尖①。再趕上颳風下雨,都得自己照應到了,稍一失神,就許連老本兒都丢了。再要説往內外蒙去,馱子都用駱駝,走幾十里地連水都沒有,還得自己帶水。不怎麼説,蒙古買賣難做呢?那兒能都像北京是的,火車南北通行,到了天津就上輪船。在城裏城外更不用説了,甚麼高綫運煤②,駱駝馱灰。竟車就有好些樣,甚麼大車、小車、排子車、手車、轎車、小驢車。再説用人力的,一個人挑,兩個人抬,或是叫扛肩的,點手就來,那一樣不方便哪?

---

① 打尖:在旅途中簡短地休息、吃飯。
② 高綫運煤:爲運輸房山出產的煤炭而架設的高空運輸鐵路,1907年開始共修建了三條。

風　俗

宴會禮節

　　"請問您普通人宴會,也有一定的規矩嗎?""有,很多了。大約着説有三人席、五人席、六人席。""三人席怎麽坐呢?""比方用方桌,客人座①兩旁,左邊爲首席,右邊爲二席,主人座在下面。""五人席呢?""上首是首席,對面是二席。首席的旁邊是三席。對面是四席,主人座在下面。""六人席呢?""六人席,按着五人席的次序,主人對面添一座,爲五席。還有一個座法,在桌子前面掛上桌圍。後面上首是首席,下首是二席。兩旁左邊第一是三席;右邊第一是四席;左邊第一的旁邊,是五席;五席對面是主人席。三人、五人,也有這個座法。""要是有八九個人或十個人,應當怎麽座呢?""應當用大圓桌。左邊正面是首席;右邊正面是二席;首席的左邊是三席;右邊是五席;二席的左邊是四席;右邊是六席,上面左首是七席,右首是九席;下面右邊是八席,左邊是主人席。""還有别的座法嗎?""要是客人很多,須在大廳裹頭擺四張、五張或是六張方桌,也必得按着次序,分首次席。""那怎麽個分法呢?""恐怕説不明白,改天我給您畫個圖來,一看就知道了。""好,多謝多謝。""還有那請客的跟被請的,在筵席上應當用甚麽禮節呢?""假如您要請客,在宴會的日子前三四天寫好了請帖送去。到了日子,客來通名刺,主人應當迎出房門,讓客人先進客廳,彼此對行一鞠躬禮,讓坐,送茶。候客人都到齊了,按着次序讓坐。""讓坐的規矩得本着甚麽呢?""有兩種座法,一是論爵,一是序齒。""怎麽叫論爵呢?""同席的人那一位是最大的官,就讓那一位坐首席;次一等的坐二席;再次的,就以此類推了。""是了。那麽序齒呢?""在同席的人裏頭,要推那個年紀最大的人首坐。餘者按着年歲讓坐。還有一種座法,是主人專請一個人,算是正客,再請幾位同席的,就算是陪客。應當請正客坐首席,次讓朋友坐,再次讓親戚坐,最後再讓本家。""比方客人坐下了,還有甚麽規矩呢?""主人拿起酒壺來,從首席起挨

---

① 座:坐。

次斟酒，客人必須端起酒盃接酒。""人人都知道酒不是甚麼好東西，怎麼還用他呢？""那就是我們中國俗語説是'無酒不成席'。可是各人能喝不能喝都可以隨便。主人可是必得預備。""吃菜有規矩嗎？""那倒没甚麼一定的規矩，不過該用叉子的不能用匙子；該用筷子的不能用手拿。""那是一定的了。還有甚麼呢？""不論吃菜、吃飯，主人不動筷子客人就不能先吃。""那又是甚麼意思呢？""因爲在筵席上，不論甚麼人都應當客氣一點兒。俗語説是'主不吃客不飲'。""吃完了怎麼樣呢？""客人一齊離座，對主人道謝、告辭，主人送到大門外頭，請客人上了車或是上了馬纔能回去。""我們中國的禮節，有這麼些個麻煩哪？""可不是嗎！還有那婚喪嫁娶的禮節哪。要是往細裏頭一説，恐怕三個月也説不完全。""那麼我改天再請教吧。""豈敢豈敢。"

租房典房

"有一位先生要拜會您。""姓甚麼？""這兒有名片，請您看一看。""噢，原來是趙子琴哪，請書房坐罷。""大哥，您好啊！這幾年没見，您可發福了。""托您的福。您是幾時由廣西來的？""前天晚上到的。""寶眷也回來了麼？""一塊兒回來的。""現在住在那兒了？""住在西河沿泰安棧了。""老弟此次回京還在陸軍部麼？""是，還是原差使。""您住在西河沿，天天上衙門可太寫遠①點兒。""誰説不是哪。兄弟打算在東城一帶租幾間房，還得靠着陸軍部近一點纔好，天天上衙門就方便了。若是有相當的，求您給分分心②。""可以可以。您自己瞧着有合式的也可以租，咱們是雙方進行。""兄弟初到北京，租房的規矩是一概都不曉得，還要求老哥指教。""豈敢。這租房原没有甚麼難處，頂好是到茶館裏找拉房縴的倒是省事。""這拉房縴的是甚麼人哪？""就是中保人。您去找他，那裏有房，他就同您去看，看妥了之後再問房東多少錢。講好了房價，然後立摺子、找鋪保③、打水印兒。""爲甚麼還要鋪保哪？""這是租房的規矩。因爲租房的後來若是不給房錢，或有別的情形，房東可以找鋪保交涉。""房錢寫在摺子上不寫哪？""一定要寫。就是茶房幾份也必得寫上。""茶錢是作甚麼用的

---

① 寫遠：遙遠。
② 分心：費心，費神。"求給分心"是請他人幫忙時所用的客氣話。
③ 鋪保：以商店的名義出具證明所做的保證。

哪？""您不曉得，在北京租房的規矩，都是茶房三份。比方房錢是每月十塊，第一個月您必得先給三十塊錢。這三十塊是十塊房錢，十塊茶錢，還有十塊打掃錢。這打掃錢是拉縴的使一半，房東的僕役使一半。可是茶錢您不算是白給，後來搬家的時候，末一個月就不給房錢了。""是了。這租房月月給房錢，快的很哪。""可不是麼？據我想，您還不如買幾間哪。""好倒是好，不過兄弟在京至多五年，若是買幾間房子，後來回南的時候也是麻煩。""那麼您也可以典幾間哪。""典房子都有甚麼手續呢？請您也説一説。""比方您要典房子，經拉縴的介紹或是朋友介紹，您看完了房，若是合式，然後再講價錢。是典幾年，典多少價錢，修理費多少，都講好了再立字據。立完了字據，當時就過錢。他把房契給您，您把典價給他，他再給您修理費。""是是，他把房契給我，到了年限他贖房，我不認可，他有甚麼憑據哪？""立字據的時候當着中人，您得給他寫一張倒字①，中人還得畫押。""他白畫押麼？""他不白畫押，還使花銷哪。""怎麼，那還有甚麼花銷呢？""北京典房、買房的規矩都是'成三破二'。""甚麼是'成三破二'哪？""比方您典我的房子是一千塊錢，格外您拿出三十塊來，我拿出二十塊來，一共是五十塊錢給中人均分，這就是'成三破二'。""是了。這真是'一處不到一處迷'。典房子的事我想後來再辦。現在還是求您看着有對式的房子②給我租幾間罷。""好，就那麼辦罷。"

倒鋪底

"少見少見。""彼此彼此。""您這程子作甚麼哪？""我天天跟張子元在一塊兒哪。""張子元，是九江磁業公司的股東麼？""是呀。""你們二位辦甚麼事哪？""您要問我們倆人辦的事，真是'小孩兒沒娘，提起來話長'。大前年九月初八日，我到子元家裏去看他。正趕上九江磁業公司給他帶了點兒磁器來。子元叫我看這磁器怎麼樣。我説九江磁是全球最著名的，燒的又好，畫片又細，樣子又多，現在又經一番改良，後來一定要發達。子元聽我所説的都是内行話。他就對我説：'現在我打算在北京開一個磁器店，意欲請您當經理。可是現在還沒擇着地方，您若是看見那裏有空地或是出倒的鋪子，趕緊給我一個信。'後

---

① 倒字：出倒房屋時所立的字據。
② 底本作"子房"。

來我們兩個人到處託人,老没擇着合式的地方,於是把這件事就擱下了。昨天晚上,子元忽然打發人來找我,請我趕緊的去。""有甚麼事這麼急哪?""他説昨天從四牌樓走,看見峻泰義的門上貼着一張紅紙,寫着'此鋪出倒',傢伙俱全,叫我趕緊去跟他們商量商量是怎麼個手續,打算要把這鋪子倒過來開磁器店。""這倒鋪底還有甚麼手續麼?""怎麼没有? 還是很麻煩哪。倒鋪底的手續,先看這鋪子坐落在甚麼地方,再看房子的大小,都有甚麼傢俱,還有貨底没有。""都看好了怎麼樣哪?""再講價錢,講妥了價錢還得點傢俱,再問原業主在外有借錢、擔保的事没有。若是有,也得言明,歸原業主自行清理,不與新業主相干。手續都清了纔立字據過錢哪。""過完了錢怎麼樣哪?""原業主下匾交房。""是了。您倒的鋪底,寫字兒①了麼?""没哪。""怎麼還不寫哪?""因爲房錢没説好哪。""倒鋪底碍着房東甚麼事了?""您不曉得麼?""我不曉得。""房有房東,鋪有鋪東。倒好了鋪底,必得見房東把房錢説好了。若不説好了,新業主不能修理門面。""那是爲甚麼呢?""因爲鋪面房的房錢都小,房東平常不能隨便長②房錢。若是鋪子無力承做倒給别人,不换字號不要緊,只要一换字號,房東就得長房錢。""房錢説好了,怎麼樣哪?""再换房摺子。""摺子上寫甚麼哪?""要寫某人租某人的房,一共多少間,每月房錢若干,有無押租。房子若是修理,歸住房的自己修理。""喝,真是'不經一事,不長一智'。説了半天,您今天找我來是有事麼?""就是爲房東長房錢的事。我聽説峻泰義的房子,是令親王小山的,所以要求您分心,託託王先生,看個人情,少長一點房錢。""這事不要緊,我可以幫忙。明天我去跟他提一提,您聽我的信就是了。""您多分心罷,我要跟您告假了。""不要緊,您聽信罷。"

祭　祖

"王先生您好。""德牧師您好。""今天您到舍下來可算應念而至。""這是甚麼緣故呢?""因爲昨天遇見兩種事覺着很新奇,正盼望您來給我解説解説。没想到您今天就來了,這不是應念而至麽?""這也不過是恰逢其會。請問您昨天遇見甚麼事了?""昨天不是貴國七月十五麼,我在晚上看見好些地方點着蓮花

---

① 寫字兒:簽字畫押,立字據。
② 長:漲。

燈,大街小巷都有,那是作甚麼的呀?""說起來這也是一件迷信事。據說這一天是鬼節,因爲人的靈魂恐怕走到河水泥濘的地方看不見道路,所以點上蓮花燈他們就看見了。""是了。那天我出城,看見好些人都拿着紙,走到一個地方,他們就把紙燒了,跪在那裏直哭,那又是作甚麼的呀?""您看見那些燒紙的,那就是敝國上墳祭祖的禮節。""貴國拜祭祖先也有一定的日期麼?""有。每年有四回,就是清明節、七月十五又名中元節、十月初一日,還有十二月三十日又名除夕日。""可是據我的愚見,拜祖先倒是可以,可是燒紙似乎近於迷信。我想人既然死了,他的靈魂還能用紙錢買東西麼?""在敝國人也知道那是一種迷信的事,無奈相沿已久,成了一種牢不可破的習俗。""按說人死爲鬼,鬼是虛空難見的東西,爲甚麼人又去拜他呢?""若按耶穌教說,只能拜神,不能拜人拜鬼。從前我聽見一位朋友告訴我一件有趣味的事。他在上海看見一個外國人,手裏拿着鮮花去上墳。在那個時候也有一個要飯的,拿着一碗飯去上墳。那個外國人笑着問要飯的說:'你這飯給誰吃呀?'要飯的說:'給我父母上供。'外國人說:'你的父母死了,他們甚麼時候能吃你的飯呢?'要飯的說:'你拿着鮮花給誰上墳?'外國人說:'給我的朋友。'要飯的說:'你的朋①友聞花兒的時候就是我父母吃飯的時候。'外國人聽了一笑而去。這雖是一個笑談,但是中外國人都要孝敬父母、尊重朋友,不論死活都是一樣,所以上墳燒紙不過表示不忘本的意思就是了。據我看起來,上墳用鮮花跟上墳須燒紙,都是一個心理。""您說的話倒是兩不傷和。得了,您別走了,在這裏吃午飯罷,請到飯廳裏坐。""怎麼又要叨擾哪。""不客氣,不客氣。您請您請。"

---

① 朋:底本作"明"。

農　務

農　業

"喝！今天是那裏颳來的風，您會想到兄弟這裏來了。""咳，您別提了。我是成天際①沒有一點閒工夫，忙得我要死，心想找您說一會話兒，趕到回家來，累得我就不愛動了。""本來麼，生來一個人，必得有一定的事業，若是終日游手好閒好吃懶做的，還能生存在世界上麼？""這話是一定的嘍。所以我們中國說，士農工商都得有一個准趨向纔成。可是無論做甚麼事，都離不開一個'勤'字。""那是自然了。就以種莊稼說罷，耕種鋤刨都得用人工。人工不到還能得着好莊稼麼？""俗說'人勤地不懶'，可是農業的意思不只就是種莊稼的，也分耕作農、園圃農好些種哪。""甚麼叫耕作農哪？""就是種莊稼地的。種地也分水田、旱地。耕種的法子也都不一樣哪。""我想北省自然是旱地多了。""旱地種的莊稼，有大麥、小麥、高粱、黍子，好些樣兒哪。""大麥在北省是很有名的出產，在甚麼時候耕種哪？""分春秋兩季。在各省的地勢氣候都不一樣，耕種的時候也得按着各地方的節氣，所以早晚就都不同了。在中原的地方多在秋天播種。""北幾省呢？""北省春秋兩季都有。""有一定的節氣麼？""秋季在白露、秋分的中間播種。""春季哪？""那就在初春了。""秋天種上麥子，到冬天凍不死麼？""在秋天種上，等長出一點兒來，天要冷的時候用碌軸②把地軋一遍，爲是把土脈③壓實了，麥子根兒就凍不回去了。再說用的肥料也是有熱的東西。""甚麼是肥料呢？""就是大糞。在沒撒種的時候先要把糞合在土裏。""那是爲甚麼呀？""因爲各地的土脈那能都是肥美的？所以土脈不肥的地總得上肥料，如人糞、鳥糞、乾魚、石膏、石油、草木灰、骨灰等等，有好些種呢。用這些東西爲是莊稼長的足壯。在北省還有一句俗語說'無灰不種麥'，可見種麥子更離

---

① 成天際：整天，一天到晚。
② 碌軸：碌碡，碾壓用的農具。
③ 土脈：泛指土壤。

不開灰了，所以秋季的麥子能過冬了。""在多偺收割呢？""在四月間收割，所以說四月是麥秋，在九十月說大秋。""甚麽叫'大秋'呢？""因爲到九十月，無論甚麽莊稼都熟了，所以說是大秋。""在南省也這樣麽？""南省種稻田的多，可是也有種雜糧的。在廣東那個地方氣候就顯熱了，種麥子在立冬、小雪的時候撒種，在清明前後就能收割，比北省就都早了。""南省的稻米，北省的大麥，這都算很著名的出產了。""在各省出產的東西不能就有這兩樣。有森林、礦產的地方也很多哪。如貴州產的樟、桂、花梨、紫檀；雲南的杉、桐都很貴重的。就是奉天、熱河一帶的森林也是很多。不過從前培植保護不甚經意，所以荒棄的很可惜了。""現在不是有農商部經理這些事麽？""是啊。這就是近年提倡農林的機關。""我還在西直門外看見有一個農事試驗場，那裏是作甚麽的？""那裏辦的很好。東邊是動物園，西邊是植物園，就是講求種植林園的法子。裏頭的果木很多，結的果子也很好。我看花草果木種植的都很講究，可就沒看見有菜蔬。""您要看種菜的，單有菜園子啊。""那裏有菜園子呀？""各城外都有，可就是沒有南西門外頭菜蔬全。並且種菜園子沒有旱澇，因爲都是天天用水澆的。""種菜也跟種莊稼是的，分春秋兩季麽？""那可不能。不過也得按着節氣，到甚麽時候應當種甚麽菜都有一定的，所以纔有'頭伏蘿蔔二伏菜，三伏種蕎麥'的古語。""那麽在冬天我看見還有人吃王瓜[①]、莞豆[②]，那是在甚麽時候種的呢？""那叫'洞子貨'。""洞子是甚麽呀？""就是單有一樣兒房子，裏頭有地炕，下頭燒柴火，叫屋裏的空氣跟春季一樣。在地下撒下菜種兒，長出來跟夏季的一樣，這個房子就叫洞子。""做這事的也是菜園的人麽？""不是。單有一路人叫花兒匠，因爲冬天養花兒也用這個法子。您沒看見過在冬天還能開牡丹麽？這話又說回來了，這洞子貨雖跟農業不同，可是也得按着時候澆種。因爲說起'耕種'二字，所以我就一塊兒說出來了。""好極了，多偺得工夫，偺們到莊稼地看一看，那不是更長了知識了麽？""那是自然。眼看到大秋了，可以看一看他們怎麽收割。""好，好。到那時候您可別忘了。""忘不了，忘不了。"

[①] 王瓜：黃瓜。
[②] 莞豆：豌豆。

村 政

"兄台這些日少見得很哪,您作甚麼消遣來着?""我是下鄉取租子去了,又趕上他們那裏謝秋,我在那裏聽了兩天戲纔回來的。""是了,我跟您打聽,這鄉下唱戲也是因爲有人辦生日或是辦滿月纔唱哪麼?""不是。您知道鄉下人是春天種地,到了夏天莊稼就長起來了。天天人在炎天烈日之下,該耕的耕,該鋤的鋤,俗説'耕種鋤刨',是很不容易的。若遇見雨水平和的年頭,到了秋天纔能打好糧食哪,竟靠人力也是不成。所以年成十分好,到了秋後他們要唱一台謝秋的戲,或是三天,或是五天,意思就是要謝謝上帝。""請問您這戲價[①]歸誰給呀?""戲價是從各村莊裏攢錢。""這也是公益的事了。那麼比方某村莊出了賊匪或是有甚麼公共應辦的事,該當誰出頭呢?""各村莊都有村正、村副。這村正、村副,素日必得是一個公平正直的人,大家公舉出來請他當村正、村副。遇有本村應當商辦的事情,是由發起人先見村正,然後再商量如何辦理。若是事情關係各村莊的,那就歸聯莊會辦理。""請問您爲甚麼立聯莊會呢?""立聯莊會的意思就是要結合各村莊成一個團體,遇事彼此幫助,互相保護,並且在夏天,他們臨時還設立一個青苗會。""甚麼叫青苗會?""青苗會是專辦偷盜莊稼的事。若是有人偷盜莊稼,叫本地主兒看見拿住他,就把他帶到會裏,由會首審問明白了。實在是他偷的,重者是打,輕者是罰。""請問您這會所是設立在甚麼地方?""會所是設立在廟裏頭。因爲各村莊差不多都有廟,並且廟裏頭都有一口大鐘,遇有要緊的事情他們就打鐘。凡是會裏的人聽見一打鐘,他們就趕緊的到會所去,由會首報告大家現在有甚麼事,然後大家再商議辦法。""我還請問您,要是有明伙路刼殺害人命的事情,也歸聯莊會辦理麼?""不是。那是歸縣衙門辦理。凡是關乎法律的事情,聯莊會不能辦理。因爲那是屬於司法的範圍,聯莊會没有那們大的權力。聯莊會所辦的是村政,是私立的一種團體,不能干涉國政。""兄台所説的話,我都聽明白了。兄弟久居北京,在鄉下又没有親友,對於鄉下的事情是一概不知。今天兄台這麼一説,敢情鄉下還有這麼些個事哪。真應了俗語説:'活到老學到老,還有三分没學到',真是'不經一事,不長一智'。等您再下鄉取租子的時候,我一定要同您去看一看他

---

① 戲價:每場戲或每個演員應得的錢。

們鄉下的景況,又可以增長一點兒見識。""可以。到那時候我一定請您同我去。今天我還同朋友在前門外有飯局,差不多也快到我們定的那個時候了。我要告假,請您恕我。""豈敢豈敢,改日再談,叫他們給您叫一輛車罷。""不用不用,我的車在門口等着哪。""好好,再見再見。"

村　店

自從有了輪船火車,交通上誠然便利多了。比起從前走路的情形,真是苦樂不同。火車一天走的路程,若是起早就得走半個多月。再要説沿路的起居、飲食,那一樣也不能舒服。雖説按站都有客店,可是還有大小之分。趕上城鎮的地方,房子自然寬綽一點兒,也還乾淨。有帶賣飯的,若是嫌他做的不好也可以在外頭叫飯吃。房價也不訛人,有按每間算的,有按一輛車多少錢論車底兒的,還有只住客人不賣飯的冷店。可見各處都是方便的,串店做買賣的一天不斷。可就得時時刻刻的小心着,因爲人煙稠密的地方好壞人都有,一疎神鋪蓋行李就許没了。再説自己帶的甚麽臉盆、碗包、匙箸、匣子、帽盒、吃食簍子、皮包等等就許丢兩樣兒,這個啞叭①虧就吃上了。因爲預先不交在店裏的櫃上他是不負責任的。再説無論冬夏,總是早早的動身纔好。打早尖②的時候也可以多歇一歇,打尖可不能准趕到鎮店上。若遇見鄉村裏,您想吃魚肉是没有賣的,現成的也就是豆腐、雞子、鹹菜。有的地方連香油、白麪都吃不着。既走路就説不得受苦了,只好隨鄉入鄉,碰見甚麽吃甚麽。遇見天長或是站頭大③,沿路上也得吃一點兒點心。要緊的就是記住了那裏是住站,那裏是尖站④。因爲沿路的住站、尖站都是一定的。一回走錯過去,天天不方便,千萬不要破站走。若遇見陰天下雨,寧可就悮半站都可以。這説的還是攜眷走,要單行人兒更爲難了。不帶行李,店裏就不留,恐怕來歴不明。就是勉强留下,雖説大地方有賃鋪蓋的,也是髒的蓋不得,別説還没有賃處。要是坐輪船、坐火車,有多麽省心哪,連行李都可以不用自己照應。到了客棧就跟到了家一樣,夥計伺候的也週到,要比起鄉下的山村小店來,那真是差的天上地下了。

---

① 啞叭:啞巴。
② 打早尖:在旅途中簡短地吃早餐。
③ 站頭大:出發地和目的地之間距離遠。
④ 尖站:舊時稱旅途中可以暫時休息或進食的場所。

就説京城以外掛笊篱①的小店、火房子,都有比鄉下的住店還乾净的。所以從前説:"在家千日好,出外一時難",真是不錯的。

趕　集

"好啊您,多偺進城來的?""昨天晚上來的。""住在那兒了?""住在前門店裏了,今天特意來看看您。""叫您惦記着。今年收成的怎麽樣啊?""就算不錯罷。現在糧食都打在囤裏了,家裏没事,所以纔進城來逛一逛。""看起來還是鄉下人兒有造化呀。""您是没看見鄉下人種地的那分苦處哪。起早、睡晚,就是買一點兒東西都得走出幾十里地去。要比起城裏來到街上買甚麽有甚麽,那可差的遠了。""那麽鄉下没有賣東西的麽?""賣東西的倒是有,可得到鎮甸上纔有哪。那鋪子也不像城裏頭這麽多。平常的日子,賣東西的、買東西的也少。""甚麽時候纔多哪?""必得逢集的日子,各村的人都到那裏去趕集。""那是作甚麽呀?""在鄉下買賣糧食跟各樣零碎東西都得到集上去。""天天有集麽?""不是天天有集。有按着初一、十五的,有按二五八的,有按三六九的。""集上都有賣甚麽的呢?""不過都是鄉下用的東西,管籮、簸箕、叉耙、掃帚甚麽的,還有斗行、驢馬販子等等的。""甚麽叫'斗行'啊?""這您又不知道了。在各處集上買賣糧食,升斗的規矩都不一樣,恐怕買賣的人争多論少的搗麻煩,所以由該管的衙門裏訂出一定的升斗,派一個經紀給我們量糧食,可以免了争多論少的毛病。""甚麽人都能做斗行的經紀麽?""不能。他們這斗行總得領了牙貼②纔能充當哪。""那就是了。在城裏頭可没有這麽麻煩。""所以我説還是城裏方便。""真是,城裏頭就没有趕集的這些事。""您怎麽説没有哇?海岱門外頭不是有個花兒市集麽?""花兒市是竟賣紙花兒跟絨線、山貨甚麽的。那也算集麽?""怎麽不算哪?那裏能天天有人去做買賣麽?""對了,那裏是逢四的日子纔有哪,一個月纔有三天集,我想少一點兒。""這裏不是離城近麽,平常那天都能進城來買東西,不能照城外頭,三四十里地趕一趟集,要買甚麽還得凑齊了一塊兒買。""若是他們買的東西很多,道兒又遠,怎麽往回拿哪?""不要緊,有

---

① 笊篱:用竹篾、柳條等编成的用具,中間有孔,可滲水,常用來撈東西。
② 牙貼:舊時牙行(爲人提供交易場所的中介機構)營業前領取的營業執照或憑證,憑此每年向官府繳納牙貼税,屬於營業税的一種。

的人自己套車去往回拉，有的人自己往回挑。東西多，或是僱驢馱，或是僱車拉。""聽您這麼說，集上也很熱鬧了，我明兒也看看去。""您只要不怕吃喝不好，到鄉下去可以住在我那裏，並且還可以看看各處的鄉景兒。""好極了。等過兩天我一定要看看去。""您說准了，我打發大車接您來好不好？""這麼着罷，下月初一我一定到您府上去，您不必打發車來了。""就那麼辦罷，我也回去了。""咱們下月初一見。"

服　務

種花之新舊法（附出天花）

"您帶着小孩兒上那兒呀？""我帶着他種花①去。您上那兒呀？""我到東邊看個朋友。您打算帶他到那兒種去哪？""我打算到醫院裏去。本來我們胡同裏有一個施種牛痘的地方，他們還是按着老法子。因爲有朋友告訴我說，新法子可比舊法子強，又省事又没危險，您何妨帶他上醫院去呢。於是我纔帶着他到醫院去種花。可是究竟好不好我還是不知道。""現在醫院裏給小孩兒種花是非常的好。頭一樣是種的時候不疼，又簡捷又省事，您想要是不好，那醫院裏爲甚麼有好些人去哪？""是呀。那麼到了醫院是怎麼個規矩呢？我還不懂哪。""我可以大概給您說一說，省得您到裏頭摸不着頭緒。""好。我們一邊走着一邊說罷。""您到了醫院進門先掛號，他們跟您要掛號錢，您給他們錢，他們給您一個牌子，牌子上有號數。後來是按着次序叫，到了您這一號您就過去。他叫小孩兒把胳膊伸出來，用小刀子蘸上藥，輕輕刺破了一點肉皮，然後他取出一點牛痘漿來給種上，再用紗布和棉花給小孩子纏上，這就算完事了。""那麼還漿不還呢？""新法子種花兒没有那事。若是有相好的外國醫生，過了三五天再請他看看，或者再給一點藥吃，也就得了。""是了，外國醫院也是這麼個辦法麼？可是比從前的舊法子強的多了。""可不是麼，兄弟就是用新法種的，至於舊法子種花，兄弟因爲没經過，所以不很知道。""中國古時候，本有種花的法子，人人都不肯用。差不多的人都是出花，出花的時候就如同得了一場大病一樣，必得請大夫吃藥，一個不小心就能喪了命。後來纔有外國人把種牛痘的法子傳到中國來，中國從此纔有這個法子，慢慢的種的人就多了。""從前是怎麼個種法呢？""比方有一位先生，他要作這慈善事情，在春秋兩季找好了地方，預先貼出報子②去，上寫'施種牛痘'。我們看見這個報子，按着日子把

---

① 種花：種牛痘疫苗。
② 報子：海報的舊稱。

小孩抱到那裏去掛號,他們也按着次序叫號,叫小孩子把衣裳脱下來,在左右胳膊上用小刀子刺破一點肉皮。每只胳膊上種三棵①,種完以後到了七天纔能灌漿。""甚麼叫灌漿呢?""灌漿就是所種的花都發起來了。""灌漿之後怎麼樣呢?""就得把小孩子還抱回原種花的那裏去。他們把他的漿用針挑破刮下來,把這漿再給別人種上,這叫還漿。""後來怎麼樣呢?""後來到了十二天,疙痂②掉了就算没事了。要是出花到了十二天可就麻煩了。小孩子若是平安了,就要供娘娘了。""娘娘是甚麼?""就是管花兒的神,甚麼瘢③疹娘娘、痘疹娘娘,一共有九位。到了這一天,親友們都來燒香送禮。""那麼本家兒有甚麼舉動哪?""本家兒必得預備酒席,對於娘娘還要糊紙龕、寶蓋、執事轎子,燒香上供。""親友送甚麼禮物呢?""有送燒小猪的,有送燒肉的,還有送凸蓋④。總是燒的、烙的、有皮的纔好。""那是甚麼用意哪?""爲的是小孩子吃了把這花的疙痂揭下來,所以送禮也叫'揭疙痂'。""那麼種花也要供娘娘麼?""種花也有供娘娘的,那不過都是婦女們迷信就是了。""是是,天也不早了。您趕快抱着小孩兒種花去罷。改天見。""改天見。"

青年會大綱

"您到那裏去?""我到青年會洗澡去。""青年會是澡堂子麼?""不是澡堂子。""既不是澡堂子,您怎麼到那裏洗澡去呢?""因爲青年會裏頭有沐浴室,凡是會員都可以到會裏洗澡去。""真不'一處不到一處迷'。那麼這個青年會是個作甚麼的地方呢?""青年會的宗旨是輔助青年人增進道德,造成一個完全高尚的人格,後來可以服務社會。""這個會是誰發起的呢?""從前有一個英國人衛良佐治他發起的。後來各國看着這個會實在有益社會,所以現在中西各國没有一國没有城市青年會的。""我們中國有幾處青年會呢?""現在一共有二十二處。""按這麼説,豈不是各省都立了麼?""是,不但有男子青年會,而且還有婦女青年會,各學校還有學校青年會。""學校青年會是誰設立的?""是各學校全體學生組織的。近來華語學校全體教員也組織了一個教員青年會,真是全

---

① 棵:顆。
② 疙痂:結痂。
③ 瘢:癍。
④ 凸蓋:一種北京小吃,又名"硬面餑餑""白糖餑餑"等,用麵粉加入白糖等製成。

國首創破天荒的一個青年會。""這個城市青年會的內容是怎麼樣的組織法呢?""總理會務爲董事部,以正宗基督徒爲主體。所以基督徒的會員爲義務會員,有選舉權及被選舉權。每年由義務會員中選舉會正一人、會副一人、司庫一人、書記數人。""還有甚麼部呢?""有總務部、德育部、智育部、體育部、學校部、編輯部、庶務部。各部設委辦數人,也是由義務會員中推舉以上各職,完全都是中國人擔任。""也有西國人擔任職務嗎?""各部均設幹事數人,中國人西國人都有。""總務部管理甚麼事情呢?""總務部設總幹事、副總幹事各一人。輔助會正辦理會中一切的事情。""德育部辦理甚麼事情呢?""德育部以基督教旨爲本,設立查經班、服務股、佈道團、德育講演會。""智育部呢?""智育部講求新學術,補助舊學的不足,所以設立了一個財政商業學校,一個英文夜學校。樓上有圖書室,陳列着各種書報。""體育部講求甚麼呢?""體育部是注重操練人的身體,身體健壯了,後來纔可以做事。所以有臺球、地球、籃球、網球、乒乓球、體操班、拳術班、溜冰場各樣有益的游戲。""學校部作甚麼呢?""是專爲辦理會中的學務及聯絡北京各學校,所以組織了一個學校聯合會。""編輯部都編輯甚麼呢?""編輯部是編輯會裏頭應用的書籍,每禮拜還出一次會務紀聞。""庶務部管甚麼呢?""管理會中一切的雜事跟添補東西甚麼的。""這個青年會的房子一定不小了。""也不算很大,一共是五層樓房。進了大門就是櫃台,櫃台旁邊就是庶務部。庶務部北邊是演講廳,每禮拜四有活動、電影。由櫃台往南就是體育部。第二層樓上有食堂,中西餐都很方便。德育部、學校部都在這層樓上,第三層樓都是宿舍。""一定都是委辦幹事住的房子了。""不是他們住的,是預備租給會員的。第四層就是露台,四面都有短牆,可以看北京的全景。""您說是五層樓,那一層在那兒哪?""還有一層是樓底下的地窨子,智育部、日夜學校、沐浴室、理髮所、臺球、地球都在那裏。""這個會佈置的很完全哪,那麼人人都可以入會嗎?""都可以。""每年會費多少錢?""會費不是一樣。會員分四樣,在五十塊錢以上的是贊成會員,二十五塊錢以上的是維持會員,十二塊錢是特別會員,六塊錢是通常會員。""我也打算入會,您可以給我介紹嗎?""可以可以。等秋天開徵求會的時候,我再徵求您吧。""好,好,一定遵命。"

貧兒院

在前清宣統三年,有一位臧守義先生,在皇城根新監胡同創立了一處貧兒院,專收貧寒子弟。院中的課程是念書、寫字、習學木工、織毯子、織花邊。學到十六歲就可以出院自謀生計。貧兒的一切衣食、筆墨、書籍,都是院中預備。凡在七歲以上身無夙疾的貧兒,皆能入院。報名的時候,總得他們的父母或是他們的親族填寫願書,還得有本地的紳董作保,方能入院。後來入院的貧兒日漸增加,新監胡同的房子不夠住的了,就挪在甘石橋蒙養院內。又過了一年多,纔搬到西長安街去。到了民國四年,在北城千佛寺找了一所寬大的房子,數目約有七十多間。房子可是夠用的了,款項又不足了。臧先生是一個極熱心慈善的人,所以不辭勞苦,就在外邊勸募了許多捐款,又添招了許多的女孩子入院,聘請馮章克嶷①太太爲女院長,臧先生自己爲男院長。現在院中有名譽院長一人,男女學監各一人,教員十數人,男學生七十多名,女學生六十幾名。院中的規矩很嚴,學生不准隨便告假出院。遇有特別的事故,必須學生的家長寫信來請假,經院長認可後纔能出院。每年開兩次懇親會,請學生的父母或家長到院裏來看一看他們的兒女,就便參觀參觀本院的規模跟學生的成績。若是外人有要到貧兒院去參觀的,甚麼時候都可以去,他們那裏是非常的歡迎。

服務舉動

"昨天我從燈市口過,看見街北有一個地方,門口掛着一塊牌子,寫着'地方服務團',那是作甚麼的?""那是因爲北京的窮人太多,終日缺衣乏食,貧寒子弟又無力念書,所以中西人士組織了這個地方服務團。""嘔,那可以算是慈善的機關了。""不錯,不錯,算是服務社會,這樣的事纔興了沒多少年。""不然。我們中國像這樣的善舉早就有了。""這'服務'兩個字,是從西國發生出來的,您怎麼說中國早就有了呢?""您不知道。就以北京而論吧,到了冬天有捨棉衣裳的,有捨麪票子的。到了年關,窮人過不去年,還有一樣的善人不肯露名,帶着錢到各家調查去。調查明白了,當時就送給他們幾個錢,叫他們過年。還有

---

① 馮章克嶷:民國時期中國紅十字協會幼幼會女會員。

窮人病了沒錢吃藥，也有捨藥的；死了沒錢埋葬，也有捨錢、捨棺材的。要是小孩子無力念書，也有義學。""那不過是遇見這樣的事纔有人辦，究竟沒有一定專辦這個事的地方。""怎麼沒有呢？在各省各處都有善堂，就是專辦這類事情的機關。""您所說的不過都是濟人之急的一方面，然而這服務的舉動，不但專辦這類的事，而且還要改良國家，改良社會，改良家庭哪。""改良國家是一個大題目了，應當從甚麼地方入手呢？""要國家改良，先要改良社會。""何爲社會呢？""國家爲一個大社會，家庭是一個小社會，所以統而言之爲社會。然而社會服務實在是共和國家的根本。共和國家的人民要是不明白服務的宗旨，不存服務的熱心，雖然有共和的虛名，到底這樣的國不能成立。""怎麼見得呢？""比方總統、議員及一切的官吏全算是國家的公僕，應當抱着社會服務的熱心，而盡各人的天職。若總統不爲社會而自私自利，那就跟專制國的皇帝沒有甚麼分別了。議員要是爲己不爲公，就算是暴民。官吏不肯爲社會服務，簡直的就是貪官污吏了。要打算一個國有好總統、好議員、好官吏，先要改良社會，培植人民的道德，養成服務的良知。要打算改良社會，還是先要改良家庭。""那是甚麼理由呢？""人在幼稺的時代，萬不能離開家庭，所以家庭是人的根本。有好家庭纔能造就出來好子弟；有好子弟纔能造就成了好社會；有好社會纔能造成一個最良好的共和國家。所以人的一生，對於國家、社會、家庭都當盡心服務。《聖經》上說，'人子之來，非欲役人，乃爲人役'，又說'所服事之人愈多，其人愈大'。""是了，是了。孔子也說過，'見義不爲，是無勇也'，我想也就是這個意思了。""不錯不錯。"

器　用

扇　子

　　"人常説'冬不借衣,夏不借扇',今天可巧真熱,請把您的扇子先借給我使一使罷。""這算甚麽,您使罷。""您這扇面畫的很好,我也買一把扇子,請您轉求此公給畫一畫成不成?""作甚麽求呢? 他在琉璃廠扇畫店裏有筆單,您可以揀着樣叫他畫。""您説買一把甚麽樣的好呢?""那可是遂心草兒,樣子可多的很。要講寫畫,還是絹的。""單絹好是雙絹好?""一面寫一面畫,自然是雙絹的好了,不然買一把摺扇拿着也倒省事。""摺扇買骨子①粘面子也不見得省事。真是,現在甚麽骨子時興啊?""我説出幾樣來您挑罷。有象牙的、駝骨的,還有烏木、黄楊、檀香木的。""這都是木頭的。聽説不是竹子的講究麽?""是不錯的。甚麽棕竹啦,鳳眼竹啦,湘妃竹啦,這都是竹子一類的。又有金漆的、洋漆的、化學製造的,並且彫刻上也都很講究,您可以挑着買罷。""這些樣兒的一定是很貴罷。""不錯,就是貴一點兒,因爲這些個都是從南邊來的。您要買賤的,只好聽着門口兒挎②扇櫃子的過來,粘一把白竹子骨兒,高麗紙面兒,就是買一把水磨竹燙花兒的也使不了幾個錢。俗語説'一分錢一分貨,十分錢買不錯'。花十幾塊錢買一把也不過是這麽搧③。""您説了這些樣的摺扇,我倒没了主意了,索興④我買一把團扇罷。""團扇也不是只有絹的,甚麽蒲扇、油紙扇,我在南邊,還看見有用竹子皮兒編的竹扇、籐扇。就是麥梗、芭蕉葉、棕葉、檳榔葉都能做扇子。還有廣東的潮州扇,做的細緻,畫片也很好。在本地買用不了幾個錢。我從前帶回來幾把送朋友都很希罕⑤的。""那是不錯的。'千里送鵝毛,禮輕人意重'。您既這麽説,我暫且先不買了,等着您多帶幾把來送給

---

① 骨子:物體內起支撐作用的架子。
② 挎:底本作"跨"。
③ 搧:扇。
④ 索興:索性。
⑤ 希罕:稀罕。

我一把就得了。""要講拿扇子送禮,我可送不起呀。不好的又拿不出手去,有真花一二百塊錢買一把扇子送人的。""您説這又是甚麽的呀,怎麽那麽貴呢?""就是羽扇,也説毛扇。""我知道了,在撢子鋪買的是不是有白的有黑的?那裏有那們貴哪?""您看的那都是雞毛的,不是好的。真講究起來,甚麽冬青、截白、芝麻雕①,有好些個分别呢。""這們貴有甚麽好處哪?""不但没有好處而且還没用處。""那是怎麽講哪?""您想,很貴的一把扇子,誰肯天天拿着他搧呢?不過拿着擺樣子就是了。您要真爲涼快有風,還是安一架電扇,坐在一旁,開開電門,風又大又涼快,您的手又不累得慌。""好,承您指教。您這一説,我就涼快多了,把這把扇子也還給您罷。我要出前門買一點東西,順便到扇畫店看一看,您不去罷?""請您恕我,不能奉陪。""那們偺們兩便罷。"

帽　子

"您前次對我所説衣服的種類我都記住了。今天我還要請教這帽子多少種類呢?""衣裳裏既是有禮服、便服,帽子也有禮帽、便帽。""請問您禮帽有幾種呢?""禮帽分兩種,一種是大禮帽,一種是常禮帽。這兩種的顏色都是黑的,大禮帽都是絨的,常禮帽夏天用紗的,冬天用呢的。""各種制服的帽子,應當用甚麽顏色呢?""制服跟帽子是一個顏色。若是不穿制服,平常甚麽帽子都可以戴了。""平常戴甚麽帽子呢?""平常戴便帽。""便帽是甚麽樣兒哪?""便帽就是小帽,又叫帽頭兒,還有呢帽、馬帽等等的。""一年四季都是一樣的麽?""樣式都差不多,就是用的材料不一樣。春天戴緞子的;夏天戴紗的;秋天戴絨的,或是緞子的;冬天戴棉的。面子②是青的,裏子③是紅的或是黑的。""請問您從前穿朝服應當戴甚麽帽子呢?""應當戴朝帽,也是分四季。春天戴呢帽,夏天戴緯帽,也説涼帽。""緯帽是甚麽做的?""是白羅做的。也有用麻質的,那叫萬絲。秋天戴絨帽,又説秋帽。冬天戴皮帽,也説暖帽。這幾種帽子上頭都有纓子。""纓子是甚麽做的呢?""是用紅絲線做的,朝帽上是散絨做的。""暖帽都是

---

① 芝麻雕:鳥名,現爲國家一級保護動物。
② 面子:表面。
③ 裏子:衣、冠、履等的内層。

甚麼皮子做的呢?""皮子的種類很多很多了,有骨種羊①、爪仁②、江獺、水獺、貂皮等等的。""冬天的帽子雖然都是皮子做的,恐怕耳朵冷罷。""您不知道,還有風帽。""風帽是甚麼樣兒呢?""是用大紅哈喇③或是大紅呢做的,裹頭有棉花。若是戴上,前頭就露一點兒臉,後頭連脖子都蓋上了,實在暖和極了。""我怎麼沒看見過哪?""現在不興了,所以戴的很少。""現在興甚麼呢?""現在的大衣上有領子,還有新式的帽子,都可以放下來,並且還有圍脖兒等等的。""現在夏天都應當戴甚麼樣的帽子呢?""現在有很多新式的草帽,還有白布盔。""從前的人夏天戴甚麼帽子呢?""從前,最時興的是馬連坡大草帽兒,再掛上紬裏子,是非常的壯觀,到現在也是不時興了。""還有甚麼帽子呢?""還有雨帽、氈帽甚麼的。""雨帽我知道,是下雨戴的,氈帽呢?""鄉下人常戴氈帽,因爲他又便當④又暖和。""都是甚麼顏色的呢?""大半白的最多。""那不跟孝帽子一樣了麼?""孝帽子是用白布做的,外頭套上過樑冠,上頭還有棉花團、麻瓣子等等的。""是了,女人都戴甚麼帽子呢?""從前夏天不戴帽子,到了冬天有戴棉帽條的,有戴皮帽條的。可是現在的婦女們一年四季都有最時興、最美麗的帽子了。"

衣　服

"現在我打算要置幾件衣裳,您說是買成衣好,是叫裁縫做好?""自然是叫裁縫做的合式啊。""叫裁縫做還得買材料,量尺寸,又得躭悞日子。""可就是麻煩點兒。""請問您,做衣裳的材料除了綢緞、布,還有甚麼?""還有紗、羅、絨、呢哪。""紗、羅都能做甚麼衣裳哪?""各種紗羅都是夏天用的,可以做單衣裳。""呢、絨怎麼用哪?""呢、絨是春秋冬三季用的,做夾的、做皮的都可以。""這些材料的用處我都知道了,可是衣裳的種類跟衣裳的名字還要請您告訴告訴我。""您問的是現在的呢,是從前的呢?""請您都說一說。""好,我先說現在的罷。現在大典的時候以及慶弔都應當穿大禮服。""文官的禮服是甚麼樣子

---

① 骨種羊:產自西域的一種羊,毛皮多卷曲黑亮,又稱"骨冬羊"。
② 爪仁:即"貂爪仁",使用貂前腿上平坦的毛製成,是貂皮上最差的副料。
③ 哈喇:用羊絨、駝絨爲原料織成的西式布料,常用來製作西服、中山裝、軍大衣以及一些高級中式服裝。哈,音 kā。
④ 便當:方便,便利。

呢?""文官穿的是青顏色的,前襟像燕尾形,長過磕膝蓋,硬領袖,黑皮靴子。""那我倒看見過,還有那穿藍顏色的,兩肩上有金銀線穗子的,那是甚麼禮服哪?""那是武官禮服,看兩肩上的金銀線就能分出三等九級來。""我明白了,金線愈多職分愈大,是不是?""對了,平常可不穿那樣的衣裳。""平常穿甚麼哪?""平常穿的是軍制服。""若不是軍人,平常人有事應當穿甚麼哪?""可以穿常禮服。""我常看見有慶弔的時候,有人穿藍袍子、青馬褂,那就是常禮服罷?""不錯,那也是常禮服的一種。現在還有各種的制服,比如司法官、律師、贊禮官跟各學校的學生和軍警兩界穿的衣裳,都是有一定的。""是了。怪不得我看見那些信差怎麼都穿綠衣裳哪,那就是他們的制服罷。""對了。他們都有一定的制服,我們一看他的衣裳就知道他是做甚麼的了。""這法子實在好,從前也是這樣麼?""從前也是有一定的服制,說起來比現在更麻煩了。前清文武官員朝見皇上的時候要穿朝服。""朝服是甚麼樣兒哪?""衣裳上頭平金綉花兒,有披肩、坎肩、套袖、朝裙等等的。""朝見皇上都必得穿朝服麼?""也有時候穿蟒袍、補褂,看他的補子就知道是文官、武官跟品級的大小。""可是這袍褂不但是見皇帝穿,若是有慶弔大事也可以穿。""也有穿袍子套馬褂的,那是甚麼服呢?""那是缺襟袍子,對襟馬褂兒,是為走路穿的,所以又叫行裝。平常男人穿的長衣裳,有皮襖、棉襖、夾襖、單衫、紗衫,外頭套的就是坎肩馬褂。""女人穿甚麼衣裳呢?""女人有穿長衣裳的,有穿短衣裳的。旗人穿長衣裳得穿馬褂,可不穿裙子;漢人穿短衣裳得穿裙子,可不穿馬褂。""女人的禮服是甚麼樣兒哪?""女人的禮服是天青色的褂子,綉八團立水,紅緞裙子,綉五彩花,也是立水。""請問您這皮衣裳有多少種類呢?""在初冷的時候要穿真珠毛①。脫了真珠毛,就是銀鼠、貂爪仁、乾尖。再冷就是銀鼠、灰鼠、天馬、狐腿、貂翎眼、狸子、草上霜、紫羔皮。若是到了三九天,就得穿狐肷、貂皮、火狐、懸狐、猞猁等等的。平常就穿大小毛的羊皮。""我見有毛朝外穿的,那是甚麼皮子哪?""那是水獺、海龍、貂皮。這幾種都可以反穿着,可是穿孝不能穿直毛的,總得穿羊皮。""您說到穿孝我想起一件事來。父母親喪是應當穿白衣裳,怎麼朋友家有白事也有穿白衣裳的?那衣裳有甚麼分別呢?""有分別。父母親喪用極粗的白布做孝衣。若是朋友家有白事,所穿的孝衣就是細布。""是了。在冬天我常看見有人

---

① 真珠毛:珍珠毛。滿洲人稱胎羔羊的毛為"珍珠毛"。

披着一件好像鄉下人下雨下雪穿的蓑衣似的,那是甚麼?""那叫斗蓬,用各種綢緞、呢絨做面子。裏頭也有弔皮子的,也有不弔皮子的。鄉下人的蓑衣是用草做的。""我們到了下雨下雪的時候也穿蓑衣麼?""不穿蓑衣,要穿雨衣。""雨衣是甚麼做的呢?""有用油布做的,有用油綢子做的,有用嗶嘰①做的,有用橡皮布做的。""這衣服的樣子可真不算少。別說要置這些東西,就是記都記不清楚。還是請您給找一個裁縫,先做兩件應用的衣裳罷。""可以可以。"

燒火物

"兄弟自到北京以來,已經四五個月了,所有用的東西都跟敝國差不多。要是燒火的東西,我不曉得除了硬煤以外,不知道還有甚麼,所以就跟閣下領教。""豈敢豈敢。我也不能都知道,可以將我知道的大略說一說。在北京所有的住房鋪戶多用硬煤、煤球。""這煤球兒是一種甚麼東西呢?""在北京的西南各山產煤最多,從地裏挖出來有塊子,有末子。塊子就是硬煤,剩下的末子攙上黃土就搖成了煤球,曬乾了纔能燒哪。白爐子、銅爐子、洋爐子都能燒煤球。可是也有用紅煤的。""火車、輪船、各樣的機器廠都用紅煤麼?""火車輪船不用紅煤,都用煙煤。機器廠有用煙煤的,有用焦炭的。""爐火的時候,用甚麼引火呢?""得用劈柴,倒上點兒煤油點着了,再擱上一層炭,然後再倒上煤,慢慢的就着了。""這劈柴是甚麼?""就是木頭塊兒用斧子劈開,所以叫劈柴。""怎麼好好兒的木頭就燒火哪?""不是成材料的木頭,都是些個無用的木頭,或是死樹枝子。""炭是甚麼呢?""炭就用樹林子裏頭砍下來的樹枝子,在山裏頭擱在一塊兒用火燒,燒的不差甚麼②了,再用水澆滅了,後來就是炭了。還有一種是白炭。""白炭有甚麼用處呢?""小器作、嫁妝鋪烤木頭、首飾樓鋦活都用白炭。""住家兒的用不用?""若是爐炭盆、手爐、腳爐,也用白炭。""那麼鄉下人燒煤、燒炭可費事了,還得進城來買。""到了鄉下就用不着煤炭了,另有燒火的東西。""鄉下人燒甚麼呢?""鄉下人燒火就是用柴禾。""柴禾跟劈柴不一樣麼?""不一樣。劈柴是木頭,柴禾是秫稭、玉米稭、麥根子、蘆葦等等的東西。""這些東西都有地方賣麼?""這都是有地的主兒打完了糧食剩下的。""沒地的主兒怎

---

① 嗶嘰:一種斜紋織物。
② 不差甚麼:差不多。

麼樣呢？""撿①點兒亂草甚麼的，靠山近的就可打點山柴。""打山柴沒有人要錢麼？""山上有的是乾柴、乾樹枝甚麼的，還給誰錢呢？俗語說'靠山的燒柴，靠河的吃水'，就是這個意思。""好，謝謝您，這真是'一處不到一處迷'。"

家庭應用傢俱

"您好啊。""好，怎麼老沒見您哪？""我竟忙找房子哪。""做甚麼找房子啊？""因為我們內人要到北京來，我現在住的房子少，住不下，所以必得搬家。""找着了沒有？""房子倒是找着了，就是傢俱還沒買哪，今天碰見您好極了，您要是沒事，請您辛苦一趟，跟我買一買傢俱好不好？""好，那麼您都短甚麼呀？""別提了，我就有一分鋪蓋，其餘是甚麼都沒有。""那麼現在您得用甚麼哪？""我原是在朋友家寄居，所用的都是他們的，所以我一樣兒傢俱也沒有。""這可費事了，一時半會兒的買不完哪。""那可怎麼辦哪？您總得勻着您的工夫跟我去。要是您有事，我一箇人實在不能買，再一躭悮，我們內人來了，家裏頭就都沒的用了。""這麼辦罷，開箇單子，我說您寫，寫完了您自己照着單子就買了，您看好不好？""也好。""那麼就請您先說臥②房裏應用的東西罷。""臥房裏用床帳子、衣架、穿衣鏡、梳粧台、洗臉棹③子、衣裳櫃子、棹子、椅子，那些零碎東西就不用寫了罷。""也是寫上點兒好，帶着手兒④就買了。""那麼您寫上洗臉盆、胰子⑤盒兒、擦臉手巾、衣裳刷子、鞋刷子、衣裳簍子、毛撢子、布撢子。""飯廳裏頭都用甚麼呢？""飯廳裏得有飯台、椅子、傢伙櫃子。""零碎傢伙呢？""盤子、碟子、茶碗、飯碗、刀子、叉子、匙子、筷子、玻璃盃、開水壺、茶盤子、托盤兒、茶壺、茶碗、糖罐兒、茶葉罐、台布、飯單。""再請您說廚房應用的東西。""爐子、切菜刀、茶刀、勺子、鏟子、銅鍋、鐵鍋、鍋蓋、水缸、餑餑爐子、籠屜、通條⑥、煤斗子、火筷子、笤帚、簸箕。""不要棹子麼？""要啊。""甚麼樣兒的呢？""要一張

---

① 撿：底本作"檢"。
② 臥：卧。
③ 棹：桌。
④ 帶着手兒：順便，也説"捎帶手兒，就手兒"。
⑤ 胰子：肥皂。
⑥ 通條：用來疏通爐子等器物的鐵條。

案子、兩張棹子,還得買一箇吃食櫃子、冰箱①。""厨房、飯廳、臥房的東西都有了,您再説客廳裏用的東西罷。""我想客廳裏總得要體統一點兒,得買幾樣好一點兒的棹椅。""好一點兒的是甚麼的呢?""好一點兒的,就是花梨、紫檀、螺鈿、雕漆各樣的了。""不必要那麼好的,就買點兒行常的就可以了。""那麼您就用榆木的罷,又結實又好看。""都有甚麼樣兒的棹子哪?""書案、書棹、公事棹、茶几兒、圓棹、琴棹、月牙棹兒②、架几案③、八仙棹兒甚麼的。""椅子有甚麼樣兒的哪?""有太師椅、二人椅、折叠椅、摇椅、躺椅,還有各樣的小圓椅子。""没有後背兒的那叫甚麼椅子?""那叫杌櫈。""還有比杌櫈長一點兒的,可以坐倆人,那叫甚麼呢?""那叫二人櫈,窄一點的叫板櫈,這都是很粗的東西,也可以買兩樣兒擱在下房兒用。""對了,您也寫上罷。請您再想想,還有甚麼呢?""我想各屋的地毯跟窗户帘兒、蹭脚墊兒;洗澡房裏再買箇澡盆、臉盆甚麼的,大概就都全了。""大約也差不多了,明天您若是有工夫,就請您幫着我買買罷。""可以,可以。"

---

① 冰箱:内裝冰塊的大箱子,用於夏日保存肉食或果品飲料,不同於今天的電冰箱。
② 月牙棹兒:半圓桌。
③ 架几案:一種傢具,矮而狹長,供人讀書用或放置香爐等物。

技　術

裱糊匠

"昨天我在大街上看見一個鋪子裏頭用紙糊了好些紙人。我看見很希奇①，今天特意來跟您打聽打聽那是做甚麼用的？""那是給死人糊的，還有糊器具、房子的哪。""人已經死了，糊這些紙東西做甚麼哪？""這也是風俗上去不掉的事。就以北京論，人一死，家裏的人先要糊一輛車來燒了。""那是爲甚麼呀？""說人死了好坐車走。""這真可笑了，要是死在外國，還不得糊輪船麼？""您聽我説，還有很多的哪，甚麼接三、送聖，都要燒東西。甚麼樓庫②、槓箱③、車船、轎馬，樣子很多哪，就看人的家計有無了。就是親友也有用這個送禮的，甚麼四季的花盆、金山、銀山、尺頭④、盆景兒，凡是死人生前心愛的東西，都可以糊來送禮。再要説到五七糊傘、六十天糊船轎⑤、十月一送寒衣，那些事更没完了。""請問您，糊這些東西的那叫甚麼鋪子呀？""那叫冥衣鋪，做手藝的人叫作裱糊匠。""糊這些東西能老在家裏擺着麼？""不是，到出殯的時候都是一燒，所以冥衣鋪管這些東西叫燒活。""我聽說裱糊匠不是就會糊頂棚、紗窗麼？講究糊的平正、乾净，紙的花樣都能對上，他們也會糊燒活麼？""大約也有一半兒會糊燒活的。""那是爲甚麼哪？""因爲裱糊匠有好些人是家傳的手藝，可也有單有師傅的，帶着上茶口兒的。""甚麼叫'茶口兒'呢？""凡是做手藝的人，若是没事，早晨都到茶館去喝茶，有人約就去做活，一天挣一天的工錢，上茶館就説上茶口兒，他們管糊棚叫做白活。""爲甚麼説白活呢？""因爲中國人糊棚喜歡用白顏色的紙。""這就是了，爲甚麼又有不會糊燒活的呢？""學糊燒活的都得在冥衣鋪裏學徒，不但糊燒活，還有黄活哪。""甚麼叫'黄活'哪？""凡是給神

---

① 希奇：稀奇。
② 樓庫：給死人燒的紙糊房屋及紙糊冥器。
③ 槓箱：長、寬、高約半米左右的木箱。
④ 尺頭：衣料、緞匹。
⑤ 轎：底本作"橋"。

佛的東西都叫黃活，因爲多半是用黃紙做的。比如供娘娘的面亭、合幢幡寶蓋，跟許願還願①的童兒，七月十五廟裏燒的法船等等的，那都是説是黃活。還有小孩點的蓮花燈，冬天放的風筝，那一樣不是冥衣鋪的手藝呀。"

中國醫生

"先生，您來了，您好。""好，您好。""您請坐。""今天天氣很凉快，正是念書的時候，我們念一點書好不好？""先生，我今天先不念書，要跟您請教一件事。""甚麽事呢？""昨天我到隆福寺去買東西，看見廟的對過有一所樓房，門口有匾，也有招牌，我不曉得是賣甚麽的，我想進去看一看，又怕不是鋪子。請您告訴告訴我那是作甚麽的？""我想那是大夫的醫室。""醫室的門口掛匾、掛招牌有甚麽用處呢？""我先告訴您中國大夫掛招牌的意思。因爲大夫給人治病不能叫喚，也不能挨着門去問您治病不治，所以必得有招牌。有病的人一看，自然就進去了。""那招牌上寫的都是甚麽哪？""寫先生姓名、堂號，是内科，是外科。""甚麽是内科哪？""人的内裏有病，請大夫治，大夫必得診脈。先診左手，後診右手。診完了脈，再看病人的氣色，再問病人自己覺着那裏不舒服。説完了大夫一聽，跟他診的脈意思相同。後來開一個藥方子，病家按着方子到藥鋪去抓藥。抓回來用沙鍋煎，煎得了晾温和再吃。""若是時令症或是鬧嗓子，吃藥來不及，有甚麽法子哪？""那還可以扎針。那扎針可是一個救急的法子。""無論甚麽病，扎針都能治得好麽？""能治的病一定治得好。若是不能治的病，無論誰也治不好。俗語説'治得了病，治不了命'。""您説的這都是内科呀，還有外科哪？""凡是皮膚有病及一切疗毒惡瘡都請外科先生。也要看瘡是甚麽樣子，長在甚麽地方，碍事不碍事。應當上藥的上藥，應當吃藥的吃藥，應當用刀子開的必得開，這都是外科的事。""那麽大夫天天老在家麽？""不是。前半天②在家看門脈③，後半天④出馬⑤。""看門脈多少錢哪？""平常的人都是兩吊，

---

① 底本無"願"字，依文義補。
② 前半天：上午。
③ 看門脈：醫生在自己診所坐診，病人前來就診。"門脈"可代稱門診費用。與"看門脈"相對的是"出馬"，指醫生上門給病人看病，"馬錢"因此成爲出診費的代稱。
④ 後半天：下午。
⑤ 出馬：出診。

有錢的人四吊。""出馬多少錢哪？""不一定,那得看道兒的遠近,家道怎麼樣。有錢的人多要,沒錢的人少要,實在寒苦的,就不要錢了。""爲甚麼有錢的人就多要錢哪？""您想,有錢的人,命比錢要緊的多,就是多拿點兒錢也不算甚麼。並且在北京的富家,若是一聽大夫的脈禮不多,就說這個大夫沒本事。""那麼沒錢的爲甚麼又少要呢？""您想,沒錢的人本來就治不起病,大夫再跟他多要錢,那不是等死了麼？俗語說:'窮漢子吃藥,富漢子還錢。'我們政府因爲窮人治不起病所以立了幾處官醫院。貧苦的人有病,到醫院去看病,不但不要錢,而且白給藥。病重的也可以住在醫院裏養病,這也是保全貧民的意思。""是是。可是大夫門口的匾是誰給掛的哪？""那是有病的人經這個大夫治好了,就給他掛一塊匾。""治病的人既是給錢,爲甚麼還掛匾哪？""說起這掛匾的事情來,其中也有一個緣故。比方有個人病的很重,請多少位醫生都沒治好。後來換了一位大夫,病人怕死,對大夫說:'請您救命,您若給治好了,我給您登報傳名,還給您掛匾。'趕到吃了這位大夫的兩三劑藥就真好了。一來是大夫的本事,二來是病治有緣人,所以就得找木匠作匾刻字,定日子送去,爲的是給大夫傳名。""匾上應當刻甚麼字哪？""不外乎那些俗套子,甚麼'內扁外華'了,'救我再生'了,'妙手回春'了等等的名詞。""是是,匾作得了怎麼個送法呢？""用亭子抬着,在前面還有音樂吹打着送到大夫的家,給他掛在門口。大夫必得出來道謝,送匾的也要說好些客套話,這就是送匾的手續。""承教承教。今天也不早了,我還要到城外頭去,明天再念書罷。""好,那麼我就走了。""明天見。"

金銀做物

"中國婦女們的妝飾品實在是很多很多,就以頭上的簪環、首飾說,就有好些叫不出名子來的。前天朋友家有喜事,我看見新媳婦頭上戴着一頂月白色兒的花帽子,旁邊有兩堆紙花兒,可是前頭搭拉①着好些珠子穗兒,連頭都不能抬,不知道那叫甚麼帽子？""您說的那是鈿子,滿洲人纔用哪。""漢人應當戴甚麼呀？""漢人戴的叫鳳冠,跟鈿子的像兒差不多,可是前頭的穗子比鈿子還多。""我怎麼沒看見過？""這非得有大事纔戴哪,平常夏天梳頭,冬天戴帽子。漢人戴帽條兒,滿洲人戴皮帽子。""漢人旗人梳的頭有分別麼？""不但梳頭有

---

① 搭拉：耷拉。

分别，就连首饰也都不一样。像甚麽大扁方、耳挖子、钳子等等的，这都是梳旗头用的。""汉人戴甚麽首饰哪？""汉首饰是用横簪、竖簪、小扁方、小耳挖子、钳子甚麽的，这是梳头的。若是冬天戴帽子，有帽口、帽花，也都说是首饰。""您说的这些东西都在那儿买哪？""在大街上有首饰楼，他们用金银做各样的首饰。""都有甚麽样儿的哪？""有錾花的、合銲的、穿珠、点翠、镶嵌、珐瑯、累丝、镀金等等的。""这些样子首饰楼都能做麽？""有的也得过行，可都离不开首饰楼用金银做胎子。""您说这话我不信，我见夏天妇女的首饰不是尽是用银子做的，有白的，有绿的，跟石头差不多，您怎麽说都是金银作的哪？""要讲究起那个来，更没完了，那不是石头的。""那是甚麽呀？""那是白玉跟翡翠，还有碧玺、珊瑚跟各色的宝石、金钢石，都能镶嵌在首饰上头。""这些东西也是首饰楼卖麽？""在前门外门框胡同单有红货行①，那裏有摊子，您挑着样儿买。还有提溜②包儿串胡同卖翠花的也卖，或是金珠店也有代卖首饰的。""金珠店跟首饰楼还有甚麽分别麽？""些微差一点儿。您要是买卖荒金、赤金、珍珠、钻石，可必得上金珠店买去。""那麽我要用金银打各种器皿，在那儿打好哪？""那也在首饰楼打，可是一件很吃亏的事。""怎麽吃亏呢？""因爲我们是用十足的银子给他打东西，他们成作的时候非得攙铜不可，考验起来准有九成银子，就得说是好成色。""这不是睁着眼上当麽？""这也难怪他们，因爲是非攙铜做不了。要论他们的手艺，可真算巧妙极了，像现在的轮船、火车，直到人物、花卉、水虫儿，没有一样不能仿照着打的，都是很精细的。至於上头烧的颜色，也很鲜明漂亮，跟真的一样。所以在首饰楼学手艺的，也得是聪明人纔成哪。"

说相声与说书之比较

"北京爲中国首善之区，北京的语言爲中国各省之冠，因爲北京人说话的声音清楚，所以外国人到中国来作事的都要在北京学华语。不但外国人，就是在各国的华侨回国来，也要学北京的话。北京人说话的声音既然清楚，自然就好听了，所以北京的人真有一辈子就靠着嘴度日的。""都是甚麽人靠着嘴度日呢？""我先说两样，一样是说相声的，一样是说书的。这两样要比较起来，各有

---

① 红货行：珠宝店铺所售的珊瑚、宝石稱"红货"，故名。
② 提溜：提。

所長。説相聲的是兩個人一問一答；説書的只是一個人。説相聲的都是自己編的話，差不多都是鬧①笑兒的話；説書的可不是自己編的，都是按着從前有學問的人做的各朝的故事、歷史，連批帶講説給人聽，有時候也加添一點兒笑話。他們平常都在茶館裏説，若是找他們到家裏來説也可以。""那麼説相聲有甚麼長處呢？""就是他們所編的話很新鮮，有好些個意思是我們想不到的。他們有時候也説一點各處的名勝古蹟跟各處的風俗、市面的情形，我們聽着也可以長一點兒見識。他們的短處就是時常免不了説些下流社會的話。説書的可沒有這樣的短處，並且所説的書都是古時候的事，書裏頭總離不開孝、悌、忠、信、禮、義、廉、恥，我們聽着不但長見識、長學問，而且真能感化人心，這就是説書的長處。他們的短處就是有時候説些奇奇怪怪、有鬼有神的迷信書。説相聲的跟説書的既是各有長短，聽相聲聽書的人也就不一樣了。有的人專愛聽相聲，有的人專愛聽書，也是各有所好。""我是甚麼都不愛聽，我就愛聽華語學校的教員教書。"

蓋 房

"王掌櫃的來了。""請他進來罷。""王掌櫃的，您好！""好，您好！您今天找我來有甚麼事麼？""我打算要蓋幾間房子，請您來商量商量。""您採着空地了麼？""採着了。""在甚麼地方？""在石大人胡同。""有多大地方？""南北二十丈，東西三十丈。""喝，真不小啊。這麼大地方，您打算都蓋甚麼房子哪？""我打算蓋三所，當中的院子要蓋四合房，帶垂花門，三間正房、兩間耳房②、三間東廂房③、三間西廂房、五間南房，四面都帶廊子。正房後頭蓋五間罩房④。窗户都要上支下摘的，上頭安紗蔽子，下頭安玻璃，内簷都要格扇，用方磚墁地，内牆都抹白灰。""大門安在那兒啊？""用南房東頭的那一間作大門罷。可是得使東房的南房山作影壁。""廚房蓋在那兒哪？""西房後頭蓋五間北平台，兩間作廚房，三間作下房。""東邊的空地蓋甚麼房哪？""蓋馬號罷。""馬號也要瓦房麼？"

---

① 鬧：鬭。張相《詩詞典語辭匯釋》："鬭，猶引也，與逗通。"
② 耳房：正房或廂房兩側的小屋。
③ 廂房：正房前面兩側的房屋。
④ 罩房：位於正房後面的房屋。

"不要瓦房,蓋棋盤心①跟仰瓦灰梗②。""蓋幾間哪?""蓋三間車房、三間馬棚、兩間草屋子、三間住房。""西邊的空地蓋甚麼哪?""蓋花園子,在儘北頭兒還蓋一座樓。""蓋幾層哪?""蓋三層。""樓梯安在那頭兒哪?""樓梯安在東頭兒,樓的上下都要四面窗戶,滿安玻璃。""要地板不要?""要地板,可是不要地窖子。""南頭兒蓋甚麼房呢?""儘南頭兒蓋五間花廳,前後帶廊子。""東邊兒哪?""在東邊另蓋一個院子,按鄉下的模子,週圍的牆不用磚砌,要板打牆,花牆子門③兒。蓋三間南房,要土房,鬼臉兒窗戶;三間北房,要草房,院子不墁磚。""西頭兒蓋甚麼房不蓋?""西頭兒蓋一段長廊子,通着南北房,所爲下雨的時候好淋不着。前頭擺山子石,旁邊挖月牙河,再蓋一個草亭子、三間花兒洞子,院子裏兩個磚砌的花池子就得了。""那麼得先畫圖罷。""對了,畫完了我看看,好了您就蓋。""就是罷,那麼您打算包工啊,是擺工啊?""包工、擺工有甚麼分別呢?""擺工哪,是我給您找人作活,您自己買材料。""您給我找做甚麼的人哪?""您聽我說,蓋房子起頭兒必得打地基,那得找打夯④的,還得找石匠、木匠、瓦匠。可是瓦匠裏還分大工小工哪。""大工作甚麼哪?""凡是雕鑿磨砌等等的細活,歸大工做的。""小工哪?""小工是和泥、挑水、搬磚、運瓦等等的。蓋完了,一切的油漆彩畫還得找油匠。""那麼我都買甚麼材料哪?""您得買木料、板子、各樣的磚瓦、釘子、白灰、青灰、洋灰,所用一切的東西。""喝,那可麻煩了,我操不了那麼大的心。那麼包工哪?""包工,您可省事了。所有應用的材料都是我買,各行的工人都是我找。趕到蓋完了,連工帶料一共該多少錢您給多少錢。不但省事,還得便宜。您想怎麼樣?""那麼就包工罷。""我趕緊畫圖去,畫好了樣子,咱們再商量價錢、立合同。""就是,就是。"

木　匠

"一個人生在世界上,都必得有一技之長,所以家裏的小孩子念書、識字,

---

① 棋盤心:北方地區一種屋面的名稱,周圍鋪合瓦,中央部分鋪青灰或石板瓦。

② 仰瓦灰梗:北方地區一種屋面的名稱,用板瓦仰面鋪蓋成隴,每隴之間抹上灰泥,塑成"灰梗",一般是中下層家庭才使用這種屋面。

③ 花牆子門:一種較爲簡陋的小門樓,構造簡單。一般在門垜頂端砌有較短的立垜,垜與垜之間用板瓦填充空隙。爲了追求美觀,板瓦有時砌出花式。

④ 打夯:用夯砸實地基。

這是頭一樣兒要緊的,就是長大學手藝、學買賣也都用的着。""您這話是不錯的,俗說'行行出狀元',就是作一個瓦木匠也是認識幾個字的方便些。""您說的這瓦木匠是蓋房子的人麼?""對了,做泥水活的説瓦匠,立柱上樑的是木匠。""那麼是用木頭做東西的人都是木匠麼?""雖説都説是木匠,也有許多的名稱了。比方説,家裏擺的木器,像箱子、櫃子、茶几兒、書櫥子、各樣的桌椅、板凳,都是櫃箱鋪裏的木匠做的。還有背着傢伙筐子下街串胡同的,俗説叫收拾桌椅板凳的。""那麼蓋房子的説甚麼木匠哪?""那叫'大木作',用的傢伙也離不開錛鑿斧鋸。還有一樣專管鋸木頭開板子的叫'大鋸行'。""那麼屋子裏頭的裝修、隔斷、雕刻、各樣兒的花牙子①,以及隔扇、落地罩跟佛龕影匣、祖先牌位、圖書床兒,這些東西又是那兒做的呢?""那是小器作的事,並且還能作各樣兒的文具,像筆架兒、筆筒、硯台盒子、墨床兒,跟各樣兒花瓶座兒、果盤座兒,都是用花梨紫檀做的,所以又叫'楠木作'。""楠木作不作大物件麼?""也作大物件哪,像甚麼穿衣鏡、梳粧台跟各樣兒硬木器具等等的。""屋子裏頭掛的木頭掛屏跟各樣鏡框兒,那是在那兒作的哪?""現在單有鏡框鋪,都是按着外國來的各種花邊作成的。花的、素的、掛金的、涮銀的都有。""那麼中國從前沒鏡框麼?""有哇,那也是小器作作的,最講究的是由廣東、蘇州做來的好,甚麼金漆的、樺木的都有。北京平常的就是紅木跟杜木的了。""我還要問您,我在四牌樓南看見一個鋪子裏有一個人拿着一把刀子,在那裏作了好些圓桌腿子,那是甚麼鋪子啊?""那是鏇床子。從前的鏇床子管修秤,現在的秤都由權度製造所做了,所以他們也没甚麼買賣了,現在不過就是用木頭鏇個球兒、棒兒的了。還有一種桶鋪,是專作木桶、水桶的。""也有挑着賣的麼?""那挑挑子的不是賣木桶的,是箍②桶的,因爲人家兒的木桶澡盆要是壞了,都可以叫他們給收拾收拾。""那麼要買圓籠、籠屜甚麼的,也上桶鋪買去麼?""那可不能,必得到羅圈鋪③去買。""我還要問您一樣,是人人都離不開的東西,可是説着不吉祥。""請您説罷。那有那些個俗論兒啊。""我問的就是人死了用的棺材,那是歸甚麼人作的哪?""那是棺材匠做的,也是木匠的一類。""是,是。"

---

① 花牙子:木制鏤空雕刻花邊,用于亭榭梁柱交替處或傢具上。
② 箍:箍。
③ 羅圈鋪:舊時指製作籠屜的鋪户,爲清朝貴族製作提盒、禮盒等製品。

算命的

"您今天出門嗎?""沒有甚麼事,不出去了。""請問您這算卦的是一箇甚麼意思呢?""算卦就是占人未來之事。""那麼算命呢?""算命跟算卦差不多,一樣是算人,一樣是占事。""甚麼是卦呢?""就是八卦。""八卦是怎麼有的呢?""說起八卦來話就長了,上古伏羲氏畫的八卦,爲'先天卦',有八箇字是乾、坎、艮、震、巽、離、坤、兌。在那箇時候就是爲記事。後來周文王又製成八卦,名爲'後天卦',可以推算事情。""都能推算甚麼事呢?""人的運氣以及後來一切的事,都可以推算的出來。""那麼他們都用甚麼法子呢?""也有好些門類哪,分大六壬、《周易》、奇門遁甲、邵子神數等等。您看大街上那算卦的,有用一箇小盒子的,裏頭有六箇錢。算卦的人搖那箇盒子,搖完了倒出來,看錢的反正面兒,把他記下來,按字兒推算,那就是'大六壬',也說'六爻'。還有拿一本書看着算的,那是《周易》。還有在桌子上頭擺着好些木頭子兒的,那就是奇門遁甲。他們所用的法子是大同小異。""我聽說您不是也能批八字兒麼?""略略知道一點兒。""那八字兒就是八卦上的八箇字麼?""不是,那八箇字是用人生的時候在某年、某月、某日、某時,那麼八箇字。""從這八箇字裏也能推出各樣事情來麼?""這八箇字裏頭有千變萬化,若是細批,可以論斷終身。""比方給一箇人批八字兒,批到八十幾的那一年,諸事不能成立,那就是這箇人的壽數絕了。就是婚姻的事情,也必須要先批八字兒,批好了再合婚。""您所說的合婚是合甚麼呀?""就是合男女兩箇人的八字兒,若是歲數合式,屬像①不犯,就算是合上了。""屬像是甚麼呢?""您連屬像都不知道麼? 您可真不留心了,屬像是隨着地支算的。子是鼠,丑是牛,寅是虎,卯是兔,辰是龍,巳是蛇,午是馬,未是羊,申是猴,酉是雞,戌是狗,亥是豬。""您說了這麼多,我倒聽不明白了。""比方一箇人是子年生的就是屬鼠,丑年生的就是屬牛,按着這箇法子往下推算,您就明白了。""屬像我是明白了,甚麼是犯屬像呢?""若是兩箇人的屬像不能相合的,那就是犯屬相。算命的有一套歌兒,我一念您就明白了。""好,請您念。""我念您可記着。'白馬怕青牛,羊鼠一旦休,蛇虎如刀斷,龍兔淚交流,雞狗難長久,豬猴不到頭'。""若是不犯這六樣,這婚姻就算成了罷?""不能,要是內外三堂有妨碍,也是不行。""內外三堂又是甚麼呀?""外

---

① 屬像:屬相。

三堂,是他本人跟他的父母;内三堂是姑娘跟他的父母。""這些都沒有妨碍怎麽樣呢?""再擇日子寫通書纔能迎娶哪。""那麽合婚的時候,男女兩箇人都得叫算命的看看罷?""那倒是不必。""不是還得看看手、看看臉麽?""那是相面的。""相面的跟算命的又有甚麽分别呢?""相面就是看人的外表跟人的骨格。在梁時陶弘景的《相經》上説,性命在人的骨格上顯露吉凶,在人的氣貌上表明,所以看外表就能知道這人後來怎麽樣。""這些事真是奇怪的很。""您算算我吃了飯没有。""您别打哈哈①了,我也該吃飯去了。"

風　水

"李順,你去把鄒先生請過來。""是,鄒先生過來了。""請,鄒先生,我給你們二位引見引見。這位是朱先生,這位是鄒先生。""久仰久仰。""彼此彼此。""這位朱先生也最喜歡風水,可是老没有人指教他,所以請您過來談談,我可不陪着你們了,我還有一點公事先走一步。""請便請便。""回頭見。""今天我要跟老先生討教討教,聽説您對於風水一道是很有研究。""豈敢,兄弟不過是常聽人講究,一知半解的也不敢説是明白。""您太客氣了。我先請問您這'風水'兩個字是甚麽意思呢?""這兩個字不甚難解,就是看陰陽宅的氣道通不通。""氣是甚麽呢?""氣就是風。還要看水道順不順,所以説是'風水'。""這風水究竟有甚麽好處呢?""能夠平安順遂就是風水的好處。""那麽看風水用甚麽法子呢?""按着五行跟天干、地支,就能推出吉凶來了。""甚麽是五行呢?""金、木、水、火、土這五樣就是五行。""天干、地支是甚麽呢?""天干有十個字,就是甲、乙、丙、丁、戊、己、庚、辛、壬、癸。地支是十二個字,就是子、丑、寅、卯、辰、巳、午、未、申、酉、戌、亥。""請問您,陽宅應當怎麽樣的布置? 陰宅是應當用甚麽樣的地勢?""陽宅是講究宅大、門小,爲的是收氣;四面的院牆高矮都得合式,爲的是氣道通達;水溝總得向東南流,那爲水道順,這是陽宅大概的情形。""我想這倒很容易,人人都可以明白。""不然,蓋房的時候,上頭要看氣象;下頭要看土脈。都看好了,還用羅盤找字兒,找好了字兒纔能動土哪。""羅盤是甚麽樣兒呢?""羅盤是用木頭做的,象一個盤子形,當中嵌着一個指南針,週圍寫着天干、地支、五行、八卦等等的字,是看風水必須用的東西。可是羅盤也分兩

---

① 打哈哈:開玩笑。

種,一種是三合盤,一種是蔣盤。""這兩種羅盤用法有分別麼?""用三合盤看的都取平和;用蔣盤的能夠催人陞官、發財,可是過了五年得改一回。""若是不改怎麼樣呢?""不改就要出毛病了,因爲是字兒走過去了,所以總得改。""這可麻煩了,好好的一所房子,住上五年不還得拆了從新再蓋麼?""房子不用拆,改改門就行了。俗語説'窮改門,富拔墳',就是這個意思。""若用三合盤看,就都可以隨便了罷?""不然。也是有一定的地方,無論房子是路南、路北,都得把門安在左邊,名爲青龍門。""要是安在右邊呢?""右邊爲白虎門,是最不相宜的。還有錯骨門、五鬼門,都使不得的。""錯骨門是甚麼樣兒呢?""就是兩個門不對着,這個門框對着那個門的當中,就爲錯骨門。""五鬼門呢?""比方説,一所房子裏或是一個院子裏有五個門,就叫五鬼門。住這樣房子的不是傷人口,就是鬧是非。""靠不住罷。""這也不是我造謡言,都是有書可考的。""是。請問陰宅是應當怎麼布置呢?""陰宅要先看地勢,四面不受尅,土地平净、水道通順是最相宜了。若是偏僻的地,四面没有洩水的地方,或是不靠走道這一類的地,是最不相宜了。所以這陰宅必得要詳細,同不得陽宅還可以拆拆、改改,若是點好了穴,安好了葬,可就不容易挪移了。""甚麼叫點穴哪?""就是看好了山向,從祖墳往下,應當離多大尺寸,按着左右的往下排着葬。""山向我也不懂,請您指教指教。""山向就是下葬的時候要看墳地向那一方,棺材是應當向那一方。比如向東就是甲乙,向南是丙丁,向西是庚辛,向北是壬癸,向當中是戊己向。這不過是説個大略,改天有功夫我們再細談罷。"

書 海

大鐘寺

"在京城裏外各廟的古蹟甚多，也有些可觀的，也有沒甚麼意思的。前兩天我出德勝門有事去，走在土城外頭，路過覺生寺，我進去看了看。""您說的覺生寺是那座廟啊？""就是俗說的大鐘寺。那裏的和尚見人很客氣，我要看看大鐘，他就同着我到後頭把鐘樓開開了。""我去過一盪，那樓真不矮，有五丈多高，上圓下方，對不對？""可不是麼。順着樓梯得盤着上去，到上頭纔看見那口鐘是懸在樓樑上，四圍都有窗户，往外也看得見。""這鐘當初也不知道是誰鑄的？""我問和尚來着，他說是明朝永樂年間姚廣孝鑄的。""我記得鐘的裏外還有字哪。""不錯，我也看見了。鏨的是一部《華嚴經》，當初是學士沈度寫的。""那麼高的銅鐘，分量大概也小不了罷。""我聽說竟①鐘紐就有七尺高，鐘身是一丈五尺，重有八萬七千斤哪。從前在萬壽寺，後來運到這裏纔蓋的這座樓。在樓上看着西北的山景兒跟那一片遠樹倒很有意思。""您去的時候不是開廟的日子，倒是還清静些。""請問您這廟是多偺開呢？""每年正月初一到十五開半個月的廟會。去逛的人差不多都要到鐘樓上看看，所以那時候非常擁擠。上去的人都要把錢往鐘上頭扔，要想打那鐘紐底下的窟窿。""那是為甚麼呀？""這不過是一個俗論，說打着的有彩氣②，今年就順當。""要是打不着呢？""您再打呀，您愈打的錢多，廟裏的和尚愈喜歡，省得請您寫緣簿了。""這不是拿錢做冤麼？""俗語說'不冤不樂'，這也算當時一種游戲。""開廟的時候，廟上還有别的熱鬧麼？""在廟外頭有好些趕廟做買賣的。""請您告訴我都有賣甚麼的呀？""有些賣粗點心的，您要渴了有茶攤兒，還有賣大糖葫蘆的，賣琉璃喇叭的，賣風車、沙雁③等等東西的，不過都是哄小孩子的玩藝兒。您要打算買古

---

① 竟：底本作"竞"。
② 彩氣：好運氣。
③ 沙雁：以燕子為原型的硬翅風箏，也叫"沙燕"。

玩玉器是没有的。不過就是看一看鄉景兒。""我看那廟蓋的還很壯麗,就是出城的道兒不甚好走。""對了,逛廟多有講究,騎牲口的,在廟外頭寬綽地方,可以跑車、跑馬。從前是沒有人管的,所以常常因爲跑車碰人,時常的打架。現在把跑車的地方分出一定的路線來就好多了。""聽您這一説很熱鬧了。明年開廟的時候我得去逛一逛。""我勸您不用去了。""爲甚麼呢?""大鐘寺的鐘您不是已經看見過了麼?廟會的情形您聽我説一説就得了,不用去逛了。""我想'聽景不如見景',我總想去再看看。""好,我想明年您到了那裏一看,就該説'見景不如聽景'了。"

國子監

"昨天我到您府上去,説您沒在家,同着朋友出去了。""失迎失迎。""您昨天同着誰出去了?""有一位南方的朋友初到北京,所以找兄弟來同他出去逛逛。""一定是上新世界或是上城南遊園了。""不是,我們那位朋友最不喜歡這些繁華地方。""本來這些繁華地方也實在沒甚麼意思。""所以我帶着他逛了逛國子監。""您看我雖是北京人,國子監都沒去過。這國子監在甚麼地方呢?""在安定門大街路東,成賢街偏東頭路北。""國子監裏有甚麼可看的嗎?""雖然沒有什麼,也算是專制朝代的一個記念①。""那麼請您把國子監的內容説説。""國子監的大門外頭,東西有兩個牌樓,上面寫着'國子監'三個字。""大門上也有字嗎?""大門上有一塊立牌,寫着'集賢門'。""'集賢'兩個字是怎麼講?""就是聚集天下賢士的意思。""是了。""進了大門沒有什麼可看的,二門上也有一塊立牌寫着'太學'兩個漢字,兩個滿州②字。""怎麼會有滿州字呢?""因爲是前清重修的。在二門前頭,東西立着兩通碑。二門裏頭,東邊有座鐘樓,西邊有座鼓樓,迎面有一座琉璃瓦的牌樓,修的好看極了。在牌樓後頭,東西各有一座御碑亭,亭子裏頭各有一通石碑。""説碑亭就得了,怎麼還加上一個'玉'字呢?難道那個碑是玉做的嗎?""不是那個意思。因爲碑文是皇帝作的,所以那個碑就叫作'御碑'。比方皇帝寫的字就叫御筆;皇帝騎的馬就叫御馬。""是了。裏頭還有什麼呢?""過了牌樓是一個很大的院子。院子當中有一個圓池

---

① 記念:紀念。
② 滿州:滿洲。

子，周圍都是用漢白玉作的欄杆。在池子上頭有一座四方亭子，名叫'辟雍'。四面都有門，門外頭各有一道石橋架在池子上。亭子中間有一個紅漆的木頭寶座。""皇帝到那亭子裏去作什麼呢？""因爲每年有一定的日子，皇帝到那個地方去講經，勸全國的人都應念書明理。""專制的時代還有這樣的意思，現今反倒不如從前了。咳，真是俗語說的不錯，'沒有高山，不顯平地，一蟹不如一蟹了'。""還有一樣特別的事。在辟雍的西北有一棵樹，名叫復活槐。""怎麼叫復活槐呢？""在槐樹前頭立着一面木牌，上頭寫着是元朝人徐衡種的，到了明朝已經死了。前清乾隆十六年，忽然又生枝長葉復活了，直到現在還很是茂盛。""這倒是一件奇事，我想博物家一定有個說法。""最後有一層大殿是彝①倫堂，裏頭立着十六通石碑，上頭刻着十三經文。彝倫堂兩旁有典籍、典簿、繩愆、博士四廳。兩廊內共有石碑一百七十四通，也是刻着十三經文。東廊有率性、誠心、崇志三堂。西廊有修道、正義、廣業三堂。""這四廳六堂又是作甚麼用的呢？""都是從前學官辦事的地方。""聽您說的倒是很有意味，改天我一定要看看去。恐怕是俗語說的'見景不如聽景'了。改天見吧。""再見再見。"

孔　廟

"您從那兒來？""打家裏來。""今天怎麼有功夫出來呢？""今天是星期②，我們行裏照例休息。""您要是沒事，咱們出城去聽天戲，怎麼樣？""您怎麼忘了，上禮拜不是咱們定規③的到孔廟去麼？""哦，可不是麼。""您真是貴人多忘事啊。""咱們這就走哇還是坐一會再去呢？""就走吧。""好。李順啊，僱倆車來。""不用僱車，倒是溜達着有意思。""好，好。您等我穿馬褂去。""逛孔廟去穿馬褂做什麼？""自古的皇帝到孔廟去，都得說是'謁'，我們到孔廟去，總得恭敬一點。""是，是。這是什麼街呀？""您沒看見牌樓上的字嗎？""嘔，是成賢街，東邊那就是孔廟吧。""那是國子監，孔廟還在東邊哪。""這街北的紅牆是什麼地方呢？""那就是孔廟的照壁④。""大門在那裏哪？""繞過照壁去就是大門。"

---

① 彝：彝。
② 星期：星期日。
③ 定規：商定，議定。
④ 照壁：也稱影壁。舊時立於寺廟、廣厅大門內、户內前的牆屏。防止外人直看見户門，起到遮蔽視綫的作用。

"大門上有匾麼?""有一塊立匾。""寫着什麼?""您看哪。""哦,'先師廟'三個字。寫的真好,不知道是誰寫的。""大半是御筆,平常人那敢在這裏寫呀。""這大門關着哪,我們叫門吧。""別叫門,那個門不開。""既是不開,要這門做什麼呢?""每年祭丁①,皇帝來的時候纔開哪。""這兩邊有兩通石碑,我們看看寫着什麼字。""那不是碑,是下馬牌。""什麼叫下馬牌?""除了皇帝,無論什麼人到了這裏都得下馬。""怎麼這牌上寫着'官員人等至此下馬',旁邊還刻些個外國字呢?""那不是外國字,是滿洲、蒙古、回回、西藏四種的字。""這個大門不開,我們就不能進去了。""我們從右邊便門進去。""您瞧大門裏頭兩旁怎麼立着這麼些碑呀?""那都是歷朝各科的題名記。""東邊那兩個亭子是做什麼的?""東邊那兩個跟西邊這一個都是御碑亭。""我看看那兩個碑亭去。您來瞧這碑亭後頭還有幾口鐵缸哪!""不錯。這是四口鐵缸,兩口銅缸。""我們到二門看看吧。""這就是大成門,左邊是鼓,右邊是鐘。""這兩邊還擺着十面石鼓哪。""這十面石鼓是新的。在大成門裏頭還有十面周朝的石鼓哪。""是麼?我們趕快看看去吧。""您看,這兩邊玻璃罩子裏頭就是周石鼓。""哦,不知道的還以爲是黑麴饅頭哪。""年深日久了,所以棱角都磨没了。""上頭彷彿還有花文②似的。""不是花文,是周朝的大篆字。""那上頭有多少字?""十面石鼓共計四百六十四個字。""這石鼓是周朝什麼人做的?""是周宣王的時候史籀刻石紀功的,就是這裏頭的御碑也都是皇帝紀功的。""這個石鼓是什麼時候發現的呢?""到唐朝時候纔有人知道。可是散置在陳倉城外頭,後來移到鳳翔的孔子廟裏頭。先前就丟了一個,到了北宋的時候,在人家兒裏頭纔找着了。清初的時候纔移到北京來。""爲什麼用柵欄攔着呢?""恐怕有人捶拓③,日子一長字跡就模糊了。""不錯不錯。您瞧在這兩旁架子上,還立着十二支鎗哪。""那不是鎗,是十二支畫戟。""立着這個畫戟有甚麼用呢?""陳列在這裏是護衛的意思。""這大成門裏頭也有御碑亭哪?""是呀,左邊是六座,右邊是五座。您看在這邊碑亭後頭,還有一眼井哪。""這個井有甚麼説法嗎?""俗説叫'硯水壺'。""這是甚麼殿呢?""這就是大成殿。""殿前頭的月台很大,周圍的欄杆雕刻的也很精。""我

---

① 祭丁:清代每年在夏曆二月、夏曆八月上旬丁日祭祀孔子的活動。
② 花文:花紋。
③ 捶拓:把石碑或器物表面上刻的文字或圖形復印到紙張上的一種方法,又稱"拓印"。

們到殿裏看看去吧。""喝,這殿裏很寬綽哇!那當中是甚麼?""當中是孔子的牌位。""後頭還有殿嗎?""還有一層殿,是崇聖殿。""那崇聖殿供着誰的牌位呢?""供着孔子三代的牌位。""我們還去看嗎?""不必去了,殿裏頭就是幾個牌位,也没什麼可看的。""這殿前兩邊是甚麼殿呢?""是配享殿。""那殿裏有甚麼呢?""都是孔子門人的牌位。還有歷朝名臣大儒的牌位。""怎麼做官的也可以入孔廟麼?""做官的跟做官的不同,若是賣國權奸以及一生無聲無臭的,都不能入孔廟。""那麼歷朝開疆拓土、上馬殺賊的武將怎麼不入孔廟呢?""入孔廟的都是文臣。那各朝代的武將都是入武廟。""武廟的主位是甚麼人呢?""一是蜀漢的壯繆侯關羽,一是宋朝的武穆王岳飛。""咳,可惜我們没帶筆來。""您要筆做甚麼?""我們既到這裏來,應當在牆上題幾句詩纔好。""得了吧,那可是'聖人門前賣《三字經》'了。""我們回去吧,晚上我還有一個飯局哪,得先回家去換换衣裳。""好,好,您僱車吧。""我不僱車了,幾步就到了。""改日見。""改日見。"

三大殿 文華殿附

"昨天我在東安市場大門外頭看見您坐車往西去,是往那兒去了?""昨天我跟朋友定了一個約會——逛三大殿。""這麼熱的天有甚麼意思呢?""是因爲湖南水災很大,他們湖南人發起了一個籌賑會,到處賣票。""幾塊錢一張呢?""一塊錢一張。""倒是不很貴,既可助賑,又可以開眼,真是一舉兩得了。""這幾個錢怎麼能算助賑呢?""不過是藉着這個機會看看就是了。""平常不能進去嗎?""能進去,總得買票。""得用多少錢呢?""若是就遊三大殿,祇用小洋三毛。要是連文華殿帶武英殿一塊逛,就得兩塊三毛。""假如我要逛三大殿,從那個門進去呢?""東城住的人在東華門買入門券進去;西城住的人從西華門進去。""若是從東華門進去,先到什麼地方呢?""進了東華門,路北有一所房子,是清史館。順着甬路往西,路北是文華殿。""這殿裏有什麼可看的呢?""這文華殿又名古物陳列所。正殿跟兩邊的偏殿陳列着古今名人的字畫,都是從前大内收藏。真有玩了一輩子字畫的没看見過的,很多很多。""都有甚麼好字畫呢?""我對於此道是門外漢。您要叫我説都是什麼,我可是説不出來。過去文華殿就是武英殿嘍。""不是。從文華殿往西,路東有一個偏門,名叫協和門。進去南面是午門,門内有一道灣河,名叫金水河。河上架着五道石橋名叫金五橋。過橋是一道甬路，兩旁擺着兩個銅獅子，都有一丈七八尺高，花紋極細。獅子後頭是太和門，左爲昭德門，右爲貞度門。進了太和門，是一個極大的院子，東西各有朝房二十二間。東邊朝房當中是體仁閣，兩旁列着鐵缸十二口。西邊當中是弘義閣，兩旁也列鐵缸十二口。北面是太和殿，殿基高約兩丈，殿高十一丈，東西十一間，前後五間，殿前平台三層，下層台階二十一級，中層、上層各九級。每層平台都擺着金缸六口，殿前兩邊也擺着金缸四口，左右各有銅作的一龜一鶴。平台兩角，東邊立着日圭，西邊立着嘉量①，殿門上舊有太和殿的牌，後來因爲袁大總統在這個殿行受任禮，所以把牌撤去了。""殿裏頭有什麼呢？""殿裏當中是寶座，雕刻的極工。寶座前頭有四根貼金的明柱，雕着許多行龍蟠在柱子上。""兩旁有什麼呢？""兩旁並沒有一點陳設。穿過殿去，正中有一個四方亭子，名叫中和殿。裏頭四壁空空，一無所有。再後就是保和殿了，殿前頭也擺着四口金缸，月台與前兩殿相連，大致與太和殿一樣。殿後頭就是乾清門了，是清帝的宮室，就不能進去遊覽了。"

武英殿 浴德堂附

"那個武英殿在甚麼地方呢？""還在西邊哪。看完了三大殿，出太和門，順着遊廊往西是熙和門。在門裏頭兩邊有幾處茶館，是非常的乾淨。中西點心、各樣的洋酒均可以隨時購買。出了熙和門，沿路往西，路北就是武英殿。大門前頭有售票處，並陳列着各宮殿以及各古物的照像片②任人購買。入門向左是東配殿五間，即凝道殿。殿中陳列着明景泰、清康熙、乾隆三朝的藍器，種類甚多。四壁都擺着玻璃櫥，上層擺列着些個小件頭，如盆景、花瓶等等，餘者大件都擺在下層。殿中間擺着些極大的品物，如寶塔鼎爐之類，内中有價值數萬元之物。在前清的時候也不過看着是一件玩物而已。真是俗語說：'要得真富貴，須是帝王家'，實在是一點不錯。""您說了半天，武英殿倒是在那兒哪？""您別忙，讓我一點一點的說呀。出了凝道殿往北，居中五間大殿就是武英殿。這個殿是前五間、後五間、中間一間，作工字形，又名工字殿。在前清乾隆的時候

---

① 嘉量：古時指標準量器，用以稱重，有圓形、方形之分。此處"嘉量"指故宮太和殿前的圓形嘉量，製造於清乾隆年間。

② 照像片：照相片，照片。

是藏書的地方，自民國成立，就把熱河行宮的古玩字畫都運到北京，陳列在這殿裏供人觀覽。入門正中有一個極大的御座，上頭掛着幾張很古的字畫，前頭擺着二十多件古銅器，兩旁立着許多玻璃櫥，陳列着明永樂、宣德、正德、萬曆年的磁器。殿內有一定的觀覽路線，由左而後，由後而前，旋繞而行，不許亂走路線。兩旁都是玻璃櫃櫥，裏頭擺着象牙雕刻、白玉雕刻、紅膝雕刻、翡翠琥珀之類，無奇不有。前殿與後殿的中間，穿堂裏頭，擺着各種的佛像及古窰磁器。最可愛的是正中擺着的紅漆雕刻的御座圍屛，花紋精密，真是鬼工神斧。前頭列着金爐一對，口徑有一尺二三。還有一對景泰藍的爉台，約有五六尺高。後殿是敬思殿，除了磁器、字畫、雕漆、綉花、文具以外，還有清朝歷代皇帝御用的墊子、坐褥、袍褂，以及寶刀寶劍等類甚多。還有一把金鋼刀，刀靶、刀鞘純用金鋼鑽石鑲成的。又有乾隆御用的皮刀，至可寶貴。從正殿出來就到煥章殿。""這個殿也在武英殿裏頭麼？""就是武英殿的西配殿。殿裏頭完全都是古銅器皿，有一大半是周朝秦朝的古器，一半是漢器，大約有數百件之多。無論是誰，也沒那麼大的精神一件一件的細看。出了西配殿，往北是浴德堂，是清初皇帝洗澡的地方。明着三間，陳設古雅。堂後西邊有一個井亭，跟浴德堂一樣的高。亭子裏頭用石頭砌成一個方形的水槽。順着浴德堂的後房簷通到東邊浴室，房頂子如同圓傘一樣。浴室旁邊有一間小房，是鐵作的窗戶，房內有一個磚台，相傳從前在這裏設鍋爐燒水，形勢非常的簡單，若要比起現在的浴堂，可就差的遠了。""還有什麼地方呢？""從武英門往西，路北有一所西式樓房，是袁大總統的大公子讀書的地方，再往西就是西華門了。""出了西華門還能有什麼地方看嗎？""出了西華門往南，是中央公園的北門。""中央公園的大概您也可以告訴告訴我嗎？""改天談吧，實在不能奉陪了，因爲四點半鐘我還要到一個地方演講去哪。""那麼改天再請教吧。""豈敢，豈敢。"

三　海

"請問，北京的城週圍有多大地方？""內外城週圍一共四十里。""這麼大個城，怎麼容的下三個海呢？""這個海不像黃海那麼大，其實就是一個小湖，在中間分了三段。南頭的叫南海；北頭的叫北海；當中的就叫中海。""這三海裏頭您去過麼？""在前年五月，我赴總統府的茶話會去過一次。""我問您三海，您怎麼說總統府呢？""總統府就在這三海裏頭。""嘔，是了。要到總統府去，從那個門進去呢?""總統府的大門是新華門,裏頭就是南海。順着海往東,有公府稽查處。""稽查處是做甚麼的呢?""因爲公府出入的人很多,若是沒有人稽查,恐怕發生危險的事情。""過了稽查處是那兒呢?""再往北是繪雲樓。過橋往西,路北是公府庶務處。過一道橋再往南,海中間是瀛台,從前是副總統的。海邊一排有五個亭子,當中的是龍澤;東邊的兩個是澄祥、滋香;西邊的兩個是湧瑞、浮翠,俗名叫'五龍亭'。闡福寺的西邊是大西天,前頭有一座四方殿叫觀音殿,四角各有小殿,四面有四座牌樓。殿裏有一座木頭假山,四面擺着無數的佛像。山頂上有一個亭子,裏頭有觀世音菩薩的像,後頭是寶楨樓,再後是萬佛樓,再後往北、往西,都是皇城了。""這些個地方,我們平常也可以進去嗎?""南海、中海,普通人不能進去。""北海呢?""若是到紀念日或是有甚麼聚會,就能進去了。""這些名勝的地方應當任人遊覽纔好,爲甚麼這麼難呢?""您不知道,在前清的時候本是禁地,現在還能有機會看看,我想這就算是共和國民的幸福了。"

名　勝

京西八大刹 俗名八大處

　　去年四月初間，約會了兩三位朋友同遊西山八大刹。早晨九點鐘各從家裏動身，十點鐘齊集西直門車站。十點一刻票房開門就買了幾張車票，各人拿着行李上車，找了幾個清静座位坐下，開車鈴就響了，隨即放汽開車。於是我們把所帶的麪包、果子醬、黄油、鹹牛肉等等拿出來午餐。剛剛吃完就到了黄村了。車停住了，我們各人拿着各人的東西下車。在車站外頭有十幾匹脚驢、驢夫過來攬客。説完了價錢，各人上驢順着大道往西北走，就看見西山如在面前。我在驢上就問驢夫説："從這裏到山根底下没多遠吧？"驢夫説："您看着彷彿是幾步就到了，其實離這裏還有十幾里哪。俗語説'望山跑死馬'，就是這個意思。"又走了幾里地，就看見一座大廟，修的很整齊。我就問驢夫説："這就是八大處麽？"驢夫説："八大處都在山上，那個地方又叫四平臺。這是皇姑寺，不在八大處裏頭。"於是又往前走，沿路看見幾個村莊。道旁的麥子都有一點黄稍了，風吹着好像黄海的浪頭一樣，實在好看。又走了幾里就到了山下。在大道旁邊有座廟，門口匾上寫着是"安長寺"。驢夫説："這就是八大處的第一個廟。"我們都下了驢，一進頭門是個極大的院子。順着甬路到了山門，在山門的左角門上有一架瓔珞樹，根粗似茶碗，枝幹爬在牆上如同千條鐵蛇一樣。進了角門，正中是大殿，兩傍①有十幾間配房。殿前有四棵松樹，都有四五丈高，樹皮如同白粉做的魚鱗一樣。據廟裏的和尚説，這是西山特産，名叫白果松。轉過大殿，後頭山上有三間破殿，殿前是一塊平地。因爲没有甚麼意思就下山。出了廟門，上驢順着右邊山道走了不遠就到了靈光寺。因爲這個廟曾經被過火災，所以只有十數間平房。西院有三間水榭，旁邊是山壁，有幾處小泉流在前頭一個大池子裏頭。在池子裏頭養着百十條紅魚，都有一尺多長。池子西邊有一個塔座兒。從塔座後頭順着盤道上山，山上有放鶴亭。亭子北邊舊有

---

①　兩傍：兩旁。

韜光庵，今已被火燒平了。下山又到了水榭，和尚送過茶來，各人喝了一碗，給了他一塊錢的香資就出來了。因為山路很陡，騎驢反倒不好上，所以開發了驢錢步行上山。約有半里多地，到了大悲寺。山門裏頭兩旁有數百根竹子，黃竿綠葉，也頗有趣。又上幾十層台堦是正殿五間，西邊有客堂三間。由客堂後上山，有大殿一層。大殿前有幾百棵百十年的迎春。和尚來請喝茶，我們沒喝就出來了。又到了龍王堂，大殿配房也沒甚麼可看的。西院有一個小池子，池子上有一個石頭做的龍頭，龍口裏有一道流泉流在池子裏。池子上頭有五間廳房也很寬綽。廳房前頭有幾棵大松樹，高有六七丈，於是我們在松樹底下略微坐了坐，聽那松聲、泉聲，真能使人萬慮全消。坐了一會，順着盤道約走了一里多地，看見一座石橋。過了石橋，沒有半里地就到了香界寺。此廟前後是三層大殿，連山門二門一共五層，每層都有數十磴石堦。東院有乾隆的行宮，西院有數十間靜室，古木時花甚多。最好者，在後層藏經閣前頭有玉蘭樹一棵，高四丈餘，花大如碗，香白可愛。遊完了正要出門，方丈月潭請到客堂喝茶。於是我們就到了客堂稍坐了坐，天已經黑上來了。月潭留吃晚飯。吃完了飯就住在東院行宮裏頭了。第二天清早起來洗臉、喝茶、吃點心，又跟方丈談了一會閑話，又吃了一頓早飯，送了他五塊錢的香資。出了廟門，由廟左邊順着石路上山。不大的功夫到了山頂，就是寶珠洞。有三間大殿，殿前有敞廳三間，北京的城跟玉泉山、琉璃河皆在眼前。殿后是寶珠洞，洞裏供着一個佛像。洞上頭也有三間大殿，我們都沒進去。於是出了寶珠洞，順左邊山路下山。約走了二里多地，是三山庵，又名三善庵。廟甚小，也沒甚麼可看的，就沒進去。又走了半里多地就是秘魔崖，也是曾經被火燒了的，只有後院還有幾間廳房、二個亭子。在亭子後頭有一塊大石頭，探出兩丈多長。在石頭底下有一個小洞，洞裏有幾個佛像。相傳從前有一個得道的和尚把妖精壓在石頭底下了，所以叫秘魔崖。於是坐在亭子上看了半天山景，就一齊下山，僱驢到車站，買票上車。到了城裏，街上的電燈已經都着了。

玉泉山

北京天然的名勝極多，第一就算西山，所以東西各國以及本國的人士凡到中華來的，若是不遊一盪西山，可算是一個大缺點。所以今年春天三月間，約會了一位朋友，帶着小兒，僱了一輛汽車，出了西直門。道路很平，兩旁的楊柳，好像綠天棚一樣，並不覺得一點熱。不到半點鐘就到了海甸①了。海甸是京西最繁華的地方，於是下車進了一個茶館，喝了兩盃茶，給小兒買了點糖食，就出來上車。時候不大，就到了萬壽山底下頤和園了。因爲前二年遊過一次，所以就沒進去。自頤和園右牆往北是上玉泉山的大道，全是大石頭墁成的，年久失修了。車到了這個地方極其難走。又過半點鐘，就到了玉泉山。我們下了車，囑咐汽車夫不要遠離，即同友人帶着小兒步行入山。山的道路都是白石頭墁的。過了好些個石橋，末一個橋有閘，名叫玉孔閘。過了閘到山門口，名叫小東門。從前玉泉山有金朝章宗皇帝的芙蓉殿，清朝康熙年，改造了一個靜明園。進了山門，有小僮領着過了一個石橋，順着台堦往上走，轉灣往西，下去有個大殿，是龍王廟。裏頭立着一通石碑，上頭刻着四個大字，是"玉泉趵突"。又到泉的源頭，有玉泉神廟，水是從廟前石頭底下涌出來的。各人喝了一碗，泉水既甜而又涼，清可見底，池子裏碎石頭無數。泉上有牆，嵌着一塊石碑，刻着"天下第一泉"五個大字，是乾隆的御筆。另外有御製的玉泉記，大約說水的好處第一是養人，最貴的是味甜質輕。從前用銀斗較量玉泉的水跟中國最有名的泉水，如濟南的珍珠泉、揚子江的金山泉，以及惠山、虎跑、清涼山、白沙、虎邱、碧雲寺各泉，都比玉泉的水每兩或重二三厘，或重五六厘，或重一分，所以定爲天下第一。前數年有人集資在池旁設立汽水公司。再上到石門，過石門向東約數十步，有屋三間。小僮告訴我們說這是華嚴寺，從前很大，因爲被火燒了，所以就剩了這三間大殿了。華嚴寺前頭有個小洞，名叫"資生洞"。牆上嵌着一塊石碑，刻着乾隆寫的《心經》。進去有一個伏魔洞，比資生洞還小。再上即是玉泉山頂，香山跟昆明湖的全景都可以看見。玉峰塔共七層，塔的左邊有破殿，佛像的肢體殘缺不全，可是還坐在那裏，好比亡國的皇帝一樣，甚是可笑。東邊是大功德寺，過去是青龍橋，東南是西湖。功德寺前頭早先有界湖樓，現在只剩了一座牌樓了。我們就順着山道下山，不到一刻鐘的時候，到了華嚴洞，此洞比資生、伏魔就大的多了。洞中四壁刻着一千多尊佛像，或立或坐，雲氣繞身，沒有一尊佛像相同的，真是巧奪天工。當中還有一座石台，上頭坐着石佛一尊。洞裏頭極濕，是泉脈所經過的地方。又到了石門下頭，有一座廟。小僮說，是西大寺，後頭有金色琉璃塔。由石門往西北斜行，有座白玉塔，

---

① 海甸：海淀。

四圍雕刻佛像極多。由塔東南下山,是呂祖洞。洞的南邊是觀音洞。再南有小圍牆,門上有匾,寫着"尋詩"兩個字。由此下山向南走,仍至泉源。轉灣往東過一個石橋,左邊有五間廳房,再左有一條石頭路。往上走有一個佛殿,名叫堅固林。我們又進了山門,有看門的送來一壺茶,每人喝了兩杯,賞了他四毛錢,給了小僮兩毛錢就出來了。上了汽車,趕到碧雲寺去吃午飯,一看我們的表,已經十一點半了。

雍和宮

"請問您,京城裏頭有一個雍和宮嗎?""有。您問雍和宮作什麼呢?""因為兄弟在南邊常聽人說是一個很特別的廟,所以要跟您打聽打聽,這個廟在什麼地方呢?""在東城北新橋北,街東,是坐北的廟。""那廟前有什麼呢?""廟前頭東西有兩座牌樓。大門外頭偏東路南,有一座石頭做的三層石台,最上一層是一個石頭亭子,四面用銅絲綱子蒙着,裏頭塑着一尊裝金的佛像。""是什麼佛呢?""不是佛。相傳,從前雍和宮有一個得道的喇嘛,神通廣大。後來死了,就把他葬在那裏,上頭盖上石台,石台上塑了他的一個像。""也有山門嗎?""山門是五間殿形。""怎麼不跟普通的廟一樣呢?""從前本是雍正皇帝的私宅,後來他即了帝位,就把這宮殿捨給喇嘛,改為廟,命名雍和宮。所以廟裏的規模完全還是宮殿的形式。""嘔,是了。進了大門有什麼呢?""當中有一層大殿,中間供着一尊彌勒佛,此殿叫'彌勒殿'。兩旁塑着四大金剛。""這四大金剛是甚麼佛呢?""佛經上說是護衛佛門的神,所以各廟山門裏都有這四個神像。""後頭還有什麼呢?""穿過這個殿去,甬路上擺着一個鼎,花紋工細極了。正中是五間大殿,佛座前頭擺着景泰藍的五供,都有七八尺高。""怎麼叫五供呢?""就是佛前的香爐、燭台、花筒五件,就說是五供。""還有什麼呢?""兩旁塑着十八尊羅漢。""兩邊配殿也有佛麼?""有,就是您所說的,這廟是個特別的,那個特別的要點就在這兩旁配殿裏頭了。""這到是很要緊的,請您說說吧。""這個喇嘛教也是佛教的支派,有紅衣、黃衣的分別。所以隨着他們各地的風俗塑造佛像,在東西兩配殿裏有數十種歡喜佛。""什麼叫歡喜佛呢?""殿裏有十幾個玻璃佛龕,供着好些獸頭人身的佛。有佛與獸交的,有獸與人交的,還有幾張畫也是畫着這種佛像。""怎麼喇嘛教這麼野蠻呢?""這就是他們從佛經上說的'無遮無礙,皆大歡喜'兩句裏生出來的。""還有別的地方有歡喜佛嗎?""再後頭東配殿裏塑着五尊大歡喜佛，用黃綾子圍着下半截。""那是爲什麼呢？""他們也知道那種佛像不大雅觀，所以用東西圍着。""西配殿呢？""西配殿有達賴、班禪兩喇嘛的畫像。""後殿是什麼樣式呢？""後殿是三層佛樓，每層都有兩丈多高，共合有八九丈。樓内有木立佛一尊，高八丈二尺，全身貼金，相傳是從西藏運來一棵大樹雕成的。佛項掛着一串官料念珠，重二百四十多斤，價值數萬兩。""喇嘛也念經麼？""他們跟和尚一樣，可是用的法器都比普通的大。""法器是甚麼？""就是和尚喇嘛念經的時候用的鐘、磬、魚、鼓，還有他們用的銅喇叭是三節的，抽開有一丈多長。""他們念的經您懂嗎？""那怎麼能懂呢？他們全是念的藏字。""那個雍和宮有多少喇嘛呢？""從前有一千多人，每月由清政府給米，每人另外還給一塊錢。""現在民國政府還給錢麼？""可説是給，大約一年發給兩個月的就算不錯了。""那是什麼緣故呢？""因爲這喇嘛教是滿洲人、蒙古人所信的，況且近於迷信，所以政府決不能供給他們，提倡迷信。""不錯不錯。在北京還有跟這個一樣的廟嗎？""還有黑寺、黃寺，也是最有名的。改天我再細細告訴您。""多謝多謝。""豈敢豈敢。"

萬壽山頤和園

"恭喜恭喜！昨天聽見一位朋友説您新近①得了頤和園總管的差事了。""那有甚麼可喜的呢，不過多得幾個錢度日就是了。""那麼您幾時到差哪？""已經到差兩個禮拜了。""公事也很順手吧？""倒是没甚麼事。""請問這個頤和園在什麼地方呀？""在西直門外，過了海甸就是。""那麼總得騎牲口去了？""不，坐東洋車或是搭西直門的電車也可以。""電車通到那裏呢？""一直通到頤和園的宮門口。""宮門外頭有什麼呢？""門口有一座牌樓，上頭寫着'涵虛'兩個字。園門上頭懸着一塊匾，寫着'頤和園'三個字，是慈禧皇太后的御筆。""園子裏頭的情形您能對我談談嗎？""可以可以。一進園門就是仁壽門。兩旁擺着兩個銅獅子，左右都是朝房。門内是仁壽殿，殿前擺着銅龍、銅鳳及銅缸各一對。殿上的匾寫着'太圓寶鏡'四個字，是前清太后、皇帝延見各國使臣的地方。殿旁有延年井，轉過去往南即是昆明湖。湖中間是龍王島，由岸通島有一座七孔橋，萬壽山就在湖旁邊。從南面逛起，先到文昌閣，順着長堤往南，聽見流水聲

---

① 新近：最近。

即是湖水出口的地方。再南爲新宮門,有一座牌樓題着'延旭'兩個字。又往前有一個銅牛臥在湖邊,相傳是鎮海神牛,背上有篆文八十餘字。再往南有一個八方的亭子,乾隆的御書極多。由亭子往西,有一座十餘丈的長橋,即是七孔橋。過橋是龍王廟,前頭有牌樓三座。廟西有玩雲門,門內有無數的宮室,據園裏人說,是前清皇子念書的地方。再往北,順着石路是涵虛堂。後頭有個一極黑的石洞,順着台階左右曲折下去,方有一線亮光,就是北洞口。返回仍由八面亭子往南,順着長堤直到繡綺橋。橋洞高七八丈,可通帆船。橋東水面立着木栅欄,是慈禧皇太后坐船出入的要道。橋南能通柳堤,可惜橋板掀起來了,不能過去,所以必得坐船,到文昌閣登岸。往北是玉瀾門,裏頭是玉瀾堂,左邊是藕香榭,右邊是霞芬堂。往左轉過假山是夕佳樓,相傳說是光緒皇帝的讀書處。下樓往西至宜芸門,內爲樂壽堂,左右擺着銅鶴一對,是慈禧的臥室。由堂前到邀月門,西通長廊,長約數里,直通到園的極西。繞廊不甚遠是養雲軒。再順長廊西去,有留住亭、對鷗亭、寄瀾軒。再西即是排雲門,工程極大,門上懸着'萬象光熙'的匾,前列銅獅子一對,怪石十二堆。再前有一座牌樓,寫着'雲輝玉宇排雲門'。裏有許多樓閣都在山坡上,一層比一層高。到衆香界北邊萬佛樓就是山頂。排雲門裏有一個池子,池子上頭架着石橋,左有玉華殿,右有雲錦殿,正中是排雲殿,匾上寫着'太圓寶鏡'。前列銅缸四口,上頭都寫着五個篆字是'天地一家春',還有銅龍銅鳳各種陳設。左旁殿是芳輝殿,右旁殿是紫霄殿。再北有石台,甚高,上了台堦是德輝殿。再上即是佛香閣,孤立在山頂上。閣基甚高,前門匾上寫着'導養正性'。若是用望遠鏡四面一看,二三十里的景緻都能得其大概。閣上的匾寫着'雲外天香'。據園中人說,要是天朗氣清的時候,可以看見天津。閣內供着佛像一尊,兩旁有立佛像兩尊,別無陳設。閣北即是衆香界萬佛樓的牌樓了。

萬壽山頤和園二

"請問您,下山還有什麼地方呢?""由閣右邊下去,穿過石洞,黑暗難行,大約有十餘層台堦至寶雲閣,俗名銅殿。門窗戶壁均是銅質,年深日久了都變成了黑綠色。裏頭還有一張銅桌子,閣北有玻璃房子數間,名叫五方閣。再從寶雲閣稍往南是浮嵐暖翠室。再下去有一座石頭牌樓,上頭的對聯極多。從佛香閣往北,下去是轉輪藏,前有兩個小閣,裏頭擺着一個木輪,不知道有甚麼用處,有人説是攪水用的。再往下有一通石碑,刻着'萬壽山昆明湖'六個大字。碑陰面是《萬壽山昆明湖記》,都是乾隆的御筆。再到佛香閣,從原道走往西,順着長廊,過排雲門,左邊山腰上有觀生意閣、寫秋軒、尋雲亭。又上一層有福蔭軒、含新亭。再往東是自如莊,完全按着鄉下房子蓋的,很有意味。排雲門右邊山腰上有綠畦亭、魚藻軒,後頭沒有甚麼意思。仍回長廊,到山色湖光共一樓。南邊也有處軒亭。再往北有一個大院子,是聽鸝館①,是慈禧太后觀戲處。內有戲台一座,做工奇巧,非人民所能夢見。再往西有寄瀾堂。過去有一個石頭做的船,名叫石舫,做工異常精美,船裏都是磁磚鋪地。船的兩面刻成一個極大的石輪,旁邊有上樓的梯子,上樓一看,全湖的景緻都在眼前。這個石舫是慈禧納凉的處所。石舫北邊有杏橋,東西有兩座牌樓。偏西有澄懷閣、迎旭樓。再往北有一個船塢,裏頭停着幾隻杉板船。再返回寄瀾堂,後頭有穿雲殿、斜門殿、小有天、延清堂。又往北乃宿雲簷,是一個城門的樣式,有石梯可以上去。再北有石橋,可以通北宮門。由宿雲簷往東,順着西北小道上山,有畫中遊亭。東有愛山樓,西有借秋樓。遊廊有假山,曲折而下,有假山洞,穿過洞去,有石牌樓一座。往東轉,順着長堤往上,此堤是磚石砌成的,或高或低,直通山頂。登山下看,人小如魚。稍東爲萬佛樓,此樓是用黃綠琉璃瓦蓋成的,滿牆皆是小釋迦佛,所以稱爲萬佛樓。樓北只有幾座殘塔、幾間破屋而已。再往東是景福閣,北望山村,風景絕好。閣北有樂農軒、平安室、土墻茅屋,花木極多。再東則爲諧趣園,裏頭有一個大池子,泉水甚清,是從西北石縫裏流出來的。石頭上題字很多,全是慈禧的御筆。園裏有涵遠堂、蘭亭、知春堂、知魚橋,過橋有石門。又有一個亭子蓋在水中,名叫飲綠亭。又有矚新樓,各處全有對聯,大半都是御筆。出園往南,過一個小城樓,題着'赤城霞起',再往南即是頤和園。山旁門進去,正中是頤樂殿,也是慈禧聽戲的地方。對面有戲台一座,建築甚精,分上、中、下三層,演戲的時候就在中層。比方這齣戲應當有神仙,就從上層下來,如同從天降一樣。若有山精水怪,全是從下層上來,一點假扮的痕迹都沒有。戲台兩旁爲兩廊,是妃嬪、大臣看戲的地方。再往北,有中、左、右三座殿,前有怪石一塊,銅鹿、銅亭、銅缸各數對。一個聽戲的地方都用這麼些錢財起造宮殿,可見得皇帝的錢是無數的了。""請問這個園子

---

① 底本作"妒鸝館"。

是怎麼一個緣起呢?""略略知道一點。大約均係捐自民間及鹽欸的盈餘,預備建立海軍的用項,就移蓋了頤和園了。""咳,敢情都是民脂民膏哇!慈禧固然是一個偉人,然而到現在已經國破家亡了,還能作威作福嗎?這就是專制帝王的前車之鑒了。"

黑寺黃寺　五塔寺附

"前幾天,您不是說要告訴我那個黑寺、黃寺嗎?""對了,您要是不提,我還真忘了。""那黑寺、黃寺在甚麼地方呢?""黑寺、黃寺不是在一個地方,並且有兩個黑寺、兩個黃寺。""怎麼個分別呢?""在德勝門外三里多地有一個黑寺。在黑寺北邊還有一個後黑寺。""這個黑寺的'黑'字是甚麼意思呢?""因為這個廟連山門帶大殿、配殿的頂子,全是用黑琉璃瓦蓋的,所以俗名叫黑寺。""那麼這個廟叫甚麼名字呢?""本名是慈度寺。每年正月二十三日跳舞布扎,是驅祟的意思,俗名叫'打鬼',在前一日演鬼。""在這個廟會的時候還有甚麼熱鬧呢?""廟的旁邊是一個極大校場,到了這一天,凡是有闊車、有好馬的都到那裏去跑車賽馬,常有把人摔殘廢了的。俗說'不寃不樂',就是這些個人的比喻。""那個後黑寺叫甚麼名字呢?""叫察罕喇嘛廟。""這是廟的名字嗎?""這個廟本沒有名字,因為順治二年有一個察罕喇嘛從盛京來,在北京募化金錢蓋的這個廟,所以就用他的名字作了廟的名字了。""廟裏有甚麼古跡嗎?""在前殿懸着一口大鐘,上頭鑄着全部《金剛經》《心經》,是明朝正德十年朱宸造的。前清康熙五十二年,御賜的兩尊無量壽佛,現在還供在大殿裏哪。""這兩個廟裏也有喇嘛嗎?""還有幾個,都像要飯的一樣了。""嗳,這就是'盛極必衰,物極必反'哪。您不是說還有個黃寺嗎?""是,在安定門外頭,校場北邊是東黃寺,廟的西邊是西黃寺。""這個東黃寺有實在的名字嗎?""從前是普靜禪林,前清順治年間,達賴喇嘛領着蒙古、西藏各王公來京歸順,就把這個廟重修了,賜給達賴作駐錫之所。""廟裏的佛殿還完全嗎?""都破爛不堪了,只剩了東西兩通石碑還算完整。""西黃寺呢?""西黃寺緊靠着東黃寺,中間只隔一道牆,所以又名雙黃寺。順治九年,以達賴喇嘛總理黃教,所以建造此廟,賜給達賴為辦公的處所,規模很好,有無數的宮殿,現在大半已經倒壞了。廟裏的喇嘛還有數百,也跟黑寺一樣,要是有逛廟的,過一個門他們要一回錢,進一個殿他們也要一回錢,如同要小錢的①似的。""那麼,這個廟既是没甚麼可看的,怎麼還有人逛呢?""因爲西院有座石塔雕刻的極精,周圍有三重石頭欄杆,塔身大約有五丈多高,刻着班禪喇嘛從降生到成佛一生的始末,各種的人物花鳥極其細緻。塔頂是風磨銅做的,好像古時候戰士戴的金盔一樣。在塔的四角還有四個小塔,上頭刻着梵字跟蒙古字的佛經。""我常聽說北京有個五塔寺,想必就是這個廟吧。""五塔寺另是一個廟。""那個廟在那裏呢?""在西直門外長河的北邊,是明永樂年修的,廟名叫大正覺寺。""爲甚麼又叫五塔寺呢?""在裏頭有黄綠琉璃瓦蓋的一個台,又名金剛寶座,高約五丈。臺上修了五座塔,週身刻着梵字佛經,所以俗名叫五塔寺。""我們也可以進去看嗎?""那很容易看了,現在就剩那個臺跟那五座塔了,大殿山門以及圍牆都没了。""是了,是了,真是'與君一夕話,勝讀十年書'了。""豈敢豈敢。"

戒　臺

　　我們逛完了潭柘寺之後就打算逛戒臺去。這廟在潭柘寺的東南,有二十多里路,乃是唐朝武德年間建造的,叫作慧聚寺。到了明朝正統的時候纔改了萬壽寺,現在還用這個名字。廟裏最有名的就是松樹,很爲人所稱道的。所以我們這一次逛完了潭柘寺之後也没歇着,就逛戒臺去了。這是因爲甚麼呢?就是因爲那廟裏有好些古松,纔動了我們的游興。我們出了潭柘寺,坐上爬山虎②,就往東南。走過了剛子澗,又是一道大山嶺,這嶺叫作羅睺嶺,俗名叫羅鍋嶺,最是難走。幸而我們走的是北道,還好一些。可是下嶺之後也就顛的難受了。下了山嶺,又走了半天,纔看見廟的山門。走到廟前頭,我們下了爬山虎,進了廟門就看見一座千佛閣。這閣的建築實在壯麗無比,閣的前頭有好幾棵松樹。我們走到樹底下,那翠綠的松影照滿了我們的衣裳,空氣的清潔就不用提有多好了。這些松樹裏頭有兩棵最大的,一棵是歪着長的,一棵是卧着長的,這兩棵都叫作'活動松'。爲何叫作'活動松'呢?聽人說,這兩棵松樹祇要搖搖一枝,全樹的枝葉都隨着搖動。我們那天到那裏去,打算要試驗試驗,真能動不能。繼而一想,公德要緊,别試驗了,萬一要給人家損傷了點兒,豈不

---

① 要小錢的:向行路之人討要錢財的乞丐。
② 爬山虎:山行時乘坐的轎子,用椅子捆在杠上做成,也作"扒山虎"。

叫人家抱怨麼？好在那松樹旁邊的石碣上刻着清朝乾隆皇帝御製的《活動松詩》，大概不能假了。看了半天，又到北院裏看松樹去。這裏松樹跟那裏的松樹可又不一樣了。裏頭有兩棵有名的，一棵叫九龍松，還有一棵叫鳳凰窩，這兩棵松樹都是很有意思的。再進一個門就是戒臺了。這臺在一個殿裏頭，是用白石做的，一共是三層，中間是蓮臺，四面滿擺着戒神，宏規麗構，可以說是全國無二的工程。相傳是遼時普賢國師創造的，到了明朝，鵝頭禪師道孚他纔開始登臺說法，我們在那裏看了半天。出殿往南，到了玻璃殿，天就不早了。廟裏的方丈打發小和尚接我們來，請我們歇一歇，明天再逛不遲。我們聽他說的很有道理，就跟着小和尚到方丈院去。我們跟方丈見面之後很是投緣，就請我們吃了一頓素齋。那天晚上，我們就在那裏住下了。第二天早晨起來吃了點兒點心，方丈打發人叫來四乘爬山虎，請我們逛極樂峯。這山很高，到了那裏，看見石頭上刻着"靈鷲峯"三個大字。看完了又到華陽洞。這洞俗名叫龐涓洞，裏頭黑暗的了不得，方丈叫人點上火把，進去一看，沒有甚麼，只有好些個蝙蝠兒被火光驚的亂飛，倒很好看。又往西去，過了伏虎巖，看了看觀音洞就回來了。其餘的甚麼孫臏洞啊，太古洞啊，都因為路險就沒去。可是這一趟也就累的了不得了，看看天氣也不早了，就回了戒臺。等到了廟裏歇了一會兒，送了方丈十五塊錢的香資，和尚送我們出了廟門，坐上長辛店的火車，這纔回京。

妙峯山

"您從那裏來？""我剛從妙峯山回來。""您多偺去的？""我前天去的。""這妙峯山離北京有多遠哪？""離北京有一百來里地。""出那一門近哪？""出西直門近。""您坐甚麼車去的？""坐洋車。""坐火車不成麼？""坐火車也成，坐到三家店，下火車還得僱轎僱驢。""坐洋車能坐到妙峯山麼？""坐到海淀再換驢。""過了海淀還走甚麼地方呢？""路過頤和園、青龍橋、洪山口、黑龍潭、溫泉等等的地方。""您沒逛逛溫泉、黑龍潭麼？""因為天晚了我們沒逛。""您到妙峯山去住在甚麼地方哪？""住在大覺寺。""這大覺寺好不好？""這個廟的規模倒很好，山門前頭柏樹很密，廟裏也很寬綽。每到開山的時候，有許多燒香的人都住在那裏。""甚麼時候開廟哪？""現在正是開廟的時候，從四月初一到十五開半個月哪。""那麼這廟的香火也很多麼？""這廟沒甚麼燒香的。""那麼您說四月開山的時候,燒香的人很多。""嗐,你聽錯了,那不是這個廟。""是那個廟哇?""是娘娘廟。""娘娘廟在那裏呢?""在妙峯山的山頂兒上,俗説娘娘頂。""您没到那裏看看麽?""去了,所有上山的都得去朝頂。""山路好走不好走啊?""山路很直,不甚好走。上山的時候,後頭走的人可以看見前頭人的脚。""喝,那可不好走,人再多了更不容易走了。""人倒不多,因爲上山的路有四條哪。我走的這是中道,南道是從三家店,走北道是從北雲豁走,老北道是從石佛殿走。這四條道就是從北道走的人多。""您從中道走,是一直的走着上去麽?""不是,我從大覺寺出來就僱了爬山虎兒了。""甚麽叫爬山虎兒啊?""就是兩個人抬着一把椅子。""您從這條道上去,都經過甚麽地方呢?""經過陽台山、金山寺、瓜打石。""甚麽叫瓜打石呀?""在道旁有一塊石頭,刻着'瓜打石'三個字,所以那地方就叫瓜打石。過了瓜打石就是廟兒窪、澗溝、松嶺。""這幾處熱鬧不熱鬧?""處處都有茶棚、燒香的,真是人山人海。""這些茶棚是賣茶的麽?""不是賣茶的,是助善的。""甚麽叫助善呢?""就是有人預備茶白送給行香走會的人喝,那就是助善的。""走會又是甚麽呢?""走會分好些樣子,有五虎棍①、秧歌、開路獅子、中幡等等的。這些會也是燒香去的,到各茶棚喝完了茶,在佛像前要練會子纔走哪,一直練到靈感宫。""這靈感宫是甚麽廟呢?""就是我纔説的那個娘娘廟。這個廟是坐北向南的,出門外頭古樹極多。對過是東嶽廟,裏頭有喜神殿、觀音殿、伏魔殿,北邊有回香亭。這都在妙峯山極高的地方。""這山有多高呢?""大約有三千來尺。""從下到上有多少里呢?""有四十里地。""一天可以打來回兒麽?""可以,我們就是當天下的山。""您今天從甚麽時候動身囘來的呢?""今天早晨起的身,這纔到京,不知道現在是甚麽時候了。""現在七點鐘了。""我要囘去了。""您在這裏吃飯罷。""您請罷,明天見。"

潭柘寺

每年夏季,青年會必要舉行夏令會。有的會員,要到西山臥佛寺去赴會,等到會完了,有的人到碧雲寺去,有的人到香山去,也有到八大刹去的,玉泉山、萬壽山也都有人去逛。這些地方從前我都去過,只没到過潭柘寺。去年六

---

① 五虎棍:一種民間雜技。

月初間,趁着夏令會的時候,就約會了兩三位朋友同到潭柘寺閒遊。定規第二天早晨六點鐘,從臥佛寺起身,僱了幾頭驢駄着行李。我們坐上山轎,順着大道往西走,遠遠的就看見石景山,好像就在面前。那個山的景緻也很有意思。又走了十幾里地到了山根底下,抬頭再一看,一點景緻也沒有了,盡是亂石頭。俗語說"遠看山,近看水",這話是一點也不錯。過了石景山就是渾河,水勢很大,聲音響的可怕。過了渾河又往西北走,就見大道兩旁莊稼長的很好,大約收成一定錯不了的。又走了十幾里地就到了栗園莊了。栗園莊有潭柘寺的下院。到了廟門口,我們都下了山轎,把行李搬進廟去。進廟一看,只有三層大殿。和尚妙修出來,把我們讓到禪堂裡喝茶,我們就跟和尚打聽山道好走不好走。和尚說:"不甚難走,您若是走不動,可以坐爬山虎。"我們就求和尚僱兩頭驢駄着行李,又找了幾乘爬山虎來。我們當時就起身上山。那山道很直,實在不大好走,我們一邊兒走,一邊說閒話兒,不知不覺的就到了羅睺嶺了。嶺上也沒有甚麼可看的,只有兩個小廟。下了羅睺嶺,不到十幾里路繞到了平原村,潭柘寺也就不遠了。我們一路都沒走道,所以不顯着很遠。後來纔知道,從北京到潭柘寺有八十多里地了。我們到了廟外,下了爬山虎,開發了錢,慢慢的走到廟前,就見廟門外頭有座牌樓修的很好,兩旁有幾個茶棚,當中是山門,門上的匾寫着是"岫雲寺"三個大字,乃是前清康熙年改的名字。進了山門就是大雄寶殿,殿的周圍都有石頭欄杆。殿的上頭有一掛風磨銅的鏈子,相傳着說是金的,可不知道是不是。進了大殿,當中有一座佛龕,裡頭並無佛像,只有個石頭池子,池子裡頭養着兩條蛇,一條名叫大青,一條名叫二青。殿後還有四層大殿,一層比一層高,是隨着山勢修的。東西都有配殿,院裡有松樹、柏樹、菩提樹。殿東邊有棵銀杏樹,那就是俗說的帝王樹。這廟裡真有千八百年的古樹,所以北京有個諺語說,"先有潭柘寺,後有北京城",我想不過因為這個廟年陳,纔有人說這個話。那廟裡的亭榭都很好,我們都很愛看的。廟裡還有兩樣古蹟,一是古柘木,一是元朝妙嚴公主的拜佛磚,這兩樣古蹟是很有名的,凡是逛潭柘寺的人都要看看。廟外還有個摩和尚洞,相傳是個肉體成神的和尚。洞裡有好些松枝、竹葉,聽說凡是有病的人,到那裡禱告禱告,吃點松枝、竹葉,病就能好了。廟後有一個泉,名叫龍潭。潭的前頭有一個池子,這泉水從山上流進這池子裡,從池子裡又流到廟外,泉水流的時候跟一條白蛇一樣。我們把這些個古蹟跟景緻還都沒看完全,天已經就黑了。方丈請我們在西院客廳裏住下了,還給我們預備幾樣素菜。吃完了晚飯我們就睡了。第二天,我們起來洗完了臉就動身。臨走的時候送給和尚十塊錢的香資,又僱了幾乘爬山虎,逛戒臺寺①去了。

---

① 戒臺寺:戒壇寺。

雜　事

新聞紙①

"先生，您看的是甚麼啊？""我看的是《京話日報》。""甚麼叫《京話日報》呢？""就是北京跟外省的新聞，您没看過報嗎？""我没看過這樣報。""您看過甚麼報呢？""我從前看過《京報》。""從前的《京報》可没有現在的各報完全。""《京報》跟現在的報内容不一樣麼？""不一樣，《京報》就是宫門抄、軍機會議、引見官員，還有旨意等等事情。""這《京話日報》是誰辦的？""是彭翼仲發起的。""除了《京話日報》，還有甚麼報哪？""還有《實事白話報》《北京日報》《民報》《神州報》《東亞新聞》《大陸日報》《日知小報》《正言報》《羣强報》《京報》《都報》《時報》《晨報》《新社會報》《曉報》《晚報》《政府公報》等等的。""這些報的體裁是文言哪還是白話哪？""有兩種，一種是文言，一種是白話。""文言的都是甚麼報哪？""文言報的篇幅很大，内容的材料也很豐富。還有一種官僚性質的機關報，是作官的拿出錢來開的，所爲發展自己的能力，鼓吹自己的黨勢。""白話報哪？""白話報篇幅很小，是商業的性質，商人辦的居多，所爲提倡實業，改良社會，增進人民知識，維持風化，實在有益國民。""這白話報跟文言報内容一樣不一樣哪？""内容的組織都差不多，大概是分欄數多少。""請您說說都是甚麼？""第一是命令。""甚麼是命令哪？""就是大總統任免各省、各部一切文武官員授與勳位、文虎章、嘉禾章，還有訓告軍民人等的言語。第二是演説。""甚麼是演説哪？""演説是找一個題目，與時局有關係的，或與人民有關係的，或維持風俗的，或增進民智的，或譏刺官僚的，或哀憫貧民的，都是發揮自己的意見，斜②正當時的弊病。第三是要聞。""甚麼是要聞哪？""要聞是國内一切的重要事件，比如各省會議、選舉等事。第四是本京新聞。""本京新聞都是那類事哪？""都是些社會上一切的事情，即如民生日用，地面的治安，或稱人之善，或儆人

---

① 新聞紙：報紙。
② 斜：糾。

之惡等等的事。""以外還有甚麼哪?""還有時評。時評不過是借題發揮,勸人改惡行善的意思。""還有甚麼哪?""還有小說兒。""小說又是甚麼哪?""小說是編一段故事兒,借事警誡社會的惡行為,喚起人民的美觀念。""還有甚麼呢?""還有批文,就是各衙門的批示。還有廣告,凡是新開張的鋪子都要登一篇廣告,說他們都賣甚麼東西,那一天開張。還有一欄是聲明。""甚麼是聲明哪?""甚麼買賣房產,感謝良醫等等的事情。""除了這些還有甚麼哪?""還有詩詞、戲報子等等的。""喝,說起來現在的報紙,材料可真不少哇。明天我一定也要定幾份看看。"

賭　錢①

"昨天我到府上去,說您出門了。""失迎失迎。""您昨天同誰出去了?""嗐,您別提了,從前咱們同事的李福山找我來了。②""他找您有甚麼事呀?""找我借錢。""您借給他沒有哪?""我沒借給他,我送他十塊錢。""他家裏很可以呀,這們幾年的工夫怎麼會混到這個樣兒了呢?""嗐,還說哪③,從前這個人倒很務正④,現在交了幾個狐朋狗友,天天的耍錢,二三年的工夫,把一分家業都輸的乾乾淨淨,所以只好就是尋親覓友罷。""這們說起來⑤,耍錢這件事一點益處沒有,竟是害處了⑥,不但損精神、喪品行,而且耗費錢財。""您說的這話一點兒也不錯,人只要一好耍,就把這些害處都忘了,甚麼也不想作,就想耍錢⑦。今天輸了明天還想去撈,俗語說的好,'沙土井越撈越深',又說'久賭無勝家',日子長了怎麼能不窮哪?""按說他的家產也不少哪,賭甚麼來着? 輸的這們快⑧哪?""嗐,他對於耍錢的這條道兒,他沒一樣不好的。⑨""我請問您⑩,

---

① 《賭錢》一篇在全書中連續出現兩次。二者大部分句段相同,現僅保留第一次出現時的文本,並隨文注出第二次的不同之處。
② 第二次出現時為"是從前偺們同事的李福山找我來了"。
③ 第二次出現此文段時,沒有"還說哪"三字。
④ 務正:做正當事情。
⑤ 第二次出現此文段時,為"這麼說起來"。
⑥ 第二次出現此文段時,為"盡是害處了"。
⑦ 第二次出現此文段時,無"就想耍錢"四字。
⑧ 第二次出現此文段時,為"這麼快"。
⑨ 第二次出現此文段時,為"他對於耍錢的這條道兒,沒一樣不好的"。
⑩ 第二次出現此文段時,無"我請問您"四字。

耍錢還有多少樣麽？""賭博之中①樣兒可多了。""您既是很知道這些個②，我要跟您領教領教，賭錢分多少樣呢？""在從前，北京有寶局，好耍的人都到寶局去耍。""甚麽叫寶局哪？""您連寶局都不懂嗎？③""耍錢的這條道兒，我是趕麵杖吹火，一竅不通。""這寶局就比方是耍錢的鋪子，有掌櫃的，也有先生、夥計，他們預備寶盒子，找一個開寶的。盒子裏幺④、二、三、四，好耍的人都到那裏去耍，押對了的贏，押不對的輸。誰若是贏了，他們從中抽頭。""輸贏大不大哪？""很大。⑤""去耍的人都能贏麽？""不一定，有輸有贏。""贏錢的人固然是喜歡了，輸錢的人後悔不後悔哪⑥？""不後悔。""怎麽不後悔哪？""您瞧⑦俗語説的好，好耍的身貧無怨麽。⑧""這耍錢⑨，除了押寶還有甚麽哪？""還有擲骰子。""骰子是甚麽作的哪？""是骨頭作的，有六面，上頭刻着幺、二、三、四、五、六⑩。""用甚麽法子擲哪？⑪""把骰子攔在盆子裏⑫，用手抓起來往盆子裏扔，就是擲骰子。""用幾個骰子哪？""有用三個的，有用六個的。""没有用四個的麽？""用四個是摇攤。""還有甚麽賭具⑬哪？""還⑭有骨牌、紙牌、麻雀牌。""您説的這都是中國賭具，那們外國的賭具您懂不懂哪？""外國賭俱⑮有樸克牌⑯，我看見過，可没賭過。""現在賭具的名目、法子跟害處我都曉得了，我就盼望青年的人千萬別賭錢，若是賭錢，可以把李福山做一個前車之鑑。"

---

① 第二次出現此文段時，無"賭博之中"四字。
② 第二次出現此文段時，無"這些個"三字。
③ 第二次出現此文段時，爲"您怎麽連寶局都不懂呢"。
④ 么：幺。
⑤ 第二次出現此文段時，爲"很大很大的了"。
⑥ 第二次出現此文段時，無"哪"字。
⑦ 第二次出現此文段時，從"不後悔"到"您瞧"均無。
⑧ 第二次出現此文段時，有"還能後悔麽"幾個字。
⑨ 第二次出現此文段時，無"這耍錢"三字。
⑩ 第二次出現此文段時，爲"上頭刻著麽、二、三、四、五、六，六樣點子"。
⑪ 第二次出現此文段時，無此問句。
⑫ 第二次出現此文段時，爲"擲的時候把骰子攔在盆子裏"。
⑬ 第二次出現此文段時，此句以下的"賭具""賭俱"均作"賭法"。
⑭ 底本作"還"。
⑮ 賭俱：賭具。
⑯ 樸克牌：撲克牌。

貧富住戶

"兄弟未到北京來的時候，想着北京是首善之區，街道房屋一定是整齊的很了。趕到北京一看，各處的街道、胡同有整齊的，也有不整齊的，那是怎麼回事呢？""北京雖然是全國的首都，住戶也是有貧有富。這條胡同富戶多，房子就整齊；那條胡同貧戶多，房子又破爛，自然就不整齊了。""是。説到這裏我正要打聽，這貧富怎麼樣的分別呢？""我告訴您，有錢的就是富戶，没錢的就是窮戶。""您説的真明白，不用您説我早就懂了。""那麼您問的是甚麼呢？""我問的是貧富住戶的情形。""您問他們的情形，還是因爲有錢没錢的分別。那富戶有靠着房產地畝的，也有指着買賣的，一切的產業有按月進錢的，有按年進錢的。""甚麼產業是按月進錢哪？""就是房產，不差甚麼的都是月租。""甚麼產業是按年進錢哪？""就是地畝跟買賣。地畝的佃户是每年交一回租，買賣到一年算一次大賬。""那麼所有富戶都是指着這箇麼？""不一定，也有仗着人出去作事的，大半凡是富戶，差不多都有產業，若是產業多的呢，可就顯出闊綽來了。""怎麼樣可以看得出來呢？""您看有錢的人，門口兒必是拴着好些牲口，出來進去的下人也很多，車馬時常的不離門，房子也非常的講究，以及屋裏擺設跟穿的、戴的，無一樣不講究。""是了，若是看見這樣講究的，一定是闊人了。""也有闊人不講究這些箇的，房子也不講究，下人也不很多，夏天屋裏也不安電扇，院裏也不搭天棚①，冬天也不安汽爐子②，吃、喝、穿、戴一切都不講究。""那是爲甚麼緣故？我想他必是嗇刻。""倒不是嗇刻，因爲不好浮華，大概根本的人家都是這樣。""照您這麼説，貧富可就分不出來了。""貧富自然還是有分別。您不要看他的穿戴，若是真正富人，舉止動作都是大方的。""是了。那麼再請您説一説貧戶是怎麼箇情形呢？""這類貧戶也不是生來就窮的，都是因爲在有錢的時候不務正業，不理家中生產，漸漸的房地也賣了，買賣也收了，甚至典衣賣物過日子，趕到水盡山窮的時候，親友們也看不起了，借貸也無門了，無智無力的，只可就是忍饑待斃。若是年輕力壯的，就指着賣點兒力氣，給人傭工罷。男人既是如此，女人們也就得給人做點兒針線、洗洗衣裳，得錢糊口罷。""按您

---

① 搭天棚：夏日消暑或婚喪嫁娶招待賓客時，在院子中用杉篙和竹竿搭架子，縫上竹席成爲頂棚。

② 汽爐子：煤油爐子。

這麼說,這類窮人若是老了,或是病了不能動轉,莫非就得餓着麼?""凡是指身爲業的人,都是日進日吃。俗語說的不錯,'住了轆轤就乾了畦',他們若是日不進分文,不餓着還有甚麼法子呢?""北京不是有好些慈善的機關了麼?怎麼不周濟他們呢?""北京的窮人太多了,雖然有幾處慈善機關,那兒能周濟的過來呢?""若是這麼看起來,那句'得意須防失意時'的俗語,人人可別忘了啊。"

討錢的

"王先生您回來了。""回來了。""您看西山的景緻好不好?""很好。雖然不算是山青水秀,那裏的空氣倒是十分清潔。吃食房間無一不好,就是道兒上的土很大。還有一樣兒我不痛快。""是那一樣兒不痛快呢?""就是沿路上怎麼那麼些要錢的呀?我一出西直門,就看見三人一群,五人一夥,在道上追人要錢。您聽罷,老爺太太,叫的震心。不給他錢罷,看着實在可憐;給他幾箇錢罷,又無濟於事。""您既看他可憐,不必多給,給他一兩箇也就行了。""那麼幾箇錢也不夠吃飯的,吃不飽還不是受罪麼?""怎麼能不受罪呢?""那麼這類的人他就願意受罪麼?""他們也是處於無法,大半都是因爲從小的時候倚賴父母,不學正業。父母死後一點兒事又不作,就坐吃山空。趕到把錢都花完了,再想法子去挣錢也就晚了。既是沒有生計又沒有學識,並且不能耐勞,所以就入了要飯這一途了。""我還常聽人說'那箇人打閑兒了',那也是要飯的意思麼?""打閑兒的跟的要飯的有一點分別。凡是沒有營業的,天天閑着,可是他們還能耐勞。""他們都能作甚麼事呢?""您看街上有娶媳婦的、出殯的,前頭有好些執事。那些打執事的就是他們這一類人,又有一箇名兒,叫'閑等兒'。""我想閑等兒跟要飯的也沒甚麼分別。""雖然沒有甚麼分別,倒是這一類人還能自食其力。""我想這些事,年青力壯的還可以去作。可是那些年老的人跟殘廢的人怎麼樣呢?""有坐在街上要飯不動的,還有瞎子拿着馬桿兒在街上一邊走一邊喊,那就是叫街的。還有跪在當街磕響頭的。""我還常看見有一等人穿着很暖和的衣裳在街上要錢,那是甚麼緣故呢?""那都是鄉下人,因爲旱潦不收,無法生活,所以到城裏來要飯。""我常見有人在人家門口兒打着板兒、唱着曲兒要錢的,那也有名字麼?""那是唱蓮花落①的,還有數來寶②的。""辦喜事的人家門口兒唱曲兒的也是他們麼?""那是念喜歌兒的,這些樣兒都是他們要錢的方法兒。""我還聽見有打小梆子要錢的。""那不是梆子,那是打木魚兒、化小緣的。不是和尚就是老道,時常您看人家門口兒貼一箇帖兒,寫着'僧道無緣'四箇字,就是不施捨他們的意思。他們看見那箇帖兒也就不化了。""要是走在街上他們跟着要錢,我不願意給或是沒帶錢,有甚麼法子打發他們呢?""您就告訴他不給錢也就行了。""我想這類人既是無法謀求生計,若是大慈善家拿出點兒錢來辦幾箇工廠,不比零碎施捨還强麼?""嗐,現在有錢的人,就知存錢蓋樓、買妾,那還想得到這的。就說他們賺的多一點兒,還算是情有可原。有些替人辦事的人從中也要賺錢,這類的人我是恨極了他們了。""您也別那麼說,那也有個情理。""那還有甚麼情理哪?""比方各行買賣的經紀,買賣房地各樣的中人,都是憑人挣錢,只要從中答句話,當個過付人兒,就能使回扣,使用錢還是沒有他們這類人就不行,所以說,他們使的錢還有情理。""您説的這都是明賺錢,我說的是那一點兒理由沒有、撒個謊就得許多錢的那類人,這種弊病實在是大極了。""您説那類人哪?我知道有好些樣兒哪,有做大事的,也有做小事的。在他們賺錢的本意也是爲養家。""您這話可說錯了,養家總得想個相當法子挣錢,那纔是本分哪。竟想賺錢,究竟不是真正的營業。""您所説的固然是不錯,然而所得的錢若是不夠養家的,就能擠對出這賺錢的弊病來了。就拿使喚人說罷,每月所得的不過十來塊錢的工飯錢。他家裏人口再多一點,吃、喝、穿、戴都要從這裏出。您想夠那一樣兒呢?您是一位有錢的人,自然不知道這過窮日子的難處。您若是每月入不敷出,我也不敢保您不作那樣的事。""您這不是罵人麼?""我說的也是一個至理,所以我對於這類賺錢的事,總是睁一隻眼,閉一隻眼。明知道有這個弊病,可是不能太認真了。""照您這麼説,就得叫他由性兒③賺哪。""不是那個意思,要是按着規矩賺點兒錢有限,那就不必説了。要是加着倍的賺錢,那就不能容他了。""賺錢還有甚麼規矩呢?""比方說,我叫用人給我買一百塊錢的東西,他得兩塊錢的底子,這個當我們就

---

① 蓮花落:一種兼有說唱的曲藝藝術,清末開始廣爲流傳,多演唱民間故事。
② 數來寶:一種傳統曲藝藝術,流行於北方地區,起源于藝人的沿街說唱。
③ 由性兒:任性,任憑心意。

得上；要是叫他買二百塊錢的東西，他只買八十塊錢的來，那就是出了規矩了。""那麼怎麼樣兒的罰他呢？""我不用他就完了。""那還是沒有法子除這個弊病呀。""若是真要除這個弊病，還能沒法子麼？""有甚麼法子呢？""就是增加他們的工錢，能夠一家溫飽了，這個弊病自然就消滅了。"

新舊錢法

"老兄今天這麼早，是從那裏來呀？""我是因爲夜裏沒睡好，戴着星星就起來了，就到曉市①逛了逛。""您沒在曉市買點便宜東西麼？""我倒是買妥了一點東西，因爲用洋錢找銅子，來回一麻煩，這個買賣就散了。""拿洋錢換銅子不是有一定的行市②麼？怎麼還能麻煩呢？""您不知道，中國各地方的錢法跟行市，真能把人鬧糊塗了。""您提起錢法來了，我正要問問您中國的錢法哪。""咳，中國的錢法太多，我真說不全。不過把我所知道的給您說一說就是了。""好，好，您也不用細講。求您說一個粗枝大葉就算得了。""那麼樣，我今天可以把中國錢法的大概說一說。在中國古時用的錢，現在不能使用，我們說他是古錢。古錢的樣式也很多，是分甚麼朝代的，有刀式的，有瓦式的，有方的，有圓的，也有腰圓的，還有一種五銖錢，俗說是馬蹬錢。""那麼這些樣錢現在還有沒有？""現在若要看這個錢您必得到古玩鋪去，或是廟會裏小攤上也有擺着賣的。""那麼有人買這個錢作甚麼用呢？""現在都拿這古錢當作玩物，有些收藏家不惜重資搜集歷朝的錢幣，陳設在玻璃箱裏，任人賞鑑而作歷史的品評。從唐朝直到明朝，普通一律行使當一的制錢。到前清的時候，又改用當十銅錢。在那個時候也鑄過鐵錢，大小都有。平常用的都是小銅錢，也說是小製錢，可是一個當十錢，就當十個製錢；五個當十錢，俗說一百錢；五十個當十錢就是一吊錢。可是平常使用都用九八錢。""怎麼叫九八錢呢？""比方我買一吊錢的東西，應當給他五十個當十錢，可是只給他四十九個錢，因爲少給他二十錢，所以名爲九八錢。若是買布買糧食等等，必得用滿錢。""甚麼又是滿錢呢？""滿錢就是一個不能少的，在那個時候，京外各省跟各州縣錢法都是不同的，多一半都用制錢，可是用法却不一樣，有的地方用三百三、六百六的法子，還有津錢、

---

① 曉市：即早市。
② 行市：市面上商品的價格行情。

老錢的名稱。我想您住的那個地方，還不至於那麼樣罷？""對了，我們敝處跟用津錢是一樣。""那麼銅子是甚麼時候興的哪？""在前清光緒末年的時候就改用銅幣了，一來是因爲減少工作的時間；再說各國也都用銅幣，所以中國也就隨着改了，並且還造了多些小磅子，也跟制錢一樣的用法，可是比從前便當多了。但是中國人民的生活已然達到最高的程度，百物日見昂貴，管理財政的再要辦理不好，人民可就吃了苦了。現在東西的價錢比前貴至十倍，有錢的人可不理會，若是憑力氣挣錢的人，他們受的影響可大了。所以我常對有錢的親友們說，現在僱用人工，必得多給他們加些個錢，他們纔夠養家的哪。""不錯，不錯，您這話真是體貼苦人。""豈敢豈敢。""我要回去了，明天見罷。""忙甚麼的，再喝碗茶罷。""不喝了，再見罷，不送。""慢走慢走。"

北京紀聞

解 題

  《北京紀聞》，岡本正文編譯，該書扉頁正面中欄竪排"北京紀聞"四字，其上雙列小字"言文對照"，左欄記有"東京 文求堂藏版"，扉頁背面則記有"明治卅七年①六月刊行于東京"。

  編譯者岡本正文，曾是明治三十三年(1900)東京外國語學校清語學科的第一期畢業生，隨後即在該學校留任，後大致于明治三十六年(1903)赴北京學習漢語②。據原書例言介紹，編譯者在北京學習漢語期間，閱讀了當時的漢字新聞③數種，摘錄了其中足以窺視北京風俗習慣、官衙商賈狀態的報道，以口頭語言譯出，經金卓安校訂審閲，從而編纂成書，以供讀者學習北京官話，也可作爲研究清朝時文的材料。

  該書以二百則新聞報道連綴而成，每則以四字短語爲題。正文采納言文對照的格式：文言部分係編譯者摘錄而來，短者僅二十餘字，長者不過兩三百字；口語部分係編譯者所撰北京官話譯文，大多與文言部分字句對應，有少量意譯之處。内容大多關乎庚子變亂前後北京城内的時局、民生、商貿、風土等，亦有一定的史料價值。

  此次校勘整理，更正了原文若干錯訛缺衍之處；對文中北京口語詞彙出注釋義，并酌注古語詞、名物詞；原文文言部分未斷句標點，今參口語部分添加標點；口語部分原有逗點斷句，今一律改爲通行標點，并更正部分不合理的斷句。

---

① 明治卅七年，即 1904 年。
② 據六角恒廣《中國語教育史稿拾遺》，不二出版社，2002 年，第 111 頁。
③ 指報紙。

例　言

　　本書の稿本は嘗て清國北京に留學の際語學研鑽の傍日毎に北清に於て發刊せる漢字新聞數種を閱し其中に就き該地の風俗習慣及び官衙商賈の狀態等を洞察するに足るべき記事を摘錄し更に北京官話に譯出して金卓安先生に請ひ其校閱を經たるものなり。

　　本書は北京官話を學ぶものゝ資料たると共に清國時文を研究するものゝ便益を計り其原文をも併記したれば學者對照玩味せば庶くは裨益する所あらむか惟記事の選擇一に前述の方計に出てたるを以て其原文中文筆の巧拙に至りては聊懺焉たらざるものあるを免れざるべし請ふこれを諒せよ。

　　本書の編譯に關し學友古賀邦彥君（在淸國北京）の勞に竢つもの勘なからず爰に記して同君の好意を謝す。

　　　　　　　　　明治三十七年夏六月東京に於て　　岡本正文　識

例　言[①]

　　本書原稿的内容是，著者在清國北京留學期間，鑽研語言學的同時，閱讀了每日於北清發行的數種漢字報紙，據此摘錄了當地的風俗習慣以及值得了解的官衙商賈等事宜，並譯作北京官話，請金卓安先生校閱，從而成書。

　　本書不僅是學習北京官話的資料，同時爲了方便學者研究清國時文，亦將其原文一併列出，學者若進行對照體會，庶幾有所裨益。本書内容的選擇，因按如前所述的方略而出，其原文中，由於文筆的巧拙，或難免有些許不當之處，懇請諒之。

　　關於本書的編譯，多有勞煩學友古賀邦彥君（於清國北京）之處，特此記述，以感謝此君的好意。

　　　　　　　　　於明治三十七年夏六月東京　　岡本正文　識

---

　　①　此中文翻譯爲陳曉博士所做。

目　録

第　一	俄建大樓……… 143	第二十七	洋務設局……… 151
第　二	馬戲得賞……… 143	第二十八	比使到京……… 151
第　三	車站外移……… 143	第二十九	開茶烟樓……… 152
第　四	接電停演……… 143	第　三十	戲園鬥勝……… 152
第　五	圖盜未成……… 144	第三十一	不戒於火……… 152
第　六	煤氣宜防……… 144	第三十二	太無酒德……… 153
第　七	銀行落成……… 144	第三十三	京卿生子……… 153
第　八	將演馬戲……… 145	第三十四	紀工藝局……… 153
第　九	商部將遷……… 145	第三十五	賑濟貧民……… 154
第　十	洋皂暢銷……… 145	第三十六	呈進綉鞋……… 154
第十一	惠及貧民……… 146	第三十七	烟館開捐……… 154
第十二	司員入署……… 146	第三十八	石道將興……… 155
第十三	蒙王到京……… 146	第三十九	預備佳節……… 155
第十四	茶館開市……… 147	第　四十	北京開埠……… 156
第十五	書差被懲……… 147	第四十一	拿獲烟犯……… 156
第十六	大興工役……… 147	第四十二	假煙受窘……… 156
第十七	教場築齊……… 148	第四十三	煤油公司……… 157
第十八	知縣撤任……… 148	第四十四	定期團拜……… 157
第十九	創設公司……… 148	第四十五	車站失銀……… 157
第二十	五城示諭……… 149	第四十六	印兵鞭人……… 158
第二十一	懸燈排彩……… 149	第四十七	羊肉作偽……… 158
第二十二	火車傷人……… 149	第四十八	孝敬壽品……… 159
第二十三	集股開礦……… 150	第四十九	深惡洋習……… 159
第二十四	縣令出任……… 150	第五十	履冰者戒……… 159
第二十五	土路墊齊……… 150	第五十一	門禁之由……… 160
第二十六	外部照會……… 151	第五十二	蒙商盛況……… 160

第五十三	居庸苛歛	161
第五十四	白晝搶刼	161
第五十五	安設電燈	161
第五十六	旅順戒嚴	162
第五十七	橋船被撞	162
第五十八	懸賞緝匪	162
第五十九	貢品紀盛	163
第 六 十	販賈之言	163
第六十一	庫倫商情	164
第六十二	騾驢開路	164
第六十三	紅顏薄命	165
第六十四	同時自盡	165
第六十五	羊商日疲	166
第六十六	發放票存	166
第六十七	水關加慎	166
第六十八	鵝眼又見	167
第六十九	女師赴蒙	167
第 七 十	醵錢修屋	168
第七十一	女閭一厄	168
第七十二	一言蔽之	169
第七十三	川漢鐵路	169
第七十四	市景蕭條	169
第七十五	輦轂萑苻	170
第七十六	光禄開光	170
第七十七	徒餔餟也	171
第七十八	認領失兒	171
第七十九	諭令清道	172
第 八 十	商報購機	172
第八十一	剪綹獲局	173
第八十二	礦苗發露	173
第八十三	兩煤交換	174
第八十四	荷枷示衆	174
第八十五	酗酒互鬪	174
第八十六	壅於上達	175
第八十七	用銀多弊	175
第八十八	載鬼一車	176
第八十九	各部總署	176
第 九 十	倉內偷米	177
第九十一	刼匪膽大	177
第九十二	請設銀行	178
第九十三	一紙風行	178
第九十四	另給執照	178
第九十五	訛詐商民	179
第九十六	疏通市面	179
第九十七	日商賣貨	180
第九十八	茶商會議	180
第九十九	商部近聞	181
第 一 百	英界火警	181
第百零一	利在其中	182
第百零二	請設京局	182
第百零三	紀萬億廠	183
第百零四	巡察中飽	183
第百零五	捕務可知	184
第百零六	重修要工	184
第百零七	循例賀年	185
第百零八	壞俗難除	185
第百零九	市面可危	186
第百一十	嚴查戶燈	186
第百十一	建路躊躇	187
第百十二	因烟起火	187

第百十三	印結減色	188
第百十四	玉泉煤礦	188
第百十五	庫倫來電	189
第百十六	剪綹被責	189
第百十七	整頓稅務	190
第百十八	定時出入	190
第百十九	建塔彰表	191
第百二十	預防失慎	191
第百二十一	不守清規	192
第百二十二	烟價大漲	192
第百二十三	蒙王練軍	193
第百二十四	門禁綦嚴	193
第百二十五	因財肇禍	194
第百二十六	呈獻時花	194
第百二十七	手段通天	195
第百二十八	懲一警百	195
第百二十九	軍機奏對	196
第百三十	郵政分局	196
第百三十一	借銀謀缺	197
第百三十二	拾金不昧	197
第百三十三	工巡分局	198
第百三十四	自盡破案	198
第百三十五	習俗難除	199
第百三十六	逐賊跌斃	199
第百三十七	新年演禮	200
第百三十八	俄兵入藏	200
第百三十九	乘車失物	201
第百四十	流通圜法	201
第百四十一	米價日昂	202
第百四十二	存心忠厚	202
第百四十三	駝足傷人	203
第百四十四	廉恥道喪	203
第百四十五	蒙古立學	204
第百四十六	市面大壞	204
第百四十七	醉兵無禮	205
第百四十八	物價騰踊	205
第百四十九	學界風潮	206
第百五十	馬賊騷動	206
第百五十一	俄商茶行	207
第百五十二	熬粥先聲	208
第百五十三	運煤公司	208
第百五十四	中飽可誅	209
第百五十五	煤價略誌	209
第百五十六	錢商近況	210
第百五十七	年景荒涼	211
第百五十八	誹笑練兵	211
第百五十九	廢弛已極	212
第百六十	門丁誤認	212
第百六十一	不速之客	213
第百六十二	甲乙談奇	214
第百六十三	寒酸故技	214
第百六十四	投交票銀	215
第百六十五	蒙王奏對	215
第百六十六	掩遮物議	216
第百六十七	舍己救人	217
第百六十八	商部無實	217
第百六十九	站長豪華	218
第百七十	僞票欺人	218
第百七十一	迷信難革	219
第百七十二	殷鑒不遠	220

第百七十三	局詐新奇	220	第百八十七	典息請損	230
第百七十四	刧宅駭聞	221	第百八十八	閒曹忠憤	230
第百七十五	偷漏關税	221	第百八十九	是乃知心	231
第百七十六	不知何故	222	第 百 九 十	習俗相沿	232
第百七十七	槍斃續聞	223	第百九十一	密查出票	233
第百七十八	因疑致命	223	第百九十二	宴賓佳話	233
第百七十九	吉期封印	224	第百九十三	蒙王來朝	234
第 百 八 十	錢店盤剥	225	第百九十四	舖夥拒捕	235
第百八十一	客商須知	225	第百九十五	又惹風波	236
第百八十二	瘋漢被責	226	第百九十六	弔唁誌盛	237
第百八十三	瘋漢被押	227	第百九十七	商部示諭	238
第百八十四	發給郵銀	228	第百九十八	警察何用	239
第百八十五	銀行將開	228	第百九十九	重案述聞	240
第百八十六	堅冰入窖	229	第 二 百	伊犂金礦	241

第一　俄建大樓

俄人在雍和宮之東擬建洋樓，高可五層，現已動工修造云。
俄國人在雍和宮的東邊兒打算蓋一座五層高的洋樓，現在已經動工了。

第二　馬戲得賞

印度馬戲在頤和園開演三日，奉懿旨賞銀一萬兩，由內務府發給云。
印度馬戲在頤和園演了三天，奉太后的旨意，賞了他們一萬兩銀子，由內務府給的。

第三　車站外移

近日外務部會議，京津、京保兩股鐵道，擬於明春改至東、西便門外停車。
近來外務部商量，北京到天津的和北京到保定府的這兩條鐵道，打算明年春天挪到東便門、西便門外頭停車。

第四　接電停演

十三日頤和園正演劇時，急接某省電奏，太后命即停演。聞係軍務緊要電奏故也。
十三這天，頤和園正唱着戲哪，忽然接着某省來了有一個緊急的電奏，太后就命把戲打住了。聽說是軍務緊要的電奏。

第五　圖盜未成

戶部銀庫前數日于壁上被人穿鑿小洞,幸未深入。次日爲看庫兵役查知,而盜已遠去矣。

戶部銀庫前幾天被賊在墙上挖了一個小窟窿,好在没挖透。第二天看庫的兵和衙役知道了,可是賊早就跑遠了。

第六　煤氣宜防

順天中學堂於日前有學生某某二人,被煤炭氣所熏,於次日氣絶。煤火之宜慎,誠衞①生之要術也。

順天中學堂,前幾天有俩學生,受了煤氣了,第二天就死了。煤火是很得小心,也是養身的一件頂要緊的事情。

第七　銀行落成

東交民巷滙②豐銀行動工一載有餘,刻始竣工。門首高築樓房,上安三面時表,十分壯觀。

東交民巷滙豐銀行,動工已經有一年多了,現在這纔完工。門口兒蓋了一座高樓,上頭安着的是三面兒時辰表,十分壯觀。

---

① 衞:衛。
② 滙:匯。

第八　將演馬戲

長安街迤①西一帶，曠地已高搭圍墙。聞印度馬戲將於該地開演，然尚未宣布廣告，故知者尚少。

長安街邊西那一帶空場，已經高搭圍墙。聽見說印度馬戲要在那個地方開演，可是還沒貼報子哪，所以知道的人還少。

第九　商部將遷

探聞商務部各堂官②已議定，於十月初間移于粉子胡同新修之衙門，遷移後即定日，先行考試供事云。

聽見說，商務部各堂官，已經定規十月初間搬到粉子胡同新修的那衙門去，趕搬過去之後，就要定規日子，先考供事。

第十　洋皂暢銷

工藝商局前延邵季英氏製造洋皂，開工以來，銷路頗暢。現在祁羅弗洋行以及各洋貨店均定造多箱云。

工藝商局上囘請邵季英先生造洋胰子，自從開工到如今，銷路很廣。現在祁羅弗洋行和各洋貨舖，都定造許多的箱。

---

① 迤：往，向。
② 堂官：明清對中央各部長官如尚書、侍郎等的通稱，因在各衙署大堂上辦公而得名。

第十一　惠及貧民

十月初壹日，所有前門內外各處粥廠，均於是日壹律施粥。聞每壹粥廠每日貧民男女打粥者，計有壹千餘人。

十月初一，所有前門裏外各處的粥廠，都從這一天起放粥。聽説每一個粥廠，見天①窮民男女打粥的，總有一千多人。

第十二　司員入署

商部考取司員，圈出②三十名，于日內即先傳一半，入署當差，作爲章京③。三個月查看，如果合格，再授實職。

商部考取司員，圈出三十個來，這幾天之內，要先傳一半，進衙門當差，做爲章京。三個月查看，如果合宜，再給他們實在的官。

第十三　蒙王到京

蒙古王向於年終晋京陛見，略進土貢，以表微忱。聞日前二十二日業已來京，此次隨帶隨員並不多云。

蒙古王向來在年底到北京陛見，進一點兒土貢，表其他們的人心就是了。聽説是本月二十二已經到京了，這囬帶來的隨員并不多。

---

① 見天：天天，每天。
② 底本"圈出"在"司員"之前。
③ 章京：官名，清代凡都統、副都統以至各衙門辦理文書的人員，多稱章京。此處應指商部文職人員。

第十四　茶館開市

　　賓宴樓之前層，仿照南式茶館，已於日前開市。其器具與一切規模，頗有蘇、滬風景，亦北京向來未有之創舉也。

　　賓宴樓的前層房，仿着南邊的樣子的茶館，前幾天已經開市了。所有一切的傢伙①規模，很像蘇州、上海的光景，這也是北京向來沒有的這麼個局面。

第十五　書差被懲

　　理藩院②衙署書役張姓，因辦蒙古補缺，向某索銀若干，並未將銀與司員瓜分。日昨該院司員將書役張姓送坊看押。

　　理藩院衙門的書辦姓張的，因爲蒙古補缺的事情，和人家要了多少銀子，可是他可沒把這銀子分給司官。前兩天那衙門的司官把姓張的書辦交坊看押。

第十六　大興工役

　　宣武門外東城根建修房間，共有十餘所。聞有開設煤廠、有開設棧房者，計開張六七處。看此處之地，與永定門馬家堡相同云。

　　順治門外頭東城根兒，蓋了通共有十幾處房子。聽說是有開煤廠子的，有開棧房的，開了有六七處。看這個地方的地，和永定門外頭馬家堡是一個樣。

---

①　傢伙：家伙。指傢具、器物。
②　理藩院：官署名。"清置，爲管理蒙古、新疆、西藏等地少數民族事務的機構。凡外藩的界域、封授、朝見、貢獻、官員升降、軍隊徵發等事，均掌之。"（徐連達編著《中國官制大辭典》，上海大學出版社，2010年版，第527頁。）

第十七　教場築齊

朝陽門外苗家地爲鑲白旗教場①,今爲駐屯北京各國軍隊操演之地。其地修墊平整,築有圍垣,常有外國軍隊至其地演練云。

齊化門②外頭苗家地,是鑲白旗教場,現在是駐在北京各國兵隊操演的地方兒。那塊地修理的很平坦,砌了一道圍墻,常有外國兵隊,到那個地方兒操演去。

第十八　知縣撤任

宛平縣知縣趙令撤任被議。茲探悉因某姓家務,該令擅傳某姓之妾到堂責打看押,故被上控。聞該令于此案實有受賄情節。

宛平縣知縣姓趙的,已經撤任議處了。現在聽說,因爲某姓的家務事,知縣硬把某姓的妾傳到衙門去,責打看押,所以上告了。聽見說,知縣辦這案,有受賄的事情。

第十九　創設公司

日昨工藝局黃慎之君由天津來京。聞該員係在天津辦理龍鳳煙捲公司。在天津購造公司房間,價銀四萬兩。聞已開辦發售矣。

前幾天,工藝局黃慎之先生,從天津到京裏來。聽見說,他在天津辦那龍鳳煙捲公司。他在天津買了開公司的房子,那房價四萬兩銀子。聽說已經開張發賣了。

---

① 教場:舊時操練和檢閱軍隊的場地。
② 齊化門:朝陽門元稱齊化門。

第二十　五城示諭

　　五城街道察院示諭：前門內外石道兩傍設攤，不許圍席，亦不准任意佔寬；令練勇①逐日巡察，倘有不遵，即行押解公所重辦云云。

　　五城街道廳衙門，出了一張告示，說是前門裏外石頭道兩傍邊兒擺攤子，不准圍上蓆，也不准往寬裏佔地方；天天兒派練勇巡察，若是有不遵的，立刻把他拿到公所去辦他。

第二十一　懸燈排彩

　　萬壽聖節②前後三日，凡居民舖户，均各懸燈掛彩。刻於初七日各家皆張掛紅彩，官署公所等處並有新貼紅聯者。夜間各門懸燈，頗有太平景象云。

　　萬壽節前三天後三天，所有各住户、各舖户，都要懸燈結彩。從初七各家都掛紅彩子，所有衙門和公所，還有貼對紅對子的。夜裏各門都掛燈，很有太平的樣子。

第二十二　火車傷人

　　日昨蘆保火車二次開行之際，有商人某甲趨避不及，致將兩腿軋折，未知能免性命之憂否。凡人於火車開行之候，務要留心可也。

　　前幾天，由蘆溝橋往保定府去的第二盪火車，開車的時候兒，有一個買賣人躱避不及，把兩條腿軋折了，可不知道能活得了活不了。凡是火車要開的時

---

①　練勇：清代地方武裝團練、鄉勇等的統稱。
②　萬壽聖節：封建時代君主的生日，也說"萬壽節"。

候兒,總得多留神就結了。

第二十三　集股開礦

昌平州屬北山有煤礦一區,煤質甚佳。現有州紳李某,擬在京集股五萬金前往開採,已遵章赴商部呈請,未知能邀允准否。

昌平州所管的北山,有一個地方有一座煤窰,煤很好。現在昌平州一個紳士姓李的,打算在北京招五萬兩銀子的股份開那座煤窰,已經遵着章程稟報商部了,還不知道准不准哪。

第二十四　縣令出任

日前東光縣某大令撤任。聞因伊之令正①及令嬡②等逼勒伊之兒婦自盡,被伊之親某大令票控,當經上憲將該令撤任。刻下未知了結與否云。

前任東光縣知縣撤任了。聽見說,因為他的夫人和他的姑娘,把他的兒媳婦逼勒自盡了,死鬼娘家也是知縣,告了上司了,上司就立刻把他撤任了。現在還不知道完了沒有哪。

第二十五　土路墊齊

前門內戶部街一帶舖修土路,業已平坦;車馬往來,頗稱便捷。果能隨時修理,雖石路一時不修,所有各巷俱仿照辦理,亦勝於往時多矣。

前門裏頭戶部街那一帶,修的那土道,已經平坦了;往來的車馬,也很便當。果然若能常常的修理,就是一時不能修理石頭道,所有各胡同都能仿着這

---

① 令正:敬辭,舊時因嫡妻為正室,故尊稱對方嫡妻為令正。
② 令嬡:敬辭,稱對方的女兒。

麼辦,總比從前好多了。

第二十六　外部照會

日昨,外務部照會北京東交民巷各國使館,略謂請欽差諭達官兵,以後出入中國正陽門,晚以六點鐘爲度,至一鐘開門,不准向中國巡捕用武勒開城門云云。

前幾天,外務部照會北京東交民巷各國公使館,大概說的是,請欽差告訴官兵,後來走前門,晚上六點鐘爲止,到一點鐘開門,不准和巡捕動武,硬要開門。

第二十七　洋務設局

近年以來,順天所屬各州縣,外國人之來往及居住者漸多,而交涉之事亦繁。府署內已特設洋務局,委員辦理交涉事務,以資妥善云。

近來順天府所屬的各州縣,各國人來往和居住的人漸漸兒的多了,可是交涉的事情也多了。順天府衙門裏頭,已經另外設立一處洋務局,派官辦理交涉的事情,爲的是可以妥當。

第二十八　比使到京

近日比國公使館大興修飾,屋內一切器具,煥然一新。聞新任公使來京更換之故。新任公使已於華初五日午後一點由天津到京云。

近來比國欽差公館很這麼一修理,所有屋裏頭的一切傢伙甚麼的,全都是新的。聽說新任的欽差,有來京換任的事情。已經初五這一天午後一點鐘,新任的欽差由天津到北京了。

第二十九　開茶烟樓

有由上海來京商人，擬在北京建一大樓，比照上海茶館、煙館開一舖面。聞招股每股一百元，招集十五股爲滿。蓋所入股人皆是廣東人云。

有一個商人，從上海到北京來，打算在北京開一個大樓，仿着上海茶館、煙館開那麼個舖面。聽説招股份了，每一個股份一百塊錢，招十五個股子爲滿。所有入股的人，都是廣東人。

第三十　戲園鬭勝

街市各行商舖蕭條日甚，而近來開設戲園者頗爲興盛。現有某某等，擬在縣署東、靠馬路北邊地方又設立戲園一處。昨已興工建造房間云。

街上各行的買賣，都是一天比一天蕭索，可是近來開戲館子的倒很興旺。現在有誰誰，打算在縣衙門的東邊兒、靠馬路的北邊兒地方，又開一個戲館子。現在已經動工蓋房子哪。

第三十一　不戒於火

昨日晚六點餘鐘，東單牌樓甬路傍有一菓棚偶犯祝融氏①，將棚屋器具盡付丙丁②。幸其時封家姊妹游戲既息，未嘗助之爲虐，故不久即斂其怒云。

昨兒個晚上六點多鐘，東單牌樓甬路傍邊兒，有一個菓棚子偶然着起火來了，把棚子裏的傢伙都燒了。好在那個時候兒風住了，没着起大火來，所以不大的工夫兒，火就下去了。

---

① 祝融氏：火神祝融，傳説爲帝嚳時的火官，這裏代稱火災。
② 丙丁：古代以十干配五行，丙丁屬火，故稱火爲"丙丁"。

第三十二　太無酒德

　　昨有某國兵因酒所困，在大街肆行滋鬧。適有某甲之幼女，經某兵攔之，輒手加其頂。某女當被驚嚇，面如土色。後有李繙譯者經過，解之始散。
　　昨天有一個外國兵喝醉了，在大街上撒開了一鬧。偏巧有一個小姑娘，叫那個兵攔住了，拿手摸他的腦袋。那個姑娘嚇得臉上顏色都變了。後來有一個姓李的繙譯路過，這纔給勸散了。

第三十三　京卿生子

　　宋輔臣京卿天傑刻已生子，作湯餅會①，極形熱鬧，道賀者往來不絕。是日有男女乞丐數百人，均各賜飯，并各賞京蚨②一百文。樂善好施，名稱其寔矣。
　　宋輔臣京堂現在得子了，洗三③這一天做湯餅會，熱鬧得利害，道喜的接連不斷。這一天，男女要飯的有好幾百人，宅裏都給他們飯吃，每人還賞他們一百錢。樂善好施，真是名實相副。

第三十四　紀工藝局

　　順天工藝局歸商部後，更加擴充。其所購增壽寺後之空地，現已建造完竣，爲工藝東局，並在迤南臨彰儀門大街一帶，翻蓋舖面，以便陳設製造各貨。
　　順天工藝局歸商部之後，又擴充了。所買的那增壽寺後面的空地，現在房

---

　① 湯餅會：舊時壽辰以及小孩兒出生第三天或滿月、周歲時舉行的慶賀宴會，宴會上備有象徵長壽的湯麵，因此得名。
　② 京蚨：京錢，舊時北京通行的錢。
　③ 洗三：舊俗嬰兒出生後第三天洗澡，稱爲"洗三"。

子已經都蓋完了，做爲是工藝東局，並且在彰儀門大街那一帶蓋舖面房，爲的是擺那製造出來的貨物。

第三十五　賑濟貧民

順天府辦理冬賑，有各處歲捐常款。所有施放棉衣褲，現已製成。約於十月初旬，先發給極貧者領棉衣之票，然後定期令人持票至順天府署內領取云。

順天府辦理冬賑，有各處每年捐的銀子。所有捨綿襖綿褲，現在都做得了。大概十月初間，先給那頂窮的人領綿衣裳的票，然後再定規日子，叫他們拿票，到順天府衙門裏領衣服去。

第三十六　呈進綉鞋

蘇花胡同某宅，不惜多金，徵民間婦女刺繡精工者，專綉坤履，進呈上用。其花之譜式，有五子奪魁、十美圖等類。每鞋一雙，工價數兩云。

蘇花胡同，有一家財主，肯花很多的錢，找民間的婦女做細活的好手，專綉婦女的鞋，送到宮裏頭去。所綉的花的樣式，這內中有甚麼五子奪魁、十美圖這些個。每一雙鞋，連工帶料，總得花好幾兩銀子。

第三十七　烟館開捐

刻下通州烟館已然開捐。而烟館列爲三等，每煙一兩，捐制錢①六十八文。上等烟館，按賣煙二兩五錢交納；中等者，按一兩五錢交納；下等者，按五錢交納云。

---

① 制錢：明清官局按其法定錢幣體制鑄行的錢幣，有別於前朝的舊錢和本朝的私鑄錢。

现在通州的烟館已經開捐了。可是烟館分爲三等,每賣一兩烟,捐制錢六十八個。上等烟館,每天按着賣二兩五錢煙那麼上捐;中等的,按着賣一兩五錢煙;下等的,按着賣五錢煙那麼上捐。

第三十八　石道將興

崇文門內之石道屢修不果,均因款項不敷。探聞現在所籌之款,略可支用,故先修崇文門之地溝,以便泄水。想門內之道,亦不日即興工矣。

哈達門①裏頭的石頭道,好幾回要修,總没能辦,都因爲是銀子不够②。聽說現在所籌畫③出來的銀子,大概可以够用的了,所以先要修理哈達門裏頭的地溝,爲的是好洩水。想那城裏頭的道,也快動工修理了。

第三十九　預備佳節

元宵佳節在邇,宮中有放烟火之舉。近日營造司花爆作,各匠役工作甚忙。所作之花盒、花盆,各項甚多,陸續運至宮中,暨中海內,以備元宵節及烟九日④御覽燃放云。

現在快到元宵節了,宮裏頭有放烟火的事情。近來營造司花炮作,各匠人很忙。所做的花盒、花盆,各式各樣的很多,陸續着都運到宮裏頭和中海裡頭,預備着元宵節和烟九日請皇上看烟火哪。

---

① 哈達門:崇文門又稱海岱門,諧音爲"哈達門"。
② 够:够。
③ 籌畫:籌劃。
④ 烟九日:農曆正月十九日,舊時北京等地風俗節日。相傳爲丘處機誕辰日(一説其得道日),此日北京人多往白雲觀祭拜丘處機像。

第四十　北京開埠

　　外務部於八月十七日，與美日兩國公使會議北京開作商埠一事。茲悉議訂，俟駐京各國兵隊撤退後即行開辦。其一切章程，八月二十七日會議尚未議妥。

　　八月十七，外務部和美國、日本國兩國公使會議北京開辦通商的事情。現在聽說是這麼商量的，等着各國在北京駐着的兵隊撤退之後就可以開辦。所有那一切章程，八月二十七會議還没商量妥哪。

第四十一　拿獲烟犯

　　二十四日，内城西局委巡捕三人，將拿獲開設烟館之犯三人解交工巡總局審辦。犯内有一喇嘛。凡京中僧道吸大烟者甚多，聞此喇嘛之醜態，能不赧顔哉！

　　二十四這一天，内城西局派了三個巡捕，把拿着開煙館的三個犯人送到工巡總局去審辦。那三犯人裏頭，有一個喇嘛。這京城裏出家的人，吃大煙的很多，聽見喇嘛這樣的頷磣①事，臉上還不害羞麼。

第四十二　假煙受窘

　　菓子市每日清晨有發賣孔雀洋烟者。近因京師一帶孔雀煙銷路甚廣，以致偽造孔雀烟在該市出售，魚目混珠。日前被英國人在菓子市將售假孔雀烟之攤盡行摔砸矣。

　　菓子市天天兒早起，有賣孔雀紙煙的。近來因爲北京一帶孔雀烟銷路很

---

①　頷磣：寒磣。

廣，可就有假造孔雀烟的，在菓子市出賣。前幾天有一個英國人，在菓子市把一個賣假孔雀烟的攤子全給摔砸了。

第四十三　煤油公司

烟台有西人將建大煤油棧房一所，俱用方石砌成，估價十萬餘金，已歸日商有馬公司包辦。該公司前造日本領事館署，工程甚爲堅固，西人是以信之也。

煙台地方兒，有西洋人要蓋一個大煤油棧房，都要用方石頭砌成，估價總得十萬多兩銀子。這個工程，已經歸日本有馬公司包去了。那個公司，上回蓋日本領事公館，工程很堅固，所以西洋人信服他。

第四十四　定期團拜

各部院衙署，每屆新歲均擇定吉期，各司員謁見堂官。茲聞吏部、兵部定於月之初四日，户部、工部於初六日，刑部於初二日團拜。蓋是期該部院定當增一番熱鬧也。

各部院衙門，每到了新年，都要挑好日子，各司官見堂官拜年。現在聽見説，吏部、兵部定規的是本月初四，户部、工部定規的是初六，刑部定規的是初二，這叫團拜。想這一天各部院，一定該當另有一番的熱鬧。

第四十五　車站失銀

日前，京師西月墻火車站於保定來車之際，有搭客某甲携帶白銀百兩，在該站碼頭不知被何人竊去。某甲無法可施，惟有涕泣而已。寄語行客務當慎之。

前幾天，北京前門外頭西月墻①火車站，在從保定府來車的時候兒，有一個客人帶着一百兩銀子，在那個火車站不知道叫誰偷了去了。那個人没有法子，不過哭哭啼啼就是了。告訴客人們，總得多留神罷。

第四十六　印兵鞭人

前門外東月墻車站水關門首，有印兵把守，原爲稽查漏税等情。無奈印兵不通華語，遇有行人，即用鞭擊；雖有買車票者，亦不放行。寄語行旅，務宜防之。

前門外頭東月牆火車站，那個水關牆豁子②，有印度兵把守着，原是爲查漏税的事情。無奈印度兵不懂得中國話，遇見有人打那兒過，他就拿鞭子打；雖然有買車票的，他也不放過去。告訴走路的人，要小心着。

第四十七　羊肉作僞

近日京中牛羊豕各肉，價值與往年比較又增一倍；而各羊肉舖常有以山羊之肉冒③作綿羊之肉而售賣者。然山羊之肉味羶而少脂，昔日諱售之，今則銷行殊多，魚目混珠，不可不察也。

近來京裏頭的牛羊猪肉，價錢比往年長上一倍去；可是各羊肉舖，常拿山羊肉當綿羊肉那麽賣。那山羊肉很羶，而且也不肥，從前都是藏着賣，如今賣的很多，像這麽混攙④和，不可以不查的。

---

① 西月墻：清朝北京前門外城樓和箭樓之間，東西各有一半月形的城墻，在西邊的即爲西月墻。
② 豁子：拆開一段城墻以便通行的豁口兒。
③ 冒：冒。
④ 攙：掺。

第四十八　孝敬壽品

內務府六堂及內總管銀庫等四十餘處,呈進萬壽禮物,共百二十品,於初一日一點許抬至顧①和園,皇太后均賞收,並云"我如不收,你們亦不易退,不如暫且收下"等語。

內務府六堂和內總管銀庫,有四十多處,呈進萬壽禮物,共總②是一百二十樣,初一的一點多鐘,抬到頤和園去了,皇太后都收下了,還說:"我若是不收你們的,你們也不容易往回裏退,不如暫且收下就是了。"

第四十九　深惡洋習

日前,有自某省入京引見之員,述及某中丞,非常古道,痛惡洋習。遇有屬員稟見,衣服稍欠寬大者,必頻加白眼,即對其他屬員云"我最不願中國人穿窄袖衣服,學外國人之皮毛"云。

前幾天,有從某省來京引見的官,提起那省的巡撫,非常的古道,很不喜歡洋習。若是有屬員稟見,衣服稍瘦一點兒,他必多釘③兩眼,回頭和別的屬員說:"我最不願意中國人穿窄袖的衣服,學外國人的皮毛。"

第五十　履冰者戒

崇文門外至東便門之護城河,常有染線匠人將冰鑿開一孔,以便滌洗絲線。日前,有某甲由河北向南而行,甫至中間,誤落孔內。幸經多人撈救,不然

---

① 顧:頤。
② 共總:總共。
③ 釘:盯。

葬於魚腹矣。

哈達門外頭到東便門的那一道護城河,常有那染線的人,把冰鑿開一個窟窿,為的是洗絲線。前幾天有一個人,打河的北邊兒往南走,剛走到中間兒,一失腳掉在冰窟窿裏了。幸虧有好些個人,把他救上來了,不然就餧了魚了。

第五十一　門禁之由

正陽門由十月初一日起上鎖關城、按時開城一節,茲聞係因浙①江省解餉來京,有賊匪乘夜入城,將餉銀搶掠之事。刻下已經拿獲,送交營務處看押矣。因此嚴城門之禁云。

從十月初一起,前門見天上鎖關城,按着時候開城,是甚麼緣故呢？如今聽見説,是因為從浙②江省解來的京餉,有賊半夜裏進城,把餉銀搶去了。現在已經把賊拿住了,送到營務處看押起來了。因為這個緣故,城門又緊了。

第五十二　蒙商盛況

近日裡外各館,蒙古人之來貿易者益多,而所販各貨較往年價重。如黄油一斤,往年價銀一錢餘,今則三錢餘;他如毡片、皮貨、蘑菇、野雞、野猫、野猪等類,各價值較往年均重云。

近來裏外館,蒙古人來做買賣的更多了,可是他們販來的客貨,比往年價錢貴。就像黄油,每斤往年不過一錢來銀子,今年三錢多銀子;其餘別的貨物,像甚麼毡子、皮貨、蘑菇、野雞、野猫、野猪這些個東西,價錢都比往年貴。

---

① 浙:底本作"淅"。
② 浙:底本作"淅"。

第五十三　居庸苛斂

　　居庸關爲京師御路,而每日行人絡繹如織。該處有某部稅局,遇有行旅,任意搜驗,雖無私帶之貨,亦必按人索制錢數百文,名曰飯錢;惟有外國人經過,則分文不取耳。

　　居庸關是往北京來的大道,天天兒走路的人接連不斷的。那個地方兒,有一個部裏設立的稅局子,凡過路的人,總要搜查行李甚麼的,雖然沒有帶着私貨,也要勒索幾百錢的,名子叫飯錢;就是外國人打那兒路過,一個錢不要。

第五十四　白晝搶刼

　　前門外牛血胡同於日昨早九點鐘,突有十人皆手持手槍入某甲家,大肆搶掠而去。夫輦轂之下①,白晝之中,竟敢有多人持兇器入室之事,不知地方官亦有所聞否。

　　前門外頭牛血胡同,前兩天早起九點鐘,忽然有十個人,都拿着小手槍,進某人家裏去了,撒開了一搶東西就走了。一個京城的地方,大青白日的,竟敢好幾個人拿着傢伙到人家裡去搶東西,不知道地方官聽見這件事情了沒有。

第五十五　安設電燈

　　北京交民巷一帶,曾有美國商人田貝君呈請外務部立案,准其安設電燈。今魏蕃寶觀察允恭,慨中國利權之外移,特爲稟請商部,安設前門內外電燈,以挽回利權,而便民用。

　　北京交民巷那一帶,有美國的商人田貝先生,報了外務部,准他安設電燈

---

①　輦轂之下:京城。輦轂,本義爲皇帝的車輿。

的那件事情。如今魏道臺，他想中國的利權都到外國人手裏去了，所以特意稟請商部，安設前門裏外的電燈，爲的是收囘這利權來，而且與百姓也很方便。

第五十六　旅順戒嚴

近接旅順友人來函①云：屯紮旅順之俄兵日日操演，近頗戒嚴；其守礮②臺者日以習放大砲爲事，非有憑照，不能近礮臺一步；並每日夜間有俄兵出外梭巡，遠望兵營，電燈如星云云。

近來接到旅順的朋友來信，說是旅順口屯着的俄兵，天天兒操演，防備的很嚴。那守礮臺的兵，見天演放大砲，沒有執照，不能到礮臺近處去。並且天天兒夜裏，有俄國兵出來巡察，遠處一看，那個俄國的兵營，電燈如同星星似的。

第五十七　橋船被撞

北河凍凌順流而下，將停泊船隻及木筏之纜撞斷，皆隨凌擁下；並將新浮橋繩纜撞斷，該橋船一並隨擁而下。在船上之人等，喊救之聲紛紛亂亂。幸有新鐵橋椿柱擋住，未遭大險。

北河冰凌，順着流往下去，把灣着的船和木筏的繩子給撞折了，都隨着冰凌走下去了；并且把新浮橋的繩纜也給撞折了，那浮橋的船，也跟着冰走下去了。在船上的人，亂七八糟的直嚷救人。幸虧新鐵橋的柱子給擋住了，沒鬧大亂子。

第五十八　懸賞緝匪

十月三日，有馬姓在王皮胡同春喜班住宿，被人刺傷。查正兇秦長庚業已

---

① 凾：函。
② 礮：炮。

在逃,中城司特懸賞格①:如有人獲得該兇手到司者,賞銀伍拾兩;知根報信,獲得訊實者,賞銀三拾兩云云。

十月初三,有一個姓馬的,在王皮胡同春喜班過夜,叫人給刺傷了。那個兇手名字叫秦長庚,已經在逃了。中城司特意懸出賞格來,説是若是有人把那個兇手拿到衙門來,賞銀五十兩;若是知情來報信,拿着那個兇手,問實在了,賞銀三十兩。

第五十九　貢品紀盛

向來各省呈進貢差者,廣東、福建、四川、安徽等省,按年呈進橙子、橘子、白蠟②、茶葉等類。聞本月二十一日,内務府已將廣東省解交橙子、橘子各物呈進兩宫。蓋解貢委員不日領有囘批,即當返省也。

向來各省呈進土貢,那廣東、福建、四川、安徽這些省,按年呈進橙子、橘子、白蠟、茶葉這些個東西。聽説本月二十一,内務府已經把廣東送來的橙子、橘子都呈進宫裏頭去了。那解貢的委員,不久領了囘批③,就可以囘省銷差去了。

第六十　販賈之言

有販牛者,同民馬姓,近日由口外喇嘛廟地方到京。據言,喇嘛廟地方向有販牛羊之市,近有俄國人多名,由滿州地方來廟,買取牛羊甚多,勒索不容議價。販者稍有置辯,俄人即以暴行加之。

有販賣牛的囘囘姓馬的,新近從口外喇嘛廟地方兒到京裏來。據他説,喇嘛廟地方兒向來有牛羊市,近來有很多的俄國人,從東三省到喇嘛廟來,買的

---

① 賞格:懸賞所定的報酬條件。
② 蠟:底本作"臘"。
③ 底本作"批回"。

牛羊很多,可是硬買,不容説價錢。若是賣牛羊的稍微的一辯論,俄國人就動利害。

第六十一　庫倫①商情

有自庫倫來京者,據云,該庫倫地方,有某國銀行一處,已數年矣,所出銀票在該處周行,爲數甚鉅。近來某銀行執事者潛踪回國,所有銀票皆成廢紙,以致庫倫貿易之家大半歇業云云。未知確否。

有從庫倫到京來的人説,庫倫那個地方兒,有一個外國銀行,已經好幾年了,所出的銀票,在那兒行使的也很多。近來那銀行的掌櫃的,偷着回國去了,所有的銀票,都成了廢紙了,所以庫倫買賣家,多一半兒關閉了。不知道真不真。

第六十二　驊騮②開路

近日蒙古人來京貿易,寓於内外館者,日漸加多;而販來駝馬等畜,價甚平廉,且又適用,與京中販馬者指齒老或有病不堪之劣馬妄稱良馬以惑購者不同。有馳騁③之興者,其勿失此好機也。

近來蒙古人到北京來做買賣,住在裡外館的,一天比一天多;而且所販來的駱駝、馬這些個牲口,價錢也很公道,又很得用,不像北京的馬販子,拿那個又老又病的儳頭馬④,硬説是好馬,賺⑤人錢。愛養活牲口的人,可別錯過這個好機會去。

---

① 庫倫:今蒙古首都烏蘭巴托的舊稱。
② 驊騮:泛指駿馬。
③ 騁:底本作"聘"。
④ 儳頭馬:不中用的馬。《語言自邇集・談論篇百章之三十三》:"儳 ts'an⁴,輕蔑的樣子;儳頭 ts'an—t'ou,説人,是指傻瓜,這裡只説外表可憐,不中用。"(威妥瑪《語言自邇集》,張衛東譯,北京大學出版社,2002 年版,第 237 頁)
⑤ 賺:賺。

第六十三　紅顏薄命

　　月之二日，五城①在果子巷口內羊肉胡同會驗一案，聞係巷內中書科沈宅之愛妾三人，於上月二十九日夜間均仰洋藥，同斃一室，未解何故。其亡妾有母家者，恐不能安於緘默。不知始終作何了結。

　　這個月初二這天，五城在果子巷裡頭羊肉胡同會同相驗一案，是胡同裡頭中書科沈宅有三個妾，上月二十九夜裡頭，都吞煙死在一個屋裡了，不知道甚麼緣故。這個妾有娘家的，恐怕不能平安無事罷。不知道將來是怎麼個了結。

第六十四　同時自盡

　　羊肉胡同沈某姬妾三人同時自盡，已紀前段。若非淫兇之極，彼弱質女流，何不自惜命至此。乃錢可通神，竟得安然無事。人謂中國刑律過重。夫刑律者，原以懲兇暴而保全良懦者也。今良懦無告之人，死可不問，兇暴有錢者，犯罪無妨。尚謂有刑律哉？重於何有？

　　羊肉胡同姓沈的家，有三個妾，都在一個時候兒自盡了。這一件事，前段上已經提過了。若不是淫兇到了極處，像那樣兒的軟弱的婦女，怎麼能這麼不愛惜他們的性命呢？誰知道錢能通神，姓沈的竟自②平安無事。人家都說，中國的刑律太重。所以設立刑法的緣故，原為的是懲治兇暴，保全良善的意思。如今這樣兒良善無倚無靠的人，就這麼死了沒人管，那兇暴有錢的人，犯了法也不治罪。這還算是有刑法麼？刑法重在那兒呢？

---

① 五城：五城兵馬司，負責緝捕盜賊、維持治安等事務。
② 竟自：竟然。

第六十五　羊商日疲

德勝門外爲售羊集市，所有歷年口外客商所販賣羊隻，共有五六十萬。自庚子後，口外客商賠累①甚巨。詢其緣由，係因東西口外之草地盡皆開墾成熟，以致牧放牲畜，諸多滯碍，羊隻不能茁壯所致云。

德勝門外頭，是賣羊的羊市，所有那些年口外的客商販來的羊，總有五六十萬隻。自從庚子年之後，口外的客商賠累的利害。甚麼緣故呢？因爲東西口外的草地，都開墾成了莊稼地了，放羊很不方便，羊都不能肥大，就是這個緣故。

第六十六　發放票存

恒和錢舖自關閉後，迄未開市。今由該舖東汪佩臣呈明步軍統領衙門，於八月二十七日至九月十三日，暫在步軍統領衙門左側真武廟內，發放由一兩至五兩票存之銀，其六兩以外之票存，皆不發放云。

恒和錢舖，自從關閉之後，到如今沒開。如今那個舖子的東家汪佩臣，在提督衙門禀明了，從八月二十七起，到九月十三止，暫且在提督衙門傍邊兒真武廟裏發放銀子，由一兩到五兩的票存，都給銀子，那六兩以外的票存都不給。

第六十七　水關加慎

前門東之水關往來行人日多一日。紫門洋兵因恐瀜車來時傷人，禀明隊長，故每日於天津車到時，概不准出入，平時可隨意往來；車站之栅欄亦然。較

---

①　賠累：做買賣虧本。

之京保車站，慎重多矣。

前門東邊兒的那個水關，往來過路的人，一天比一天多。那閘門的洋兵，恐怕火車來的時候兒傷了人，稟明隊長了，見天在從天津來的火車到的時候兒，一概不准人出入，火車不來的時候兒，可以隨便人往來；火車站的柵欄兒，也是這麼樣。比京保的火車站，慎重多了。

第六十八　鵝眼①又見

近日市面私錢充斥，每當十錢一吊內有私錢三百餘。而銀價亦增：每銀一兩，易錢十三吊三百餘；銀錢一圓，易錢九吊八百；若易大個錢，則每銀一兩，僅值錢十二吊五百；銀錢一圓，僅值錢九吊四百文云。

近來街面兒上，私錢很多，每一吊當十錢裏頭，總攬這麼三百多私錢。可是銀子的行市也長了：每一兩銀子，換十三吊三百多錢；一塊洋錢，換九吊八百錢；若是換大個兒錢，每一兩銀子，不過換十二吊五百錢；一塊洋錢，不過換九吊四百錢。

第六十九　女師赴蒙

蒙古喀拉沁王聘請日本女教習河原氏，定於本月二十五日起程，往喀拉沁教導之所。以後蒙部婦女得其啓迪，人才興起，不獨蒙古之幸，實中國之幸。蓋婦女若有學問，則家教之功，尤切於父兄之訓教子弟云。

蒙古喀拉沁王，聘請日本女教習河原氏，本月二十五起身，到喀拉沁去。後來那蒙古部落的婦女，得了這樣兒的教化，必可以出很多的人才，不但是蒙古的福，也是中國的造化。因爲婦女若有學問，在家裏教訓子弟，比父兄還要緊哪。

---

① 鵝眼：古代一種劣質的錢，錢孔小如鵝眼，故名。

第七十　醵①錢修屋

草廠二條有母女三人,專以與人鍼澼爲生。日前因失火,將房屋及物件焚去。該母女慮無以賠之,遂均服洋藥而死,當時救活其女一人。現該處舖户、住户均憐其貧,醵資爲其修理房屋云。

草廠二條胡同,有母女三口人,竟給人做針線活過日子。前幾天因爲着火,把房子和東西都燒了。他們母女發愁,想着没法子賠人家,這麼着就都吃大煙死了,當時救活了一個姑娘。現在那個地方兒的舖子和住家兒的,都可憐他們窮,湊錢給他們修理房子。

第七十一　女閭一厄

近有某部大臣微服冶遊,不顧九重之慮,只圖一己之娛,乃爲台諫指名奏劾。現各地方官奉上憲札交,所有妓館、曲班等處,嚴行禁止。夫妓館、曲班,屢禁屢開,若無訂定章程,恐不久仍爲具文②也。

近來有某部的大臣,穿着便衣,外頭攪去,不顧皇上憂國之心,就圖自己做樂,叫御史指名參了。近來各地方官奉了上司的交派③,所有窰子和曲兒班子這些地方,嚴嚴的禁止。那窰子和曲兒班子,屢次禁止屢次開,若不定出好章程來,恐怕日子多了,還是空話一樣。

---

① 醵(jù):湊集。
② 具文:徒有形式而無實際作用的空文。
③ 交派:分派,吩咐。

第七十二　一言蔽之

　　日前有甲乙二人，在花兒市某茶社談及武科場之事。甲曰："武場中各省士子各有所長。北京的箭好，河南的刀好，天津的弓好，山東的石頭好。"乙聞之，笑曰："據我看，還是外國的砲好。"言未竟，同座者闐堂大笑。

　　前幾天有倆人，在花兒市一個茶館兒裏談起武場的事情來了。一個說："這武場裏考試的，各有所長。北京的箭好，河南的刀好，天津的弓好，山東的石頭好。"那個聽這個話，就笑着說："據我看，還是外國的砲好。"這句話還沒說完哪，同座的人都闐堂大笑。

第七十三　川漢鐵路

　　四川旅京及各埠商人，稟請商部承修川漢鐵路，共計章程二十條。計自漢距蜀四千一百餘里，所需經費五千萬兩，專集華股。其一切用人運料，統用中國自己者，以免利權外移等語。尚未知商部如何批示。

　　在北京和各口岸的四川商人商量，稟請商部，要承修川漢鐵路，共總訂了二十條章程。從漢口到四川，通共四千一百多里地，得用五千萬兩的經費，專招華股。所用一切用人運料，都要用中國自己的，免得利權到外人手裏。還不知道，商部是怎麼樣批下來呢。

第七十四　市景蕭條

　　每屆年終，正陽門大街各衢巷繁華異常，而擺攤售物者，亦日見暢盛。惟今歲各衢巷設攤，生意甚覺蕭條，而售賣桃符及紙畫者僅一二家；士林以筆墨爲生涯者，亦止四五處，較昔年甚屬清肅。詢係時事所迫也。

　　每到了年底，前門外頭大街小巷繁華極了，擺攤子賣東西的，也是一天比一天多。獨今年各條街、各胡同兒，擺攤子做買賣的很蕭索，就連賣門神、賣畫兒的，不過纔一兩家；念書的靠着筆墨挣錢的，也不過有四五家，比往年蕭條的很。實在是年景不好的緣故。

第七十五　輦轂萑苻①

日昨有商人李某，由通州來京販買貨物，身邊帶有洋銀一百二十元。行至東便門外，突有二人將李某截住，一人手携小洋槍，一人將李某所帶之銀元盡行搜去，投入賊囊。聞李某來京時，已在坊呈報矣。

前幾天，有一個買賣人姓李的，打通州來京辦貨，身上帶着有一百二十塊錢。走到東便門外頭，忽然來了倆人，把姓李的給截住了，一個人手裏拿着一個小洋槍，那一個人就把姓李的所帶着的洋錢全搜了去，入了賊的腰櫃了。聽説是姓李的到了京裏，已經在坊裏報了。

第七十六　光禄開光

光禄寺在東安門②内大街路北，國家每遇慶賀之典，此寺供備筵宴之差。由庚子之變，寺署堂舍拆毀之處甚多。近經本寺奏請籌款修理，寺署、堂司、門牆、庫厨等處皆已修整復舊，粉壁朱楹，焕然一新云。

光禄寺衙門，是在東華門裏頭大街路北，國家每逢有慶典的時候兒，那衙門管豫備③筵宴。自從庚子年變亂，那個衙門裏大堂群房，都拆毁的很多。近來有那衙門的堂官籌款修理，所有那衙門裏的大堂、司堂、門牆、銀庫、厨房這些個地方，都已經修理好了，可謂是焕然一新。

---

① 萑苻：春秋時鄭國沼澤名，因其地蘆葦茂密，多有盗賊出没，後代指盗賊、草寇。
② 東安門：與紫禁城的東華門隔護城河相對，1912年被毀。
③ 豫備：預備。

第七十七　徒餔餟也

　　京師風俗，每逢各節，而王公鉅卿必互相送禮，已成舊例。於日前初八日早，竟有各宅僕人肩擔瓷罐二枚，內盛菓粥，彼此相贈，名曰臘八粥。當被某學生瞥見，問其塾師曰："臘八粥出於何書何典？"塾師答曰："即孟子所謂'徒餔餟也①'。"

　　北京的風俗，每逢到了年節，各王公大臣，必要彼此送禮成例了。本月初八早起，有各宅裏的底下人，挑着兩個罐子，裏頭裝着果粥，那個粥叫臘八粥。有一個學生看見了，就問他的先生："這臘八粥，出於何書何典？"先生説："那就孟子説的'徒餔餟也'。"

第七十八　認領失兒

　　印度馬戲班人所買各小兒，自被工巡總局收留後，若有小兒之父兄等，可來局認領。日前有來局認領失兒者，令其見各兒相認，詎②各兒內無一是其子者。無怪乎各處有尋失兒女告白③者之多云。

　　印度馬戲班子的人所買的那幾個小孩子，叫工巡總局收留之後，若有小孩子的父親、哥哥甚麼的，可以到局子來認領。前幾天有一個人，到局子來認領，就叫他看了一看那一個是他的孩子。誰知道他看了會子，那裏頭没一個是他的孩子。這就不怪各處有找孩子的告白很多了。

---

　　①　徒餔餟也：語出《孟子·離婁上》"孟子謂樂正子曰：'子之從於子敖來，徒餔啜也。我不意子學古之道，而以餔啜也。'""餔"指食，"餟"指飲，大意爲只是貪求飲食罷了。餔，底本作"舖"。
　　②　詎：豈知，哪料。
　　③　告白：聲明或啓事。

第七十九　諭令清道

　　步軍統領左翼總兵諭巡捕營官員云，現在前門外正陽橋一帶，售食物者甚屬擁擠，車馬偶然麇①集，即不便開行。今將在該處左近②一帶者一律驅逐，不準在該處擺設，皆令其移至橋之兩傍云。聞刻間車輛往來，均覺甚便也。

　　步軍統領衙門左堂交派巡捕營官員，說是現在前門外頭正陽橋那一帶，賣吃食的都擠滿了，偶然車馬來的多，就開不過去。如今把那個地方兒左近一帶賣東西的都趕③開，不准他們在那兒擺攤子，叫他們都挪到橋的兩邊兒去。聽說現在往來的車輛，鬆通多了。

第八十　商報購機

　　商報館擬購北洋官報局腳踢小機器一部，先行運京，以便刷印出報。然該價尚未議妥。茲悉該機器係日本人某氏之物，原擬售與北洋官報局留用，官報局未允購買，遂寄存局中。今爲商報館所購，可謂物逢其主矣。

　　商報館打算買北洋官報局的腳踏小機器一副，先運到京裏來，爲的是刷印出報。可是那價錢，還沒商量好哪。如今知道了，那個機器，是日本人某人的東西，原來打算賣給北洋官報局留着用，官報局沒肯買，就寄放在那局子裏了。現在商報館買了去，可以算是物逢其主了。

---

① 麇：麇，成群。
② 左近：附近，鄰近。
③ 趕：轟。

第八十一　剪綹①獲局

西頭南頭窰某甲之七齡幼女，日前在門外遊玩，遇見剪綹穆七，誘女於無人之處，將女之手鐲、兜肚練均行摘去。正在竊物而逸之際，被甲瞥見，當即緝獲，送由第三局，將穆轉送總局懲辦云。

西頭南頭窰的地方兒，有一家有一個七歲的小姑娘，前幾天在門外頭閒趨達②，遇見有一個小綹③叫穆七，把那個姑娘誆到一個沒人的地方兒去，把姑娘的鐲子和兜肚練子都摘了去了。他偷到手正跑着哪，叫姑娘的父親看見了，當時就把他拿着了，送到第三局去，打那麼④又把他送到總局去辦他。

第八十二　礦苗發露

順天府西路廳涿屬內有三坡地方，秀山峻陵，各種礦苗無不完備，惟金銀礦苗更覺發露。聞於今春有英國礦師偕同華人前往察看，囘云："刻下該處之礦苗如此發現，可謂地不愛寶矣。"但不知總理礦務者將何以處此。

順天府西路廳，涿州的地面，有一個三坡地方，山嶺很秀，各樣的鑛都有，那金銀的鑛苗，所⑤露出來了。聽見說今年春天，有英國的鑛師同着中國人到那兒看了一囘，他囘來說："現在那地方兒的鑛苗，這麼樣兒的露出來，足見地不愛寶。"可不知道，總理鑛務的官該當是怎麼辦。

---

① 剪綹：偷竊錢物，這裏指扒手。
② 趨達：溜達。
③ 小綹：扒手。
④ 那麼：那裏。
⑤ 所：完全，徹底。

第八十三　兩煤交換

北京硬煤每百斤合洋六角,煤球僅合洋四角,而運至天津均可售洋一元以外。而燒洋爐之烟煤,則天津之售九元一噸者,北京須售九兩有奇。故兩種之煤此往彼來,每日大車必有四五車相交換者,亦交易之兩得其宜者也。

北京硬煤,每百斤合六毛錢,煤球兒不過四毛錢,可是運到天津去,都可以賣這麼一塊來錢。那外國火爐子燒的烟煤,天津賣九塊錢一噸,北京總得賣九兩多。所以這兩樣兒煤,這樣去那樣來,天天兒火車總有四五車來回的兌換,這也是彼此交買賣,兩上算的事情。

第八十四　荷枷示衆

某尚書與某邸、某尹憲之轎夫,與某木廠因索費爭訟。茲聞係因修正陽門工程,該轎夫等向木廠索取花費,以致互相用武,當被巡兵扭至安定門內大佛寺後,巡捕總局將該轎夫等枷號①示衆。

有一位尚書和一位王爺,還有一位府尹,這三個宅子裏的轎夫,因為和一個木廠子要花銷,鬧起來打了官司了。現在聽説,是因為修理前門的工程,那些個轎夫和木廠子要花銷,彼此打起架來了,叫巡兵把轎夫拿住②了,送到安定門裏頭、大佛寺後頭那個巡捕總局去,把那些個轎夫都枷號出來了。

第八十五　酗酒互鬭

東單牌樓二條胡同有外國酒館一區,於日前日暮時,有某某國二洋人在内

---

① 枷號:舊時將犯人上枷標明罪狀示衆。
② 住:底本作"任"。

飲酒，不知何故，彼此齟齬，旋即散去。頃刻之間，各率洋兵數十人，對面施放洋槍，以致各舖家家閉户，行路之人皆匆匆避去。不知如何了結。

東單牌樓二條胡同，有外國的酒館子，前兩天旁黑①的時候兒，有某某兩國的人，在裏頭喝酒，不知道甚麼緣故，彼此說岔了就散了。不大的工夫兒，彼此帶了好幾十個洋兵來，對面一放洋槍，所以各舖户人家，都關上門了，走路的人，也都快快兒的躲開了。不知道後來是怎麼完的。

第八十六　雍於上達

昨有某星使，將關外鐵路情形繪成全圖二份，擬送俄皇一份，呈進御覽一份。被某邸阻止，恐兩宮見此鐵路全圖形勢，益增宵旰②之憂。如某邸者，可謂兩宮之藎臣③矣。無惑乎遠東之事，如此岌岌，而兩宮猶安然也。

新近有一位欽差，把關外鐵路的情形畫成了兩份全圖，一份呈進俄國皇上，一份呈進中國皇上。有一位王爺，攔住不叫遞，怕是皇太后、皇上看見這個全圖，心裡更憂愁了。像這位王爺，真算是皇太后、皇上的忠臣。這就不怪東三省的事情，這麼樣兒的危險，皇太后、皇上還平安無事哪。

第八十七　用銀多弊

此次户部銀庫被焚，爐餘之銀及銀元皆鎔化④一團，悉交鑪房，傾鎔成錠。鑪房⑤以來銀本非淨質，有所藉口，任意攙雜。故本季所放官俸，銀色低潮⑥殊甚，有每百兩須去色十五六兩者。用銀之弊，一至於此。

---

① 旁黑：傍黑，天將黑的時候。
② 旰：底本作"旴"。宵旰之憂：帝王的憂愁。宵旰，即宵衣旰食，形容帝王勤政，也多借指帝王。
③ 藎臣：忠臣。
④ 鎔化：熔化。
⑤ 鑪房：清朝收驗、化鑄銀子的店舖。
⑥ 低潮：銀子的成色低。

這回户部銀庫着火，燒壞了的銀子和銀錢，都化成了一團子了，可就都交給爐房，叫他們化成元寶錠。那爐房因爲送來的銀子本來不乾淨，就藉着這個機會，往裏頭混攪雜。所以本季放給官員們的俸銀，成色不好的利害，每一百兩銀子，總得去十五六兩的成色。用銀子的毛病，這麽樣兒的利害。

第八十八　載鬼一車

昨有某國兵丁，因出城游玩，見有酒館，遂即投入飽飲。但各無大量，均爲酒困，以致舉步維艱。酒館主人因天時太晚，恐有別故，僱得馬車一輛，將兵丁等挾入車内，囑車夫送至城内。聞至崇文門已六鐘矣。

昨天有外國兵丁，出城逛去了，看見一個酒館子就進去了，撒開了一喝。可是酒量兒又都不大，全都醉了，邁不開步兒了。那酒館子的掌櫃的，因爲天太晚了，恐怕弄出別的緣故來，就雇了一輛馬車來，把那個兵都攮在車裡頭去了，告訴趕車的，把他們送到城裡頭去。聽見説到了哈達門，已經六點鐘了。

第八十九　各部總署

自庚子亂後，有某商在東四牌樓開設餘園飯莊，門常如市；後移東四牌樓北三條胡同，大爲改良，車馬盈門，較從前更覺一番熱鬧。近日尤爲通宵大宴，大小臣士出入其門者，不可勝計，直可謂各部之一總公署矣。

自從庚子年亂之後，有一個買賣人，在東四牌樓開了一個餘園飯莊子，門口兒熱鬧極了；後來挪到東四①牌樓北邊兒三條胡同去，又這麽一改樣子收拾，車馬盈門，比從前更熱鬧了。現在竟自整夜的宴會，大小官員出來進去的，直不知道有多少人。這個地方兒，可以算的是各部的一個總衙門了。

---

① 四：底本作"西"。

第九十　倉内偷米

近來太平倉場監督查辦甚嚴，無如車户，憝不畏法。日前車户李珍，即李大下巴，並張某，仍敢偷米，俗呼之札喇叭。當被糧廳查知，每人重責十板。聞張某被責時，向皂役①暗伸五指，雖責十板，亦不疼痛，可謂錢能通神矣。

近來太平倉場，監督查倉很嚴，可是那趕車的，向來不怕王法。前幾天有一個趕車的，叫李珍，外號叫李大下巴，還有一個姓張的，他們還是敢偷米，這樣兒的人叫札喇叭。叫糧廳知道了，每人重打十板子。聽說那個姓張的，挨打的時候兒，向皂隸伸了五個指頭，雖然打了十板子，可不疼，真是錢能通神。

第九十一　刼匪膽大

户部科房王某，於前晚十二點鐘，在東華門串親②賀喜而歸，醉臥車中。行經宗人府夾道，遇匪攔截，將衣帽、時表等件悉行劫去。車夫先遁，某被驚而醒，幸頗習駕駛，忍寒驅車而返，然已戰栗無人色矣。

户部科房裏，有一個姓王的，前兒個夜裏十二點鐘，在東華門一個親戚家道喜去，囘來的時候兒，喝醉躺在車裏頭了。車打宗人府夾道子③走，遇見賊把車給截住了，把衣裳、帽子、表甚麼的，都搶去了。趕車的先跑了，那個姓王的叫這一嚇，酒也醒了，好在他會趕車，忍着冷，自己趕着車囘來了，可是嚇得連魂都没了。

---

① 皂役：舊時官衙中的差役。
② 底本作"親串"。
③ 夾道子：屋子或院墻之間的狹窄通道。也説"夾道兒"。

第九十二　請設銀行

現有王君向在歐美各國游歷有年，理財之學頗識其端倪。聞日昨稟請商部大臣，整頓市面，痛除積習，將無保之錢舖全行裁撤，彷照各國開設銀行，以期上下交行，庶可免倒閉逃逸之弊。未悉商部大臣肯批准否。

現在有一個姓王的，向來到歐洲、美國游歷有好幾年了，那理財的學問，也很得着些個。聽說前兩天，他稟請商部大臣，要整頓市面，把從前的舊習氣都要除了，把那沒有保家的錢舖全都要裁撤，仿着各國開設銀行的規模，可以彼此通行，免的有那關了錢舖不給錢的事情。不知道商部大臣批准了沒有。

第九十三　一紙風行

自正金銀行通行鈔票後，一紙風行，人爭艷羨。近聞本埠華俄銀行，現亦行使十元、五元各種鈔票，與該行往來者，概以此票爲支付，取携甚便，人皆信用不疑，久之獲利當必不少。又聞該行亂前既行使鈔票，今不過推而廣之耳。

自從正金銀行開出銀票之後，所興開了，人都很羨慕。近來聽見說，這本地華俄銀行，也開十塊錢、五塊錢的銀票，和那行裏交往，都用這樣兒的銀票，帶着甚麼的都很方便，人也都信這個票子，趕日子多了，賺的錢一定不少。還聽見說，在變亂之前，那銀行就用過這個銀票，如今不過是擴充就是了。

第九十四　另給執照

現由肅邸照會各國公使，凡西人夜間出城，均另給執照，且各使署及兵營定章，晚十一鐘後，非奉公不得擅出。故飭前門司管鑰者照章啓閉，凡西人貪夜強行叫門者，皆可置之不理。而華人之附西人而行者，更無技可施矣。

現在由肅親王照會各國欽差，所有各國人夜裏出城，都另外給執照，況且各國公使館和兵營的章程,夜裏到了十一點鐘之後,若不是公事,不能隨便出去。所以肅親王交派前門的門官,按着章程開閉,若是外國人半夜裏有硬叫門的,都不必理他。那中國人跟着外國人一塊兒走的,更没法子辦了。

第九十五　訛詐商民

京都各行生意,登各府宅門首而賣者,均有門包,爲之常例。昨有驢市胡同某府,因買煤,門丁與賣煤者索門包,而賣煤者以價值無多,不肯與之。該門丁倚勢作威,未容分説,三拳兩足即將賣煤者打斃。狐假虎威,草菅人命,可爲慨然。

北京城各行買賣,到各王府、各宅門子賣東西去,都有門錢,這是向來的這麽個例。前兩天驢市胡同有一個府裏,因爲買煤,那看門的和那賣煤的要門錢。那賣煤的,因爲煤錢不多,不肯給他們錢。那看門的,倚仗着主人的勢力,不容分説,就三拳兩脚把賣煤的給打死了。狐假虎威,實在可嘆得很。

第九十六　疏通市面

天津商務公所紳董①甯、卞、王、公四君,曾於津郡各行商董公議,勸商集股二十萬兩,在本所設立商務錢莊,出使銀錢零帖,以便接濟市面。業經妥議,特請胡、鄭二君執掌錢莊事宜,已于上月望日入局任事,將於月之中旬開市出帖云。

天津商務公所紳董姓甯的、姓卞的、姓王的、姓公的四位,和天津一府的各行商董一塊兒商量,勸商人湊二十萬兩的股份,在本公所裏設立商務錢莊,出零票子,爲的是接濟市面。已經商量妥了,請姓胡的和姓鄭的兩位總理錢莊事務,上月十六,都進局子裏去辦②事,本月的月半,可以開市出票子。

---

① 紳董:紳士和董事,泛指地方上有勢力有地位的人。
② 辦:底本作"辨"。

第九十七　日商賣貨

北京祁羅弗洋行與蒙古人最爲聯絡，故每屆年班①，該行必利市三倍。本屆有日本某商，特運各種適觀之物，專備蒙人購用，而價值極廉。復請繙譯數名，携帶貨樣至達子館傳觀，蒙古人皆忻羨不置。日商之長於貿易，於此可見。

北京祁羅弗洋行，向來和蒙古人有聯絡，每逢蒙古年班，到京裹來，他那個行裹，必賺好錢。今年有日本的商人，運了些個各樣兒可觀的貨物，專豫備蒙古人買的，而且價錢也便宜。他還請了幾個繙譯，帶着貨樣子，到達子館賣去，那蒙古人都很愛的了不得。日本商人善於做買賣，由這上頭，就可以看出來了。

第九十八　茶商會議

北京各茶葉店因鮮花價漲異常，各茶行公議，所售茶葉概免花薰。茲聞各茶行自免薰花之後，生意較前頓減。嗣經某甲調停，仍令售花者按照前價核算，始評論妥協，照常出售。聞刻下各茶行，生意較前尤爲繁盛矣。

北京各茶葉舖，因爲茉莉花價錢長的太利害，各茶葉舖公議，所有賣的茶葉，全都不用茉莉花薰。現在聽見說，各茶葉舖，自從不用茉莉花薰之後，買賣咯噔不如從前了。後來有人給他們說合，叫花兒廠子還是按着從前的價錢那麼算，給他們這麼說好了。聽見說脚下各茶葉舖，照舊的用茉莉花薰，茶葉買賣更好起來了。

---

① 年班：清制，蒙古王公及喇嘛等於每年十二月十五日以後、二十五日以前分班至京師參加元旦朝賀，稱爲"年班"。

第九十九　商部近聞

　　探聞商部日前傳見北京金商等到署內，擬令該商將其資本若干報明，由商部代爲保存，每年應納款若干，作爲報効。據該商人等云："本商資本無多，儘可自保。如部中有發商生息之款，商人却可代理。至於報効一層，商人無此力量"等語。

　　聽説前幾天，商部把北京的銀商傳到衙門去了，打算叫他們把自己的資本是多少報明白了，由商部替他保護，每年應當交衙門多少錢，做爲是報効。那些個商人説："我們的資本不多，很可以自己保護。若是您這衙門，有發商生息的銀子，我們倒可以代辦。至於説報効的這一節，我們沒有這個力量。"

第一百　英界火警

　　英租界新盖之華俄道勝銀行，規模雄偉，極爲壯觀，爲天津各國租界中樓房之冠。修盖幾及三年，工尚未竣。乃忽於初四晚一點鐘時候，不戒於火，鳴鐘吹哨，急爲報警。火勢猛烈，烟燄①飛騰，直至昨早火始熄。所有新修之樓房，均付之一炬矣。

　　英國租界新盖的華俄道勝銀行，規模很大，頂壯觀了，在天津各國租界裡頭的樓房，那算是屬第一了。蓋了快三年了，還没完工哪。忽然初四這一天晚上一點鐘的時候兒，走了水了②，連打鐘帶吹哨子，趕緊的報火警。那個火很利害，滿天都是烟，直到昨兒早起，火纔下去了。所有新蓋的樓房，全都燒了。

---

①　燄：焰。
②　走水：避諱語，指失火。

第百零一　利在其中

京師自設火車以來，人人稱便；所有車價一節，令人不能索解。近來由東便門至通州火車，買票每人洋錢二角半，其價可謂廉矣。然買票之際，必須大洋一元，找出小洋七角半。如以小洋買票，並不賣給。細爲核算，雖云二角半，實合大當十錢四吊有奇云。

北京自從有火車，人人兒都説方便；所有車價的一節，叫人難明白。近來從東便門到通州去的火車，每一個人車票兩毛半，可也算是便宜了。可是買票的時候兒，總得給一塊大洋錢，找囘七毛五小洋錢來。若是拿小洋錢買票，簡直的不賣。細這麼一核算，雖説是兩毛半，實在合當十錢四吊多錢。

第百零二　請設京局

有某洋商擬在京設立製造局，延攬①華人肄習工藝，教授製造槍砲藥彈等事。所有建造房屋及一切工料貲本，均由洋商自行籌備，請中國簡派大員督理。如將來願歸中國辦理，只籌還設局成本，概不計利。稟經袁宮保，飭其赴商部請示矣。

有一個洋商，打算在北京安一個製造局，招中國人習學工藝，教給中國人製造槍砲彈藥甚麼的。所有蓋房子一切的工料本錢，都是那洋商自己備辦，請中國派一個大官督理。若是將來願意把這個製造局歸中國辦理，不過就還他安製造局的本錢，不要利錢。這件事稟了袁宮保了，叫他和商部商量去了。

---

① 攬：底本作"擥"。

第百零三　紀萬億廠

萬億廠爲蒙古王公商賈來京居止之所，其廠在裡館，境爲外國區域所佔。該廠商乃於東安門內、北池子北首設廠修屋，豫備京貨，以與蒙人交易。而蒙古商賈人等，已有運貨來京者，寓於廠內，而裡館即移於是處云。

萬億廠是蒙古王公和做買賣的到北京來住的地方兒。那個廠子，原先在裡館，現在那個地方兒，叫外國人圈進去了。那個廠子的掌櫃的，就在東華門裏頭、北池子北頭兒，開了一個廠子，蓋的房子，豫備京貨，爲的是和蒙古人交買賣。那蒙古做買賣的人，已經有運貨到京來的，住在那個廠子裏了，可是那裡館，也算是挪到那兒去了。

第百零四　巡察中飽

昨有前門外某土莊，在長辛店販得各土藥二百四十八包，裝用馬車，繞道而行，意欲偷稅。乃行至阜成門外下關地方，被海巡知覺，將馬車攔阻。某土莊人知不可隱，當付該海巡洋銀五十元，並求其勿再聲張。而某海巡接此銀元，即投入己囊矣。

新近前門外頭，有一個土局子，在長辛店販來烟土二百四十八包，裝在車裏頭，遶着道走，打算漏稅。趕走到平則門外頭下關地方，叫海巡知道了，就把車攔住了。那個土局子的人，知道這個事藏不住了，就給了海巡五十塊錢，求他千萬別露這個事。那個海巡得了這個錢，就入了腰櫃了。

第百零五　捕務可知

　　京師設立五營，内分二十三汛，其宗旨原爲捕盜賊而靖①地方。某夜魚更三躍②，有某甲行至德勝門外、北營參府迤北，突遇强人，手持利刀，將某甲攔阻，意欲行刼。幸某眼快足捷，如飛逃奔而去。參府門外竟如此搶奪，其捕務可知。

　　北京城設立五營，裡頭分二十三汛，大概的意思，原來所爲專拿盜賊，保護地方。新近有一天夜裡，有三更天，有一個人走到德勝門外頭、北營參將衙門的北邊兒，忽然有一個賊，手裡拿着一把快刀，把那個人攔住了，打算要搶他的東西。幸虧那個人眼尖腿快，飛似的就跑了。參將衙門外頭，竟會這麼樣，他們的差使，也就可以知道了。

第百零六　重修要工

　　南海儀鑾殿，最爲貴重之所，各國公使等常於此殿覲見。然此殿自遭燬後，中外人莫不惜之。現在奉旨重修此殿，棟梁之材陸續運至南海，或運至中海之西永佑廟内。承修各商凡二十餘家，先作木工，每日需木匠一百餘人，斧鑿齊施，頗有工師得大木之意云。

　　南海儀鑾殿，是個頂要緊的地方兒，各國欽差常在那個殿覲見。自從遭火災之後，中國人、外國人都很可惜那個地方兒。現在奉旨要修那個殿，所有用的那大木料，陸續都運到南海去了，也有運到中海的西邊兒永佑廟裏去的。應這個工程的木廠子，有二十多家，先作木工，見天總得用一百多木匠做活。

---

① 靖：使安定。
② 魚更三躍：三更天。

第百零七　循例賀年

　　向來逢西曆新年，預由外務部行知各部院，酌請堂官，候外務部定期，偕往駐京各公使館拜賀。此次定於十五日，是日慶王、振貝子均躬親其事。東交民巷冠蓋往來，非常熱鬧，天氣亦極晴和。其夙與東西各國官商結交者，亦奔馳往賀，以盡情誼云。

　　向來每逢外國新年，都是先由外務部知會各部院衙門，酌量請各堂官，等着外務部定妥了日子，同他們一塊兒到各國公使館拜年去。這回定規的是十五，這一天慶王爺、振貝子都親身到了。東交民巷車輛往來，非常的熱鬧，天氣也很好。就連平常和東西兩洋各國官商交往的人，也都拜年去了，為的是盡朋友的交情。

第百零八　壞俗難除

　　日前得雪雖微，而近日天氣驟煖，積雪皆融，以致滿街泥淖，幾無從措足。大柵欄一帶，竟日車馬擁塞，互相喧嚷。前日經西城御史派役傳喚沿街舖户，各掃門前；并飭巡勇①停撥往來車馬，毋②許爭先。然居者、行者置若罔聞。似此壞俗，未知何日能革除也。

　　前幾天下的雪雖然不多，可是近來天氣忽然一暖和，雪都化了，滿街竟是泥，直沒下脚的地方兒。大柵欄兒一帶，整天家③車馬擁擠，彼此亂吵嚷。前天西城的御史，打發衙役交派各舖户，把舖子門口兒都掃乾淨了；並且派巡勇查往來的車馬，不准他們爭着往前趕。可是大家如同沒聽見一樣。像這樣兒的壞風俗，不知道多喒纔能除哪。

---

①　巡勇：巡警。
②　毋：底本作"母"。
③　整天家：整天，成天。

第百零九　市面可危

前門東西湖營之仙源局,係北京唯一之大賬局,專貸款與城內外各商號而收其息。開設至今,已三十餘年,交通甚廣,其銀券爲市肆所信用,幾與四恒相伯仲。乃近因銀根窘迫,外款難收,以致不敷周轉,竟於前月請官封閉。轉瞬年關,京師市面殆不堪設想矣。

前門東邊兒西湖營的仙源局,是北京的大賬局子①,專放給城裏城外各舖户銀子,得這個利錢。這個賬局子,已經有三十多年了,交的很廣,那局子的銀票,各買賣舖子也都用,和四恒銀號字號差不多。近來因爲錢短,外頭的款項收不進來,週轉不過來了,竟自上月請官封閉了。轉眼之間,就到了新年了,北京的市面,不好辦的很。

第百一十　嚴查户燈

時屆隆冬,宵小竊發,居民户燈必須一律照點,以防竊事。大關第二局唐蕢庭都戎,恐民疏懈,飭行各隊巡弁②兵丁,每至夜間,嚴加查察。昨日關上下有不點燈居户某某等數家,至次早均行傳集局中留案。若下次再爲疏懈,不點户燈,立行罰辦不貸云云。

現在正是冬天的時候兒,免不了鬧賊,家家户户門口兒,必得點上燈,防備鬧賊。大關第二局唐都司,恐怕民間懈怠,交派各隊的巡查武官和兵丁們,天天兒晚上,要嚴嚴的查一查。昨天大關的上邊兒、下邊兒,有好幾家沒點燈,到了第二天早起,把他們傳到局子裏去了,記上了。若是下回再這麼懈怠,門口兒不點燈,立刻罰辦,不能寬恕的。

---

① 賬局子:類似于小型的錢莊,靠放賬獲利,也接受存款。
② 巡弁:巡街的兵丁。

第百十一　建路躊躇

京張鐵路之建設，華人籌款不易，且此路線若經宣化府屬之居庸關等處而過，則山多崎嶇隘狹，施工甚難，須由山西地面從大同而行，雖里數較遠，而施工尚易。而由京至張家口往來客商，尚不及京保一路之多，至今建設京張鐵路之議，乃在躊躇之間云。

造京張鐵路的這一件事情，中國人籌款很不容易，況且這一條路，若是從宣化府所屬的居庸關那一帶造，山多地方兒窄，而且道路不平正，作工很難，總得由山西地面，從大同府那麼造，雖然道路遠一點兒，可是作工還容易。就是從北京到張家口，往來的客商，不如從北京到保定府去的那一路多，所以造京張鐵路的事情，還游移着哪。

第百十二　因烟起火

本月二十五日午前四點鐘，鼓樓東大街路北合興順烟舖因烤烟葉，不慎失火，焚燬貨房三間。而永濟水會北局相距甚近，聞警即往撲救，未致延燒他屋。計水會此回出場撲救，所用人工各費二百六十餘吊。查烟店失火，每因烤烟葉所致，其何不慎若此乎！

本月二十五，早起四點鐘，鼓樓東邊兒大街路北，有一個合興順烟舖，因爲烤烟葉子，沒留神着起火來了，燒了三間貨房。可是永濟水會北局子，離着很近，聽見着了火了，就趕緊的去救，算是沒燒別的房子。這一囘水會去救火，所用的人工和各樣兒的花費，有二百六十多吊錢。烟舖着火，常是因爲烤烟葉子着的，怎麼他們老這麼不小心呢？

第百十三　印結①減色

現因昭信股票無從購覓，各省之來京捐官者皆皇皇然，如下第之舉子，無他途可謀者，祇②得垂首而歸。於是各京官之印結，亦因之大爲減色。上月各局收款，已不及春夏間十分之三四，而本月更不及上月之半。牽一髮而全身動。今冬都下之商務，當亦胥③受其影響矣。

現在因爲昭信股票沒有地方買，各省到北京來捐官的，都是心忙意亂，就彷彿是落第的秀才似的，沒別的道路可謀，只可垂頭喪氣的囘去了。可是各京官的印結，也因爲這個很減色。上月各結局子收的印結費，還不到春天夏天十分之三四；到了這個月，還沒上月一半兒多哪。真是掣動全局。今年冬天北京的買賣，恐怕要吃虧的。

第百十四　玉泉煤礦

京師玉泉山爲天下第一泉，兩宮所飲之水皆取於此。近來其山之陰，煤礦已然出現。該處値班者往往竊取燃燒，不亞於南山之煤。按康熙時曾有明諭，不准在茲山燒灰。後此碑廢置，將背面作爲石屏，門柱年久墻坍，碑字後露，今不知在何處矣。

北京玉泉山，算是中國北方第一個山泉，宮裏頭所喝的水，都是起④那兒運來的。近來那座山的背面兒，露出煤礦來了。那個地方兒當差的，常常兒的偸挖那煤燒，並不比南山煤次。在康熙年間有過諭旨，不准在那個山上頭燒灰。後來這個碑廢了，把背面兒做成石頭影壁了，那門柱子年久了，也坍塌倒

---

①　印結：蓋有印章的保證文書。"清制，凡省人在京考試及捐官，皆須在京同鄉京官爲具保結，上蓋六部印。保證文書叫結，蓋印的結叫印結。"（古風主編《掌故大辭典》，團結出版社，1990 年版，第 984 頁。）
②　祇：只。
③　胥：全，都。
④　起：從，自，表示起點。

壞了，碑上的字也蓋上了，如今也不知道是在那兒哪。

第百十五　庫倫來電

庫倫辦事大臣豐護戎於十三日電告外部云："俄租界兵房及哈託克等處礮臺，均已架砲防守。其兵丁除可薩克兵三千餘名外，又招練蒙兵二千五百人。每日巡查華人出入甚嚴。日間忽來照會，禁止華兵出營三十步以外，否則須將軍械交出。請速示機宜①"等語。

庫倫辦事大臣，十三這一天，來了一個電報，告訴外務部說："俄國的租界兵房和哈託克這些地方兒的礮臺，都已經架起大砲來了。除了考薩克兵三千多人，另外又招練蒙古兵二千五百人。天天兒巡察中國人出入很嚴。近來忽然來了一個照會，不准中國兵出營在三十步以外，不然總得把兵器交出來。請外務部，快告訴應當是怎麼辦法。"

第百十六　剪縚被責

日昨正陽門外大柵欄，突有某國二人扭獲華人二名，肆行毒打。經該巷練勇極力攔阻，然外國語言，華人多有不悉者。後經某國人執洋刺將二人髮薙去始放。聞被責之二華人，係白錢賊②，竊縚某國人銀元，被伊所覩，故遭毒打。噫！華人似此類者，亦鮮矣。

前兩天，前門外頭大柵欄兒，忽然有兩個外國人，揪着兩個中國人，撒開了一打。那條街的練勇過來了，極力的攔他們，可是外國人說話，中國人有好些個不明白的。後來外國人拿槍刺子，把那倆中國人的辮子剃了去纔放的。聽說那挨打的中國人是白錢賊，偷外國人的洋錢來着，叫他們看見了，所以纔挨這麼頓打。哎，中國人像這麼樣兒的，也是少有的。

---

① 機宜：依據客觀情勢所採取的對策。
② 白錢賊：扒手。

第百十七　整頓税務

　　探聞庚子前，各土葯均聚於長辛店，俟報税後再分運各處銷售。近各土商，因加税，竟於西省販來，至涿州，即分運各處售賣。故近日西省所出之土葯不減於前日，而税司所抽之税反不加多。昨被税司查悉其弊，擬禀請總理者設法整頓，不日即有示諭矣。

　　聽見説，庚子年以前，各烟土都是聚在長辛店，等着報完了税之後，再到各處賣去。近來各商人，因爲加税，簡直的從山西省販了烟土來，一直的到涿州，起那麼運到各處賣去。所以近來山西省所出的烟土，並不是比從前少，可是税關上所抽的税，反倒不見多。新近税關上查出這個弊來了，打算請總理税務的官想法子整頓，大概不多的日子，必有告示罷。

第百十八　定時出入

　　外國區域内南御河橋南新開之城門，已定有中外人出入之章程。每日午前六點鐘開門，夜内十二點鐘閉門。外國人無論何時皆可出入。若至閉門後，中國人遇有緊急之事，出入時則搵①門鈴，以報守門兵，驗有憑據，乃得放行。若無事擅動門鈴而報者，則拿送懲辦云。

　　外國界裏頭，南御河橋的南邊兒新開的城門，已經定規有中外人出入的章程了。每天早起六點鐘開門，夜裏頭十二點鐘閉門。外國人不論是甚麼時候兒，都可以出入。若是到了關門之後，中國人遇見有緊急的事情，出入的時候兒，可以搵那門鈴鐺，報那守門的兵，驗了有憑據，纔能放他過去。若没有事情，混動那門鈴鐺的，就把他送到衙門去治罪。

---

①　搵：按。

第百十九　建塔彰表

阜城門外沙瀾地方，重建天主教堂興工。然庚子之變，其堂內被害教民不少，而未奉教之旗兵幫助教民護守其堂甚力，於是同時被害。此事聞於主教，今堂院內爲殉難之教友建一塔，高二丈餘，以爲殉難諸人之彰表；而護守之旗兵亦得序入其列云。

平則門外頭沙瀾地方，又動工蓋起天主堂來了。可是庚子年那個變亂，那個堂裏被害的教民不少；還有那不奉教的旗兵，幫助教民看守教堂，也很盡力。這麼着那個時候兒，都一齊被害了。這件事主教知道了，如今在那堂的院子裏頭，給那被害的教民蓋了一座塔，有二丈多高，爲的是表揚那被害教民的死節；可是看守堂的那旗兵，也按着次序入在其內了。

第百二十　預防失慎

工巡總局因豫防火災起見，於京師地方不准燃放雙响炮竹，即俗名二踢脚及起花等，各種飛昇炮竹等。因挨家飭諭，業已出示禁止在案。此次該局總監鎮國將軍毓朗，知照各國公使，約束在京各國人及該雇用中國人等，以免違犯等因。今聞某某國公使無有異議，已許代爲曉諭該國在京人民云。

工巡總局因爲防備火災，在京城地方不准放二踢脚和那起花，還有各樣兒飛昇的炮竹。已經挨着各家都吩咐了，也都出了告示了。這一囘那個局子的總辦鎮國將軍毓朗，照會各國公使，約束在京的各國人和雇的中國人，別犯這個例。如今聽見說，有某某國公使，已經答應了，可以交派本國在京裏住着的人，叫他們知道這個事。

第百二十一　不守清規

　　北新橋東路北寶公寺住持僧清雲，因不守清規，並私將寺殿典與舖商積貨，經僧錄司正堂覺、副堂世二僧官查出，咨行禮部，將清雲看押。俟將寺殿所積貨物騰出，罰清雲入西域寺苦守戒律，以贖罪愆，並准僧正等揀選老成練達、恪守清規之僧人顯玉來寺住持云。

　　北新橋的東邊兒，寶公寺住持和尚，名字叫清雲，不守清規，他私自把廟裏頭的殿典給一個舖子堆貨，叫僧錄司正堂覺、副堂世這二位僧官查出來了，給禮部行文去，把清雲看押起來了。等着把那殿裏所存的貨物騰出來之後，罰清雲到西域寺，苦守戒律，贖他的罪，由僧錄司挑選老成練達、恪守清規的一個和尚，名字叫顯玉，到那廟裏住持去。

第百二十二　烟價大漲

　　關東烟葉之行銷北京者，每年爲數甚鉅，平時最高之時，每斤值銀一錢一二分，至一錢四五分而極。自庚子以後，因捐稅日重，增價至兩倍之多。本年新貨迄今未至，而俄人沿途抽捐，苛重煩複，幾難數計，業此者多裹足不前。今冬烟價又必大漲，視前數年之價，殆五倍不止矣。

　　關東的烟葉子，每年在北京賣的很多，平常頂貴的時候兒，也就在這麼每一斤一錢一二分銀子，或是到一錢四五分，那也就算是貴到家了。自從庚子年以後，稅捐太重，價錢長到兩倍還多。今年新貨還沒到哪，可是俄國人，一路上貨物抽捐很利害，買賣人多一半兒都不敢販貨賣。今年冬天，烟價必要大長的，大概比前幾年，總要貴五倍的。

第百二十三　蒙王練軍

蒙古喀拉沁王,明達時局,慨蒙古被強鄰之覬覦,也思力圖自強,以作華夏之屏藩。近已聘日本教習某君教練新軍,其軍現有至京者,軍衣之肩章係蒙古字式。而王所聘請之日本女教習河原氏,現已在其部開辦學校事宜。聞欲入學之婦女約有數十人,不日開學教導云。

蒙古喀拉沁王,通達時務,他知道蒙古被強隣窺伺,想法子要力圖自強,做中國的一個屏藩。已經聘請日本某位教習,訓練新兵,現在那個兵有到京裡來的,那號衣①肩膀兒上,有蒙古的字樣。那位王爺聘請來的日本女教習河原先生,現在已經在那部落開辦學堂的事情。聽說要進學堂的婦女,大概有幾十個人,不久也就要開學教功課了。

第百二十四　門禁綦②嚴

前門當未亂之前,于六鐘關閉至十二鐘,因有城外官員入朝者,故須開門,但只許入門,不許出門也。庚子亂後,城門虛設,終夜大開,任人出入,已于今四年矣。昨初一日,忽嚴門禁,至六鐘即行上鎖,不論中外人,均不許出入焉。是夜,城內外人,被阻者頗不少云。

在沒亂之前,前門見天是晚上六點鐘關,到夜裏十二點鐘,因爲城外頭有上朝的官,總得開夜門,可是許進城不許出城。到了庚子年亂後,那個城門也就算白費了,整夜的開着,隨便人出入,到現在已經四年的光景了。到了這個月初一,忽然那門禁又嚴了,見天晚上,六點鐘就上鎖,不論是中國人外國人,都不準出入。就是那天夜裏,關在城裏頭的、關在城外

---

① 號衣:舊時兵卒、差役穿的製服。
② 綦:極。

頭的很多。

第百二十五　因財肇禍

傳聞有牛街閔某者，前買大顆珍珠三十粒，售銀十餘萬兩，陡然而成巨富。近被某邸聞知，將閔某管押官署，勒令將此項珍珠交出。據云該珠係庚子時某邸所失之物。閔某供稱並未買過此項珍珠等語。至今猶未辯明。不知閔某果買此珠耶？抑或市井訛傳耶？

聽說，有在牛街住着的一個姓閔的，從前買過三十顆大珍珠，賣了十萬多兩銀子，陡然間就成了大財主。近來叫一位王爺知道了，把那個姓閔的交衙門看起來了，勒①令把這個珠子交出來。據說，那個珠子是庚子年那位王爺丟的東西。那個姓閔的說，他並沒買過這個珠子。到如今還沒弄明白哪。不知道那個姓閔的，是真買這個珠子了，還是人給他造的這個謠言呢？

第百二十六　呈獻時花

西苑門外路北花園，爲植育各宮內用花之所。首領太監率花匠等奉其職務，每年四季各有鮮花呈獻宮中。本月二十日立春，是爲首季進花之期，首領太監率花匠等，將應進之牡丹、梅花、迎春、水仙等花數十盆，分作二十餘抬，皆用黃棉被及繪龍袱包裹，進獻於寧壽宮等處云云。

西華門外頭路北花園子，是竟管栽種各宮裏頭所用的花兒的地方兒。那首領太監，帶着花兒匠，當那個差使，每年四季各有鮮花呈進宮裏頭。本月二十立春，是第一季呈進花兒的日子，那首領太監，帶着花兒匠，把應當呈進的牡丹、梅花、迎春、水仙這些花兒，有好幾十盆，分作二十多抬，都有黃棉被和畫龍的袱子②包裹着，送到寧壽宮這些個地方兒去。

---

① 勒：底本作"勤"。
② 袱子：用來披蓋、遮裹的巾幅。

第百二十七　手段通天

搶劫樊氏婦一案，其兇犯三人業已正法。按此案禍首係小白臉杜四，人所共知。伊極力運動，得免於死，人咸代爲不平。其已斬之三人，均有人爲之收殮，衣衾棺木，極爲豐美。據云皆由杜四備辦，蓋已將三人家屬買通，真可謂手段通天也。一時議論譁然，刑部之名譽甚爲不佳云。

搶樊家婦人的那一案，兇犯是三個人，已經都正法了。按這案事的禍首，是小白臉杜四，人所共知。他極力的一打點，算是得了活命了，人人兒心裏都不平。那已經殺了的三個人，都有人收殮他們的屍首，所有衣衾棺材都很濶。聽說那都是杜四給辦的，因爲姓杜的，把那三個人家裏都買通了，真算是他的手段大如天。外頭議論紛紛，那刑部的名聲很不好聽。

第百二十八　懲一警百

各街設有官中廁，原以便行人而清街道。近日多有人任意在中廁外大小便者，成何體制。本月二十六日於東四牌樓北大街，見有二巡捕押帶二人而行，背上皆繫白布，所書示諭：因二人在中廁外街間小便，巡捕理勸不服，乃報明官長，罰二人在街間打掃，夫役三日，以警於衆云。

各街上都安了官茅廁了，爲的是與走路的人方便，而且街道也可以乾淨。近來有好些個人，隨便在那茅廁外頭出大小恭，不好看得很。本月二十六，東四牌樓北大街，看見有倆巡捕，押着倆人走，背梁上繫着白布，寫着告示：因爲倆人在茅廁外頭解手兒來着，巡捕勸他們不聽，這麼着報了官，罰他們倆人在街上當三天打掃街的，爲的是叫大家可以小心。

第百二十九　軍機奏對

日昨，兩宮召軍機大臣云："俄兵屢進屢退，或多或寡，退則人民共欣，進則人民皆懼，似此情形，非極力拒之不可。"軍機奏對："俟設有章程，當緩而圖之；若公然相抗，恐起兵端。臣等必以聖恩爲當重，頂踵①竭力以報効，斷不敢視爲尋常之件，辜負聖恩"云云。

前幾天，皇太后、皇上召見軍機大臣説："俄國的兵，屢次進屢次退，有時候兒多，有時候兒少，退的時候兒百姓就喜歡，進的時候兒百姓就害怕，看這樣兒的情形，非極力拒絶不可。"軍機大臣奏説："等定出章程來，緩緩的想法子辦；若是簡直的一抗他，又怕是鬧起打仗的事情來。我們一定把朝廷的恩典當做一件要緊的事情，總要盡心竭力的報効，斷不敢看做是尋常的事情，辜負皇上的恩典。"

第百三十　郵政分局

由京城至各省，中國之郵政統歸總税務司赫德管理。然自創設郵政數年以來，往來信函未甚增多，以致各處郵局經費尚有所絀。赫君力謀整頓，乃查京内外各處，凡有可設郵局者，務設分局，以利交通，而期獲利。現又於北新橋南大街路東汪家胡同口外設一郵政分局矣。

從北京到各省，所有中國的郵政，都是歸總税務司赫德先生管理。自從開辦郵政，到如今，有好幾年了，來往的信件總不見多，所以各處的郵政局的經費還不足哪。赫總打算極力的要整頓，所有京裏和外頭各地方，凡是可以設立郵政局的，都要設立分局，爲的是各處可以通行，而且進項也多。現在又在北新橋南大街路東、汪家胡同口外頭，又設立一個郵政分局了。

---

① 頂踵：本義指頭頂和足踵，這裏指不畏勞苦，盡力報効。

第百三十一　借銀謀缺

有某觀察謀放滬權，已籌備銀三十萬兩，而不敷尚多，以珍玩多件，擬向某銀行抵借十萬金，而該行近日已停止放款。遂又謀及某銀行，而某行亦以所抵之貨不值鉅款却之。而某觀察尚浼①人關説不已。嗚呼！今何時耶，尚靦顔爲此，能不爲外人笑耶？

有一個道臺，打算謀上海道的缺，已經預備三十萬兩銀子，還差的多，所以他把他的眞珠古玩這些個東西，打算和一個銀行裏商量，要押十萬兩銀子。便巧那個銀行，近來已經停止不放款了。這麼着他又和一個別的銀行裏商量，那個銀行因爲他這個東西不值那麼些個銀子，推托不肯辦。那個道臺現在還托人打點着哪。哎！如今是甚麼時候兒，還腆着臉做這個事情哪，能不叫外國人笑話麼？

第百三十二　拾金不昧

昨有某旗員，爲貧之病，遣伊稚子，將某物典得洋銀貳元。行至東單牌樓北，因伊子不慎將洋銀遺失，被某甲拾去，行數步間，有稚子往來尋覓，號泣驚人。某甲見之，細問其故，始知所拾之洋銀即此子所遺之物也，遂與之，並囑其勿再不愼云云。如某甲者，可謂拾金不昧者矣。

前兩天，有一個在旗的做官的，因爲他家裏很窮，打發他的一個小孩子，拿着東西到當舖，當了兩塊錢。走到東單牌樓北邊兒，這個孩子不留神，把洋錢丢了，叫一個人撿去了。那個人走了幾步，看見有一個小孩子，哭着滿地下找東西，那個人一細問他，纔知道所撿的那個洋錢，是這個孩子丢的，這麼着就給他了，還囑咐他，別再不留神了。像這個撿洋錢的，可以算的是拾金不昧了。

---

① 浼：懇托。

第百三十三　工巡分局

　　工巡總局因警察事務及中外交涉諸事紛繁，管理警務王大臣等議定，乃擇地於東單牌樓南羊肉胡同內立一分局，派撥委員、通譯等，遇有交涉之事，歸此分局辦理。而此局距外國區域甚近，若有交涉，辦理速便。然此局雖設，尚有措置未竣之處，故未開局辦事云。

　　工巡總局因爲警察的事務和中外交涉的各樣事情很繁雜，管理警務的王大臣商量定規了，挑了一個地方兒，在東單牌樓南邊、羊肉胡同裏頭，設立一個分局，派委員和繙譯他們，遇見有甚麼交涉的事情，都歸在這個分局辦理。可是這個局子，離着各國的洋界很近，若是有交涉的事情，可以辦理的又快又方便。這個局子雖然設立了，可還有沒安置完了的事情，所以還沒開局辦事哪。

第百三十四　自盡破案

　　朝陽門內新鮮胡同居住德姓子婦某氏，不堪其姑之凌虐，日前服毒自盡。德姓等未行報官，含混入殮。本月初六日出殯，將出城門時，被婦家之伯父某人阻止。守門官弁聞而向詰，某歷訴其故。當經將德姓家男女人等拘拿入官，其屍棺暫停門廳①之西，以待啓驗云。

　　齊化門裏頭新鮮胡同住的姓德的家裏，一個媳婦兒，受不了婆婆的揉磋②了，前幾天自己服毒死了。德家沒有報官，就私自入殮了。趕到這個月初六出殯，剛要出城的時候兒，媳婦兒娘家的大爺把殯攔住了。門官就問他是怎麼個緣故，他就一五一十的把這個緣故都說出來了。這麼着當時就把德家這一家子男女都送到衙門去了，那個屍棺，暫且停在門廳的西邊兒，等着將來開棺相驗。

---

① 廳：底本作"聽"。
② 揉磋：揉搓，折磨。

第百三十五　習俗難除

　　北京風俗，每屆新正一二日，各紳商庶民均虔往彰儀門外財神廟拈香。而其尤奇者，皆願首焚一爐，故自除夕之日，竟有在彼守候者。焚香畢，即在五顯財神案前借紙元寶數枚，以爲一年財源暢旺之兆。故至期紛紛擁擠，人煙稠密，車馬麕集，闃街溢巷。凡北京各廟會繁華之區，皆未及此。

　　北京的風俗，每逢到了新正月初一、初二日，各紳商庶民，都要到彰儀門外頭財神廟燒香去。最奇怪的是，都願意搶着燒這頭一爐的香，甚至於有到臘月三十晚上就去的，在那兒等着燒香。趕到了燒完了香，就在五顯財神案上，借幾個紙元寶，這就是一年發財的兆頭。所以這兩天到那廟去的人，擁擠不動，車、馬、人，那條街都是滿的。北京各廟繁華的地方兒，都跟不上那塊兒。

第百三十六　逐賊跌斃

　　小站地方有張叟，年在七旬，素以小本營生。於日前夜間，有鼠賊某甲，撬門入屋行竊，當將老叟驚醒，突起奮逐，不意脛股不便，跌倒摔斃。甲正在逃逸之際，被某某緝獲，至次日經該村地保赴縣報案，當經讞員①馬大令督帶刑招仵，赴村相驗，隨將該賊某甲帶案研懲云。

　　小站地方兒，有一個老頭兒姓張，有七十歲了，平常做一個小本的生意。前兩天夜裏，有一個毛賊，撬開門進屋裏偷東西去，把老頭兒給吵醒了，就起來了一追賊，想不到腿腳不便，摔躺下死了。那個賊正逃跑的時候兒，叫人拿着了。趕到第二天，那個本村子的地保就到縣裏報了。那個時候兒，發審局②的委員馬知縣，帶着刑房的書辦和仵作，就到那村子裏去相驗，可就把那個賊也

---

　①　讞員：審理案件的官員。
　②　發審局：官署名。"清末，各州縣官所不能處理的訴訟案件，由督、撫委派候補官組成審訊機關審理。這種非正式的審訊機關稱爲發審局。"（徐連達編著《中國官制大辭典》，上海大學出版社，2010年版，第225頁。）

帶到衙門審問去了。

第百三十七　新年演禮

　　新年在邇，各處豫備殿差，慶賀之員率多先行演禮。御前侍衛等遇新年，皇上陞殿慶賀，有喜起舞之差。自本月起，每逢二、五、八等日，各侍衛至上駟院演禮，有喜起舞大臣。應是差者，官雖未至二品，亦得暫戴寶石頂，穿全貂褂，掛紅朝珠，繫三鑲玉帶，穿紅青緞靴。在皇上前雙雙相携跳舞，謂之喜起舞云。

　　現在快到新年了，各處豫備殿差，那慶賀的官員，多一半兒先演禮。那御前侍衛，趕到新年，皇上升殿慶賀新年的時候兒，有喜起舞的差使。從本月起，每逢二、五、八這個日子，各侍衛都得到上駟院演禮去，有喜起舞大臣。當這個差使的官，雖然沒到二品，也可以暫且戴寶石頂戴，穿貂褂，掛紅朝珠，繫三鑲玉帶，穿紅青緞靴。在皇上御前，一對一對的，手拉手兒跳舞，這個就叫喜起舞。

第百三十八　俄兵入藏

　　昨有駐藏大臣幕友李君來京，述及西藏之地久爲各國所窺伺，俄爲尤甚。近因英美兩國之商民，協通藏地土民，探採各種礦苗，以冀獲利。俄人聞知，亦思染指。聞前日已調有俄兵，藉詞保護商民。駐藏大臣因列強不並立，恐滋事端，擬電商外務部，設法以杜之，想不日當見明文矣。

　　前幾天，有駐藏大臣的幕友姓李的到京裏來，提到西藏地方，原來各國都很惦記着，俄國惦記的更利害。近來英美兩國的商人，到西藏去，同着本地的人，查看各處的礦苗，打算要獲利。俄國人聽見了，也打算要伸手。聽說前幾天，已經調來的俄國兵，藉着保護商民爲詞。駐藏大臣恐怕各外國人彼此不能相容，要鬧出事來，就打了一個電報給外務部，商量想法子要攔住他們，想不久必有明文。

第百三十九　乘車失物

某比部①眷屬，於日前由秦王島乘瀛車來京。天色已晚，其所攜箱篋甚多，稅關又遮留查驗。迨②到寓驗點，竟失去衣箱兩件。未知係上車時遺失，抑下車驗查時乘間被竊，已無從追究矣。我中國仿行瀛車將十年於茲，迄今無一完備之車站，致旅行之客，幾等於無告之民，良可嘅矣。

有一個刑部司官的家眷，前兩天從秦皇島坐火車到京裡來。天已經晚了，帶着的行李又很多，稅關上又耽悞工夫查驗。趕到了家一查，丟了兩隻衣箱。不知道上車的時候兒丟的呀，還是下車的時候兒，趁那驗亂的時候兒叫人偷了去的呢，也沒地方兒找去了。中國有火輪車到現在，已經十年的光景了，竟自還沒有一個妥當的火車站哪，走路的客人，差不多吃了虧沒地方兒訴冤去，實在可歎的很。

第百四十　流通圜法③

京師寶泉、寶源兩錢局，每歲共造當十錢七卯，每卯計九萬吊。自庚子變後，迄今三年有餘，兩局將造錢三卯；而各省之制錢，京中又不能暢行。圜法實難周轉，因滋私錢流行之弊。聞戶部已行文各省督撫，將所造新式銅圜多運來京，期於明年搭放春季之俸，以資圜法流通云。

北京城寶泉、寶源兩個錢局，每年通共鑄當十錢七卯，每一卯鑄九萬吊錢。自從庚子年變亂之後，到如今三年多了，那倆錢局，不過纔鑄三卯；那各省的制錢，京裏又不能通行。錢法實在不彀週轉的，所以就生出私錢通行的弊來了。聽說戶部給各省督撫行文，把所造的新樣子的銅圜，多多的運到京裏來，預備

---

① 比部：明清時對刑部及其司官的習稱。
② 迨：等到。
③ 圜法：圜法，貨幣。

到明年春季的俸搭放，爲的是錢法可以流通。

第百四十一　米價日昂

近因南省米禁甚嚴，北商販米者皆須以重賄謀得護照，方能轉運，故都門米價日昂。現值封河，來貨較艱，囤米各商皆奇貨可居，每石又增價二三錢不等。夫販米出洋，固應嚴禁，而南北同爲國家疆土，何必遏糴以利奸商耶？況未必真能禁絕，徒令貪官汙吏得藉口需索①而已。

近來南省米禁甚嚴，北邊兒販米的客商到南邊兒販米去，都得花好些個錢打點，把護照弄到手，纔能販米哪，所以北京的米的行市，一天比一天大。現在封河了，貨物來的更難了，各舖戶存着米的都要長價，每一石米長上二三錢銀子去。按說販米出洋，自然是應當禁止的，可是南省、北省都是國家的地方兒，爲甚麼要禁止，叫這個奸商得便宜呢？況且又未必能真禁止住了，不過叫這些個貪官汙吏勒索人錢就是了。

第百四十二　存心忠厚

北洋總稽查西人曼德君之司事劉普芝者，日前曼君交伊襪子胡同口瑞源錢舖十五兩銀票一紙，令取現銀。劉持票去取，不意該號發給銀一百五十兩。劉亦誤携銀兩而還，至局，交曼君，方知銀兩多付。劉不欲受，旋將原銀携至該號，仍取原票銀十五兩而去。該舖掌深爲感激云。

北洋總稽查西洋人曼德先生的司事劉普芝，前幾天曼德先生交給他十五兩銀子的銀票，是襪子胡同瑞源錢舖的，叫他取現銀子來。姓劉的就拿銀票取去了，誰知道那個錢舖給他一百五十兩銀子。姓劉的沒理會，就拿回來了，到了局子裏，就交給曼德先生了，這纔知道錢舖多給銀子了。姓劉的不願意要，就把這銀子給那個錢舖退回去了，還照那原銀票取回十五兩銀子來了。那個

---

① 需索：敲詐勒索。

錢鋪的掌櫃的,實在感激的了不得。

第百四十三　駝足傷人

　　騾馬踢人,人皆知之;駱駝踢人,人所未聞也。上月二十八日午前十鐘,有運煤之駱駝,行至鼓樓東財神廟前,是地多設攤售食物者。有人接近駝後而行,甫至駝腹,駝覺,遽用後腿斜踢,幸未傷人。駝踢力猛,其蹄落於售白薯者鍋內,致鍋破薯壞,牽駝人乃償其鍋薯之價,事乃得解。
　　騾子馬踢人,人都知道的;可是駱駝踢人,總沒聽見說過。上月二十八這天,早起十點鐘,有馱①煤的駱駝,走到鼓樓東邊兒財神廟前頭,那個地方兒有好些個擺攤子賣吃得的。有一個人挨着駱駝後頭走,剛到駱駝肚子那兒,那個駱駝覺着後頭有人,就拿後腿斜着一踢,好在沒傷人。那個駱駝踢的力量太大,就把那個蹄子入在賣白薯的熱鍋裡了,把鍋也弄破了,白薯也壞了,那拉駱駝的,賠了那個賣白薯的鍋錢和白薯錢纔完的。

第百四十四　廉恥道喪

　　北京風俗之鄙敗,甚矣。竟有數年夫婦,舉②生子女,偶與他人情戀,則必棄舊迎新,寔可憾也。茲聞三眼井冥衣舖魯某之妻,過門數載,連舉二子,不料日前潛逃。魯某將其妻兄張某扭控總局,言伊數日前迎妹歸寧,從無回返,想係將彼隱慝③他處。讞官研究數次,已將全案移送刑部,不知作何結局云。
　　北京風俗壞的利害。竟有好幾年的夫妻,都生了孩子了,偶然和別的人勾搭上了,就可以跟着人走了,實在是件可恨的事。現在聽說,三眼井冥衣舖姓魯,媳婦兒過門好幾年了,跟前有倆孩子,想不到前幾天走下去了。那個姓魯

---

① 馱:馱。
② 舉:生育,撫養。
③ 慝:匿。

的揪着他大舅子姓張的到總局子打官司，説是前幾天，姓張的把他妹妹接囘娘家去了，就沒囘來，大概是把他藏在別處去了。問官過了幾囘堂，把這一案送到刑部去了，不知道後來怎麼完案。

第百四十五　蒙古立學

昨聞有蒙古王公來京，見北京學堂林立，並各門西學，無不稱便；但口外各地風氣尚未盡聞。擬請先於各地要害之處，擇一相宜之所，建一學堂。先選各王公、各部下之兵丁，實係聰明，年歲相當，令其入學。俟風氣大開，再於各王公附近之處專立學堂，以便擴充學務。至每年經費，即着各王公攤捐，如有成效，再籌的款云。

近來聽説，有蒙古王公到京裡來，看見北京學堂林立，各樣兒西洋的學問，沒有不方便的；可是口外各地方兒，風氣還沒大開。打算先要在那要緊的地方兒，挑一個相宜的所在，立一個學堂。先挑選各王公、各部下的兵丁，實在是那聰明和年歲相當的，叫他們入學。等着風氣大開了，然後在那各王公左近的地方兒再專立學堂，爲的是擴充學務。至於説每年的經費，由各王公大家攤捐，如果有成効，再籌畫實在的款項。

第百四十六　市面大壞

自天津市面不振，京師大爲牽動。夏間恒和請封後，凡存款於四恒者，咸有戒心，紛紛提囘，以至銀根日見窘迫，各爐房週轉不靈。謙和瑞、聚泰、恒盛等家，均先後歇業。計官爐房共二十六家，亂後重開者二十四家，現存已不滿二十家，均屬勉強支持，大有朝不謀夕之勢。商部以保商爲責任，其亦有以維持之否？

自從天津市面上不振，帶累的北京街面兒上也不消停。夏天恒和請封之後，所有在四恒家存銀子的，心裏都有點兒害怕，全把銀子提出來了，所以銀子一天比一天緊，各爐房也都週轉不開了。那謙和瑞、聚泰、恒盛這幾家，都關了門了。那官爐房通共有二十六家,亂後又開了的有二十四家,現在開着的不到二十家,都還是勉強支持,早起不能保晚上還開不開。想商部保護商務,是他們的責任,可不知道他們有維持的法子沒有。

第百四十七　醉兵無禮

各國禮拜日,員弁、商民多以酒爲樂,惟俄國兵丁嗜酒尤甚。其酒後無德之處,實難盡述。近屆西曆年終,更無忌憚。聞昨有醉兵二名,行過鎮江胡同某甲門首,見有某甲之妻同其幼女正在買物之際,被醉兵二人肆行欺辱,某甲妻女畏而避之。醉兵竟奪門而入,幸爲路人勸解斯圍,不然恐有不堪設想者矣。

各國每逢禮拜的日子,武官、商民多一半兒都是喝酒作樂,惟獨俄國的兵更愛喝酒。喝醉了之後,那無禮混鬧的事,實在說不盡了。近來快要到西洋新年了,更鬧的利害。聽說新近有兩個醉兵,路過鎮江胡同一家的門口兒,那家的媳婦兒,帶着小姑娘,正在門口兒買東西哪,那倆醉兵就撒①開了一嘿唵②,那個媳婦兒和姑娘都害怕,趕緊的躲到裏頭去了。那倆醉兵,就闖進門去了,幸虧有過路的人,把他們勸開了,不然不定鬧到甚麼地步哪。

第百四十八　物價騰踊

北京自庚子之後,應需諸物日見增漲,以及各行手藝人等工價俱亦加增,所服、所食較前無一不昂。刻下京師麥麵每百斤,高者約在四兩二錢之數,次者亦須四金。漕米③良者略五兩二錢,劣者四兩八錢。其雜糧之增漲尤甚。銀價京足,每兩僅易清錢④十三吊一百文,銀元只換九吊三百文。其形如此,若迨年終,諸物昂貴,尤不堪設想也。

---

① 撒:底本作"撖"。
② 嘿唵:囉唵,騷擾,糾纏。
③ 漕米:由東南地區漕運至京師的税糧,也稱漕糧。
④ 清錢:用青銅鑄的錢幣,也作"青錢"。

北京自從庚子年之後，所用的東西，價錢直往上長，各行的手藝人的工錢也都長了，所有吃的、用的東西，全是比從前貴。腳下京城，高白麵，每一百斤總在四兩二錢銀子；次白麵，也得四兩銀子。南來的白米，好的大概五兩二錢銀子，次的也得四兩八錢銀子。其餘的糅糧，長的更利害。銀盤子京平高銀子，每一兩不過換十三吊一百錢，洋錢也就換九吊三百錢。現在的情形是這麼樣，若是到了年底，各樣兒的東西，還不定是怎麼長錢哪。

第百四十九　學界風潮

　　長沙府師範館各生，日前以廚子烹調不佳，且菜蔬類多餒魚敗肉，恐礙衛生，故喚廚子申斥一番。監督顏習庵聞知，以各生不應如此鼓噪，大加訓斥曰："諸生入館將近一年，嚮學之心屢不如求食之切。諸生此後如再藉衛生為詞苛求飲食者，定當懸牌①開缺，莫謂言之不預"云云。故全班學生咸抱不平，刻有擬請撫更換監督之說。乾餱啓釁②，亦無謂之極矣。
　　長沙府師範館的學生，前幾天，因為廚子做的飯不好，而且所用的菜，都是那剩魚、剩肉，恐怕與養生有礙，所以把廚子叫來，說了他一頓。那監督顏習庵聽見說了，他說學生不應該這麼利害，他就數落學生說："你們好學的心，總不如吃飯那麼用心。後來你們再若是拿着這養生的話挑剔飯食，一定掛牌退學，別說我這話沒早告訴你們。"全班的學生都抱不平，現在打算要請巡撫換監督。哎，為口腹這麼鬧，也無謂的很。

第百五十　馬賊騷動

　　日昨接到某處警報云：奉天附近之馬賊，於新民長峯陡然起事；俄人以鎮撫為口實，遂發兵數百，向前進擊，將欲南下，如奉天南一帶地方，均欲占領云

---

① 底本作"懸牌牌"。
② 乾餱啓釁：因食物而起爭端。乾餱，乾糧，這裏泛指食物。釁，爭端。

云。某尚書聞之，歎曰："馬賊之起，是皆俄兵之煽動也。俄兵煽動馬賊，而後以占領爲口實，故俄兵之于東省不能一時退也，東省一日騷動，即中國之平和一日不可期。爲今之計，抗議俄之退兵，是不可緩之計也"云云。

前幾天，接到某處來信，説是挨着奉天一帶的馬賊，在新民長峯忽然鬧起事來了。俄國藉彈壓爲名，發了好幾百兵往那麼去，像奉天以南那一帶地方，都打算要佔去。有一位尚書，聽這個信，就歎①息着説："那馬賊鬧事，都是俄國兵煽起來的。他先煽起馬賊來，然後好佔地方，所以俄國的兵在東三省一時不能退，東三省一天不平安，中國一天不用打算太平。如今要緊的主意，總得叫俄國退兵，這是不能緩的法子。"

第百五十一　俄商茶行

俄國販運華茶，向由漢口裝運至津，然後由通州駝載至張家口，經行庫倫等處，運往俄國。故天津俄商茶行，約有數家，均大得利市。自西伯里亞鐵路修通後，華茶改道至旅順，附搭②火車西去。於是津、通等埠依此爲業者，生意陡絶。近有人謂華茶自改裝火車後，色味遠不逮從前，仍須改由內地運行。未知確否。

俄國販運中國茶葉，向來是由漢口運到天津，然後起通州，用駱駝馱到張家口，再雇蒙古駱駝，往那麼去，路過庫倫這些地方，運到俄國去。所以天津俄國商人開的茶行，大概有幾家，都很賺錢。自從西伯里亞鐵道修通了之後，中國茶葉改道，運到旅順去，起那麼上火車往西去。這麼以來，那天津、通州靠着這個買賣的，事情全壞了。近來有人説，中國茶葉，自從改了由火車運去之後，那茶葉的顏色和味道，所不如從前了，還是得改由內地運去纔行哪。不知道這話真不真。

---

① 歎：底本作"歡"。
② 搭：底本作"塔"。

第百五十二　熬粥先聲

本月八日乃釋迦牟尼成佛之期，自宮中至於閭閻①，奉佛之處皆熬粥奉佛。因是日乃臘月初八，故又名曰臘八粥。其粥以雜粮及各類乾果，加以紅白糖熬成，不獨奉佛，兼以親友互贈，其習俗使然。是期雍和宮舉行熬②粥奉佛誦經之禮，達賴喇嘛並奉旨派出熬③粥上供之禮，親王皆至雍和宮行禮。而雍和宮辦事處之司員人等，各於先期敬謹豫備其事云云。

本月初八，是釋迦佛成佛的日子，從宮裡頭直到外頭，供佛的地方兒，都要熬粥上供。因爲這一天是臘月初八，故此又叫臘八兒粥。那個粥是用雜糧和各樣兒乾菓子還有紅白糖熬成的。這個粥，不但是供佛，而且親友家還彼此對送，向來風俗是這麼樣。今年臘月初八，雍和宮舉行熬粥供佛念經的禮，那廟裏的大喇嘛，還有奉旨派出熬粥上供的禮，親王都在雍和宮行禮。那雍和宮辦事處的司官們，把各樣兒的事情也都先預備好了。

第百五十三　運煤公司

北京所用之煤，每日以百萬計，皆由京西陳家台、慈家務等處煤窰轉運來京。運脚④專賴駱駝、騾馬，費昂而滯。現有某尚書之哲嗣⑤，擬集股創一運煤公司。與京漢鐵路訂立合同，自陳家台至阜成門開一支路，每車裝煤二十噸，定價洋二十八元。計需股本銀十二萬兩，每股百兩。聞已集五百餘股，名曰"陳阜運煤有限公司"。明正當可開辦矣。

北京所用的煤，每一天用的，總得一百萬斤的光景，向來都是從京西陳家

---

① 閭閻：貧民居住的地區，這裏指民間。
② 熬：底本作"敖"。
③ 熬：底本作"敖"。
④ 運脚：本指運費，這裏指運輸。
⑤ 哲嗣：敬辭，稱他人之子。

台、慈家務這些個地方兒的煤窰運到京裡來。專雇駱駝和騾馬馱來,運脚①也大,也費事。現在有一位尚書的少爺,打算招股份,開一個運煤公司。和京漢鐵路公司立合同,從陳家台到平則門,開一條支路,每一間車,裝煤二十噸,運脚錢二十八塊。算計着本銀總得十二萬兩,每一個股份一百兩。聽說已經招妥了五百個股份了,那個公司的名字叫"陳阜運煤有限公司"。明年正月可以開辦了。

第百五十四　中飽可誅

本月二十日,內務府廣儲司緞庫,循例將各宮應用紬緞、布、線等物交進。而各宮秀女等領本宮主位所賞紬緞等物,皆爲本宮太監把持。太監將紬緞賣畢,將價銀朦混②給各秀女。如價銀一百兩者,只給銀二十餘兩。秀女被太監挾制,無可如何。致聖恩賞賜之物,適以成閹宦舞弊之私,使上意不宣,而中飽得計。積習相沿,可深慨也。

本月二十這一天,是內務府廣儲司緞庫,照例把各宮裏頭應當用的紬緞、布、線這些個東西交進去。可是各宮裏的秀女他們,領本宮裏主人所賞的紬緞,都叫本宮裏的太監把持住了。那太監把庫裏交進來的紬緞都賣了,把價錢瞞藏脊掖,給那些個秀女們。着比③賣了一百兩銀子,不過給秀女二十兩銀子。那些個秀女們受太監的欺負,一點兒法子也沒有。把皇上的恩典,全都成了太監的私弊了,把上頭的恩典,也顯不出來,竟是中間兒的人合式。這樣兒的惡習實在可歎。

第百五十五　煤價略誌

京保鐵路經行房山縣附近產煤一帶,運煤甚便。正陽門外京保火車站近

---

① 運脚:運費。
② 朦混:蒙混。
③ 着比:打比,比方。

城根迤西之地,已開設煤廠二十餘家,每日由火車運煤,源源而至。其各煤之價銀,每千斤上品塊煤四兩五錢,中品塊煤三兩三錢,末煤二兩九錢。每車運費按遠近核計。夫民,非水火不生活,自火車運煤以來,而向日京中煤價之居奇可免矣,其利薄哉。

京保鐵路,路過房山縣左近一帶出煤的地方兒,運煤很方便。前門外頭京保火車站,挨着城根兒偏西的那塊地方兒,已經開了有二十多家煤廠子了,天天兒由火車運來的煤,是接連不斷的。現在煤的行市,上等的硬煤,每一千斤,四兩五錢銀子;中等的硬煤,三兩三錢銀子;煤末子,二兩九錢銀子。每一輛車的運腳,那是按着道路的遠近那麼算。百姓過日子,本來是離不開水火的,自從由火車運煤,所有從前北京賣煤的隨便長錢的那個毛病,算是不行了。這個益處真不少啊。

第百五十六　錢商近況

北京每屆年終,凡各行商賈,均較平時拮据,惟錢商尤甚。其東主富者仍可勉強支持,否則以致貪①夜潛遁,自行請封,而貽害於萬人也。頃聞騾馬市大街某錢店自庚子之後,雖招集數股,開設銀號,然資本無多,尤不講求貿易。而東主等終日冶遊,日形虧累。刻下持鈔取貨者,尚不十分擁擠。若迨歲底,以票易錢者,必當接踵而至。想該舖不免閉戶遠颺矣。

北京每逢到了年底,各行的買賣,都比平常錢緊,那錢行更利害。東家有錢的,還可以勉強支持,那怎嗎的,就有關上門偷跑了的,也有自己請封門的,可就害了大家了。新近聽見説,騾馬市大街有一個錢舖,自從庚子年以後,雖然招了幾個股份,開了這個錢舖,可是本錢並不多,而且也不用心做買賣。那個東家,不過天天兒在外頭胡攪胡鬧,一天比一天虧空。現在拿票子取錢的,還不很擠。若到了年底,拿票子取錢的,一定是接連不斷的。恐怕那個舖子,要躺下的。

---

① 貪:底本作"演"。

第百五十七　年景荒涼

　　天津一埠，爲華洋萃集、官商聚會之區。每屆年終，街市之買賣年貨者，更屬紛紛擁擠，繁盛異常。近年津地瘠瘦，商困民窮，以致市面蕭條。刻將臘盡，而街市全無新年氣象。惟宮北有賣鮮花、紙花、小畫等事，亦屬寥寥無幾。據此可以徵本埠之貧乏矣。聞自本年八月節後，各項生意歇業者約有千家。若不設法挽救，將來更不知成若何景象耳。

　　天津這一個口岸，向來是中外的官和各商家聚會的地方兒。每逢到了年底，街上賣年貨的、買年貨的，都是擁擠不動的人，非常的熱鬧。近來天津地方兒，買賣也不好，人也很窮，市面上蕭索的利害。如今快到年底了，街上簡直的沒有新年的氣象。不過就是宮北有賣鮮花、紙花和小張的畫兒甚麼的，也不很多。這麼看起來，就可以知道這本地衰敗的情形了。聽說從今年八月節以後，各樣兒的買賣，關閉的差不多有一千家。若不想法子挽回，將來還不定成甚麼光景哪。

第百五十八　誹笑練兵

　　日前，某親王拜謁駐京某國公使，偶談及現在練兵一事，某使失笑曰"貴國練兵，非爲打我國人乎？試問貴國歷次所招練之兵，歲費若許軍餉，土匪尚不能打，尚望其能打洋人乎？奉告貴王，奏明貴國大皇帝，留此有用之巨款，修理宮園，尚可取歡貴國皇太后"云云。某親王聞此語，愧恨交集，悻悻而返，徧告屬員云"某國人實在可惡，某國人實在可惡，太看不起中國了"等語。

　　前幾天，有一位親王，拜一位外國欽差去，偶然談起現在練兵的事情來了，那位欽差就笑着說"貴國練兵莫非是爲打我們的國麼？我請問您，貴國屢次所練的兵，費了很多的銀子，連土匪還不能打哪，還能打洋人麼？我告訴您說，您奏明大皇帝，留這有用的銀子，修理宮園，還可以討皇太后的喜歡"這些個話。

那位親王聽了這一套話，又恨又臊，垂①頭喪氣的囘來了，他還滿處告訴屬員說："那國人實在可惡，那國人實在可惡，他太瞧不起中國了。"

第百五十九　廢弛已極

近日内廷禁地，凡來往行人，首戴官帽，皆可放行，否一概阻止。日昨忽有一人，衣履奇異，形類匪徒，昂然直入。嗣有某學堂學生亦欲隨入，竟被門丁阻喝。某學生揚言："彼一匪人，尤令放行，我輩讀書者何以止之？"彼此口角，經傍人解勸始罷。蓋從前内廷出入，人雖頂有纓冠者，尤認真查驗，非有腰牌不准放行，以重禁地。何日久懈生，至此極也？

近來內裡頭禁地，所有來往的人，只要戴着官帽的，都可以放過去，不戴着官帽的，不叫他過去。前幾天，忽然有一個人，打扮的很奇怪，樣子像匪類似的，大搖大擺的進裡頭走。還有一個學堂的學生，也要打裡頭走，門上的人把他攔住了。學生就說："他那麼一個匪類，倒放他進去，怎麼我們念書的不叫進去呢？"彼此爲這個辯嘴②，有傍邊兒的人，給他們勸開了。從前内裡頭出入的人，雖然戴着官帽，也要認真的查，沒有腰牌，不放他過去，所爲的是嚴密禁地。怎麼日子多了，就這麼懈怠了呢？

第百六十　門丁誤認

京師各門丁盤查出入行人，惟沙窩門爲尤甚。日前有某甲由沙窩門進城，當被門丁某瞥見，疑係携帶私貨者，於是門丁尾諸其後。行至臥佛寺後，該門丁即將某甲攔阻，曰："官司你打了罷。"某甲問係何故，門丁云："爾携帶私貨，仍不領罪。"於是上前盡將衣服脱去，盡力搜驗，查無一物。門丁自知情屈，遂

---

① 垂：垂。
② 辯嘴：拌嘴，爭吵。

用好言撫慰，某甲仍嘵嘵①不已。不知如何了結。

北京城各城門的門丁，盤查出入的人，就是沙窩門兒最利害。前幾天有一個人進沙窩門，有一個門丁看見了，疑惑他帶着私貨哪，這麼着那個門丁就在後頭跟着他。趕走到臥佛寺的後頭，那個門丁就把那個人攔住了，説："這個官司你打了罷。"那個人就問甚麼緣故。那個門丁説："你帶着私貨了，還不認罪麼？"説話之間就上前去，把那個人的衣服給脱下來了，渾身一搜，一點兒東西也沒有。那個門丁自己知道理屈，就拿好話安撫他，那個人還是不答應。不知道後來是怎麼完的。

第百六十一　不速之客

前門外長巷三條胡同王姓，於本月初九日遷移新房開賀。正在設宴熱鬧之時，突有某國多人闖入，將酒蓆棹面全行打毁，並將王姓新買之妾用車拉走。該甲情托某舌人②解説，向外國人索人拉回。舌人刻即到某國人住處關説。據該國人云，翌日帶洋一百元，再爲取人。王姓當同舌人到煤市街源豐潤滙票莊對洋元一百，定於次日將人送至長巷三條云。

前門外頭長巷三條胡同，有一家姓王的，本月初九這一天，搬到新房子去開賀。正在宴會熱鬧的時候兒，忽然有某國好些個人闖進來了，把酒席桌子甚麼的全給打壞了，並且把姓王的新買的一個妾拿車拉走了。那個姓王的就託了一個通事③，和外國人説要這個妾。那個通事就到外國人住的地方兒這麼一説。那個外國人説，明天帶一百塊錢來，可以取這個人。這麼着姓王的，又同那個通事，到煤市街源豐潤票莊，兑了一百塊錢，定規的是第二天，把人送到長巷三條胡同去。

---

① 底本作"曉曉"。嘵嘵：爭辯的聲音。
② 舌人：翻譯。
③ 通事：翻譯。

第百六十二　甲乙談奇

日前上午，賓宴茶樓有甲乙二人，啜茗而談。某甲曰："自庚子後，兵燹①之餘，珍珠、寶石等貨或被焚毀，或被洋人買去，日見少而不增，有居奇者可以待價而沽。"乙搖首曰："不然，方今維新世界，礦務將興，寶石晶玉，礦產頗多，何云奇貨？"甲問："據君所云，何爲奇貨？"乙曰："自張香帥晋京以來，整頓學堂，遞減科舉，而今而後，有減而無增者，惟有秀才耳。"聞者爲之解頤。

前幾天早半天，賓宴茶樓有倆人，喝茶閒談。這一個人說："自從庚子年兵災之後，所有珍珠、寶石這些個貨，也有被燒毀了的，也有叫外國人買了去的，東西是一天比一天見少了。有存着這貨的，可以賣好錢哪。"那個人就搖着頭說："不然，如今文明世界，所有開礦的事情，都要興旺起來的，那些個寶石、水晶、玉器，礦裡頭很多，那又算是甚麼貴重的東西呢？"這個人又問他："依你說，如今甚麼是貴重的東西？"那個人說："自從張香帥②到京來，整頓學堂，那科舉一年一年的往下減，從此以後，有減無增的就是秀才了。"聽這話的人都笑了。

第百六十三　寒酸故技

每屆年終，寒士在街巷書售春聯，以筆墨爲生涯，與售賣桃符者互爲擁擠。然善書者，終日揮毫，可謀小利；稍劣者，雖受半旬凍餒，而無能爲也。刻將入臘，書春者均在前門大街粘貼據地。昨有一學究，在某號門首將報單粘刷畢，突有一寒儒繼至，即阻止曰："此係我舊地，何以不問，遽行佔據③？"彼此口角，經人解勸始散。噫！士林風味，何窘迫至是也！

每到了年底，那寒苦念書的，在街上賣那新年的對子，靠着筆墨爲生，和那

---

① 兵燹：因戰亂而造成的焚燒破壞。
② 張香帥：張之洞(1837—1909)，字孝達，號香濤，任兩廣總督時擊敗法軍，被譽爲抵禦外來侵略中運籌帷幄的"張香帥"。1903年，他與袁世凱奏請試辦遞減科舉，1904年上奏《請立停科舉以廣學校折》。
③ 據：底本作"倨"。

賣門神的彼此擁擠。可是寫好字的，一天家手不停筆，可以賺點兒錢；那寫的不好的，白挨半個月的凍餓，也得不着甚麼。現在已經進臘月了，賣對子的，都在前門大街貼上帖兒，佔下地方兒。昨兒有一個學究先生，在一個舖子的門口兒貼上報單了。忽然又有一個窮念書的來了，就攔他説："這是我的舊地方兒，你怎麼也不打聽打聽就佔下了？"彼此爲這個辯起嘴來了。後來有人給他們勸開了。嘻！士林的風味，會窮到這步田地呀！

第百六十四　投交票銀

湖南官錢局於本年三月間，在北洋官報局訂印官票三十萬張，每張價銀貳分。當經滙交半價，加工趕製，刻已刷印完竣。計套印五色，花紋精細，彩色鮮明，與日本印刷官局所製無異，而時日較速，運價復廉。現由湘省委員徐大令領解後半票本銀，來津投交；將官票銅版一律點驗，裝運回湘；並由趙次帥分咨南北洋，轉飭津滬關道，免稅放行。

湖南官錢局，在今年三月裏，在北洋官報局訂下印官票三十萬張，每一張價錢是二分銀子。那個時候兒，先滙了一半兒價錢來，官報局就趕緊的給他們做，現在已經都印完了。套印五色，花紋很精細，彩色鮮明，和日本印刷官局所做的沒有分別，而且做的日子很快，運費也便宜。現在由湖南省派了一個候補知縣姓徐①的委員，把那下一半兒的印費，送到天津交給官報局了；把印得了的官票和銅板，都點明白了，運囘湖南去了；並且由湖南巡撫行文給南北洋大臣，盼咐天津和上海的海關道免稅放行。

第百六十五　蒙王奏對

探悉日昨召見之某蒙古王公，兩宮詢其俄人於蒙古邊界一帶，邇年情形若何。某王公奏對："蒙古邊地綿亙遼濶，金銀礦苗興旺，久爲俄人所覬覦。然我

---

① 徐：底本作"除"。

蒙古官軍於邊界要隘嚴加防範,是以俄人未遂其志。乃近來於蒙古都爾布特地方尤爲垂涎,每遣統帶武官,督率工人,在該處丈量地基,精心察勘。並聞有在彼建立俄都之說。乞聖上萬勿允諾,若從其此志,則東省之利權,恐盡歸於俄矣。"

聽說前幾天召見蒙古王公,裏頭可就問到俄國人,在蒙古邊界一帶,近來是怎麼個情形。那王公回奏說:"蒙古邊地很寬大,金銀的礦苗很旺,俄國人早已看着就眼饞。可是我們蒙古官兵,在邊界要緊的地方兒,很用心的防備他,所以俄國人没能得手。可是近來俄國人,於蒙古都爾布特地方,更惦記的利害。常打發統帶武官,帶着工人,在那個地方兒丈量地畝,用心的察看。並且聽說,有在那個地方兒建立俄國京城的話。求皇上千萬别答應他,若是他得了手,那東三省的利權,都歸了俄國了。"

第百六十六　掩遮物議①

商務考取第七名之司員龔駕部,日前忽封銀票五百兩,送至該部正堂宅内。該部正堂見之,大怒曰:"似此賄賂公行,實屬不成事體。"擬於日内據實嚴參。說者謂該部因咨調各處官員到部當差,多有以巨款呈送作爲贄敬②謀求咨調者,外間頗有物議,紛騰人口。故此次該部藉此細款嚴行參辦,以爲掩飾之計。然某駕部亦可謂之不幸。按其事已見昨日電傳明諭矣。

商務部考取第七名的兵部的司官姓龔的,前幾天,忽然他封了五百兩銀子的銀票,送到商務部正堂宅裏去了。那位正堂看見了,很生氣就說:"像這麼樣賄賂公行,實在是太不像事。"打算這幾天要參那個司官。外頭有人議論,說是這一回商務部咨調各衙門司官,到商務部來當差,多一半兒都是花很多的銀子打點,做爲贄敬,謀求這個差使,外頭很有口舌。所以這一回,那衙門把這個花銀子頂少的司官這麼一參,這也是遮掩的法子。然而這兵部的司官,實在是倒運。這件事情,昨天已經見了有電報發的上諭了。

---

① 物議:衆人的議論,多指非議。
② 贄敬:爲表敬意而送的禮物。

第百六十七　舍己救人

日前，地安門外鼓樓後劉姓家之子名二格，年已十一，其子誤落於家外井內。經汲水人見之，即報知附近巡捕處求救。當來一巡捕長，率三巡捕至井側，聞井內號救之聲，一巡捕援拯情急，奮身跳入井內而援之，其子已在浮沉之際。及至用繩將子牽上時，氣已絕矣。急救之巡捕亦牽繩出井。經子之母報明，買棺將子屍殮埋。夫警察人員有舍己救人之義，若此巡捕者，則得之矣。

前幾天，後門外頭鼓樓後頭，有一家姓劉的孩子，名字叫二格，十一歲，掉在一個井裏頭了。打水的人看見了，就趕緊的報知左近的巡捕處救這個孩子。一個巡捕長帶着三個巡捕來了，到了井的傍邊兒，聽見井裏頭直嚷救人。有一個巡捕急了，就跳在井裏去了，那個孩子正在裏頭飄遥①着哪。趕到拿繩子拉上來了，已經嚥②氣了。這麼着就又把那個巡捕也拿繩子拉上來了。那個孩子的母親報了官，買了棺材，裝殮起來埋了。按當警務差使的，原有舍己救人的道理，看這個巡捕，實在是真有這麼一點兒義氣。

第百六十八　商部無實

傳聞日前四大恒銀號條陳一整頓銀錢之法，到商部投遞，而商部不收其稟。往遞三次，終不肯收，繼乃令其向都察院投遞。該商人言曰："貴部以保商爲專責，今商人等爲商務稟請保全，貴部不管，誰復肯管耶？"當由某司員飭之曰："本部係辦外洋商務，不能辦內地商務也。"該商人又曰："然則外洋是商務，內地即不是商務乎？內地商務尚不能辦，即能辦外洋商務乎？"某司員怒曰："你去問皇上罷！"該商人乃不敢言。未知確否。

聽說前幾天，四大恒銀號有一個整頓錢法的見解，遞到商部去了，商部不

---

① 飄遥：飄搖。
② 嚥：咽。

收。遞了三回，始終不肯接。後來告訴他，叫他到都察院遞去。那個商人就說："貴部保護商務是專責，如今我們商人，因爲商務稟請保全，貴部不管，該當誰管呢？"商部的司官就說："本部是辦外洋商務的，不能辦內地商務。"那個商人就說："那麼在外洋的是商務，內地的就不算商務麼？內地的商務，還不能辦哪，就能辦外洋的商務麼？"那個司官生了氣了，就說："那個你問皇上去罷！"那個商人不敢言語。不知道這話真不真。

第百六十九　站長豪華

各省火車站口，脚行①竊物之弊不無其事，而京師尤甚。每遇車至開行，均聽其站長指揮。其車內執事及脚行人等，與站長聲氣相通。遇有輜重之物，搬運起落，肆行勒索。其詐取之貲，互相分散，則站長以十之四自居。津京站長李某，逐日在外設酒尋花。聞其月間薪水只僅五十元，而復在妓寮處購選一妓，約需銀二千金。想其平日分取之資料不乏也。蓋火車一事，有關國政，不悉該總辦有所聞否。

各省火車站地方兒，脚行偷東西的毛病，不是沒有的事，可是北京城更利害。每逢火車開的時候兒，都是聽站長的指揮。那車裏頭管事的和那脚行的人，和站長都是通同一氣。遇見有要緊的東西，給客人搬運，撒開了勒索錢。所訛來的錢，他們彼此分肥，那站長分得十分之四。那天津到北京的鐵路站長，有個姓李的，天天兒在外頭喝酒攪鬧。聽說他每月的薪水，不過五十塊錢，可是他在窰子裏買了一個妓女，大約花了有二千兩銀子。像他平常所分的肥，大概不少罷。火車的這件事情，關係國政，不知道總辦聽見了這件事情了沒有。

第百七十　僞票欺人

北京銀市向設在正陽門外珠寶市。所有內城、外城各銀號錢店，俱於每日

---

① 脚行：搬運行業，這裏指搬運人員。

破曉至該處核計銀盤、錢盤,以定市價。銀饒錢乏則錢價增漲,多錢缺銀則錢價跌落。各錢行在彼互相以銀購錢,以錢易銀,由來已久。聞日前突有某甲乙冒充内城某銀號,持鈔七百餘吊,至銀市購銀寶一枚。已經言妥,携銀欲行,不料被銀市人詳閱其票,偵知其僞,即將該甲乙二人扭獲扣留。不知作何了結。蓋聞銀行人云,此二百餘年罕有之事也。

北京的銀市,向來是在前門外頭珠寶市。所有城裏頭、城外頭的各銀號錢舖,都是每天天一亮,到那銀市上聽錢盤子去。大概銀子的行市,是這麽定規:銀子多錢少,錢的行市就大;錢多銀子短,錢的行市就落。各錢行都是在市上賣銀子賣錢,這也是由來久已了。聽説前兩天,有倆人到市上,假充是城裏頭某銀號的人,拿着七百多錢的票子,到市上買了一個元寶。價錢都説妥了,錢也給了,剛要拿銀子走,誰知道銀市上的人細一看那票子,知道是假的,可就把那倆人扣下了。不知道後來怎麽了結的。聽錢行的人説,這是二百多年少有的事。

第百七十一　迷信難革

教場四條胡同路西李氏之家,其前門本在五條,後院另闢一門出賃,俗皆謂爲凶房。春間浙江曹某賃居,一病幾殆,狼狽而逃。至五月初,有刑部項某遷入,不兩月因瘋自戕而斃,眷屬他徙。即有中書科某君挈眷北來,賃居於此。月餘,其妾亦瘋,未及租期而去。此房遂空,無復敢問鼎者。其宅之果凶耶?抑會逢其適也?非教育大行,迷信之俗終不能革。此雖小節,亦可覘國民進化之程度矣。

教場四條胡同路西,有一家姓李的,他的前門兒是在五條胡同,後頭院子另開了一個門出租,俗説是凶房。春天的時候兒,有一個浙江人姓曹的,租了那個房子住,病了一場,差一點兒死了,趕緊的搬了走了。到了五月初,有刑部當差的姓項的,搬進去了,不到倆月,因爲瘋了自刎了,家眷也搬開了。又有中書科一位當差的,帶了家眷往北來,租住那個房子。有一個多月,他的一個妾也瘋了,没住滿日子就搬了。這個房子閒着哪,簡直的没人租。那個房子果然是凶麼,還是遇巧了出這個事呢?非教育大行,這樣兒的風俗,斷不能改的。這個雖然是小節,也可以看出國民的進化是怎麽樣了。

第百七十二　殷鑒不遠

近有某員,於崇文門內某帥之宅內設知恥會,專以開通民智、激發天良爲主。聞其墻壁懸有圖畫,係某年某月某國與我國開釁,我國某員如何受其挫辱,某員如何受其欺壓;及庚子拳匪如何肇亂,聯軍如何入城,某員受制,並婦女如何受某國兵丁凌辱,極爲細密。其旁均註有漢文,以期一目了然。其棹上設有地圖、書籍,均係激發人心之義。聞德國受法國之敗辱後,即用此義激動民心。是以不數年,德國又將法國戰負,視前尤甚焉。

近來有一個官,在哈達門裏頭一個官宅裏,設立了一個知恥會,專爲的是開通民智、激發天良。聽說那屋裡墻上,掛着有畫出來的圖樣,是某年某月,某國和中國開仗,中國的某官怎麼吃人家的虧,某官怎麼受人家的欺負;到了庚子年,拳匪怎麼做亂,聯軍怎麼進城,官員怎麼受人家的挾制,婦女怎麼受某國兵丁的凌辱,畫的頂細。傍邊兒都寫着漢文,可以一目瞭然。並且桌子上擺着地理圖和書甚麼的,都是激發人心的意思。聽說當初德國叫法國打敗了之後,就是用這個道理激動民心。所以不多幾年,德國又把法國打敗了,比從前還利害。

第百七十三　局詐新奇

京西蕭家河屠户某甲,日前買得農人某乙之羊數十隻,拖欠銀兩,日久未償。某乙情急,即同其妻日夜在某甲舖中守候,已月餘矣。某甲百般央求,某乙不離寸地。日前突有營弁數人,將某甲鎖扭而去。即將舖內物件抄没,所剩者惟有破房一間耳。某乙夫婦大失所望,悶悶而歸。事後聞知,所來之營弁係某甲之親族設局耳,不然某乙夫婦終無去日。可謂局詐之別開生面者。

京西蕭家河,有一個屠户,前幾天買了一家種地的人幾十隻羊。該下的銀子,好些日子没給。那個種地的急了,就帶着他的媳婦兒,黑下白日的,在那屠户的舖子裡等着要錢,等了已經有一個多月了。那個屠户怎麼央告他們,所不肯離開。那個舖子到了前兩天,忽然營裡來了幾個小武官,把那個屠户鎖套脖拿了走了。把舖子裡的東西抄了個罄淨，就剩了一個破房子了。那兩口子一瞧，一點兒落子①也沒有，灰心喪氣的回家去了。事後纔聽見說，那天所來的那幾個營裡的人，都是屠户的親戚本家，他們做出來的活局子②。若不這麼辦，那兩口子老沒走的日子。這樣兒詭詐的法子，真算是別開生面。

第百七十四　刧宅駭聞

日昨宣武門外西草廠胡同徐宅，突有賊匪二十餘名，奪門而入，各執手槍，將其僕役人等全行縛住。任意搜掠室內衣服首飾等件，刧掠一空，並將少主人等用刀砍傷。乃各懷細軟之物，奪門而去。其時練勇正值繁巡街段，見賊匪入院，守門待出，以爲擒獲。不料賊匪勢猛，不敢與抗，舉目遠送，互相斜視，並未有一敢揚言者。且該處與北城練勇局相隔數步，何以竟任其逃颺？當道者似宜嚴加整頓也。

前兩天順治門外頭、西草廠胡同徐宅，忽然來了二十多個賊，闖開門進去了，都拿着小手槍，把底下人全捆上了。撒開了一搶東西，把屋裏的衣服首飾搶了個一乾二淨，並且把少主人也拿刀砍傷了。把那細軟的東西都揣在懷裏，闖出門去走了。那個時候兒，練勇正巡察街段哪，看見賊進那院子裏去了，他們就在門口兒等着賊出來，好拿他們。誰知道，他們看見賊的勢頭很利害，不敢動手，就眼看着他們跑遠了。彼此你看我我看你，並沒有一個敢説拿他們的。並且那個地方兒，離着北城練勇局不過幾步兒，怎麼會就叫賊都跑了呢？管地面的官員，似乎也該當好好兒的整頓整頓罷。

第百七十五　偷漏關稅

兵燹後，肅邸整頓稅務一節，本極美善，然貪利之徒尤能設法偷漏。按刻

---

① 落子：生活上的着落（指錢財等，只用在"有、沒有"後邊）。
② 活局子：圈套，騙局。

下蘆漢鐵路北京稅局在京津車站之區，如遇京津火車行至，而蘆漢火車亦至，則巡稅兵丁張惶失措，東突西竄，不免有顧此失彼之勢。茲聞日前蘆漢二次火車來京，有某甲携帶貨物數包，遂派人荷負，由車站之西渡河而遁，巡稅之兵皆未悉其事，因得遠揚。似此疎懈日久，則貪利之輩，尤恐仍復舊轍。望當道者在蘆漢車站仍安設一分局，庶可免偷漏之虞也。

兵災之後，肅親王整頓稅務，辦理的本來是頂好，可是貪利的人，更能想法子偷漏。按目下蘆漢鐵路，那北京稅局子，是在京津車站的地方兒，若是遇見京津的火車到了，那蘆漢的火車也到了，那巡稅的兵丁可就惶了，東一頭西一頭的，不免顧得了這一邊兒，就顧不了那一邊兒了。現在聽說，前幾天蘆漢鐵路第二盪火車到的時候兒，有一個人，帶着好幾包貨物，雇人搬運，從火車站的西邊兒過了河就走下去了。那巡稅的兵，都不知道這件事。像這麼樣兒的懈怠，日子多了，那貪利的人，還是要拾起那舊毛病來的。當差的人，該當在蘆漢火車站再設立一個分局，可就免有偷漏的事情了。

第百七十六　不知何故

月之十一日下午三鐘，宣武門外趕驢市地方，有人力車數輛，一坐老叟，一坐某國人。又一某國人信步而行，左手持刺，右手携槍，光明耀耀，形跡可疑。某甲尾之，欲窺舉動，被某國人施放手槍，將其打倒。彈從頂門而入，血色淋漓，赤白出現，登時斃命。該街禁段練勇聞擊槍聲，行色張惶，步履競戰，見係洋人，互相竄匿，未敢聲張。由此觀之，某國人視華人直如草芥也。當道者宜如何據理抗爭，以挫其兇熖①也。

本月十一這一天，後半天三點鐘，順治門外頭趕驢市地方兒，有好幾輛東洋車。一個車上坐着一個老頭兒，還有一個車上坐着一個外國人。又有一個外國人步行兒走，左手拿着槍刺子，右手拿着槍，明晃晃的很可疑。有一個中國人跟着他，要看一看他有甚麼舉動。那個外國人就放了一槍，把他打躺下了。槍彈子從腦瓜頂兒進去的，流了好多的血，連腦子也出來了，立刻就死了。

---

①　熖：焰。

那個街上有巡街的練勇，聽見槍響，惶惶張張①的就跑來一看，見是洋人，彼此躲開藏起來了，没敢說甚麼。這麼看起來，那個外國人看中國人簡直的如同草芥似的。當道的大老②，該當是怎麼樣和他們講理，別叫他們這麼隨便橫行纔行哪。

第百七十七　槍斃續聞

順治門外趕驢市，某國人將華人槍斃一節，頃聞此華人居住香爐營頭條胡同，係五城街道衙署書役劉旭齋之次子，年二十一歲。是日被槍擊斃後，伊父兄遂將尸抬至家中，未裝殮。並聞其父有欲赴外務部遞呈伸寃之意，未悉確否。

順治門外頭趕驢市，有一個外國人把一個中國人打死了的那一案，聽說那個中國人，住在香爐營頭條胡同，是五城街道廳衙門一個書辦劉旭齋第二個的兒子，今年二十一歲。那一天被槍打死了之後，他的父親和哥哥，把死屍抬到家裏去了，還没裝殮哪。聽說他父親，要到外務部遞呈詞伸寃去，不知道真不真。

第百七十八　因疑致命

日前有劉某者在趕驢市被某國人用槍擊斃一節，今探其緣由。蓋教民辭世者，則堂中均有治喪銀兩以郵之。茲因有某教人溘逝，經同教者偵知，冒充其名到堂領取。及其本家復赴堂親領喪貲，方知被某騙去。其教牧師遂派洋兵協同，將冒領之人扭獲，載於車上。將行至其處，某不知底細，乃尾之於後，欲觀舉動。某國人心疑同黨，恐其切掠，故開槍將伊轟斃。茲聞伊父以事已至

---

①　惶惶張張：慌慌張張。
②　大老：大佬。

此,無可如何,已將其尸骸裝殮,定於月之十四日掩埋云。

前幾天,有一個姓劉的在趕驢市,叫一個外國人拿槍打死了的那一案,如今打聽出那個緣故來了。原來教民死了,那堂裡都給點兒白事銀子。近來因爲有一個教民死了,有一個同教的人,知道這件事情,就冒名到堂裏去,把那一筆白事銀子領了去了。趕死人家裏的人,到堂裡領這個銀子去,纔知道是叫從前來的那個人騙了去了。這麼着牧師就派洋兵,同着死人家裏的人,一塊兒去把那冒領的人拿住了,裝在車裏頭了。趕走到趕驢市的地方兒,那個姓劉的,他原來不知道這個事情的底細,就在後頭跟着,意思要瞧瞧怎麼個動靜。那個外國人看見他在後頭跟着,心裏疑惑是同黨的人,恐怕他把那個人搶了去,所以開槍把那個人打死了。聽說那死鬼的父親,因爲事情已經這麼樣了,無可奈何,就把屍首裝殮起來,就在十四那天埋了。

第百七十九　吉期封印

本月二十一日乃封印之期,各衙門行封印禮。照欽天監選定,是日午時,屆時各官員咸吉服齊集署內。署門懸綵,堂中設香案,奉印出匣於案。官上香,行三跪九叩禮。吏讚禮,然後收印於匣,上加紅紙書封。署門柱粘貼紅紙,滿漢合璧,所書封開印之日時。明年正月十九日巳時,其禮如封印時。封印期內,若遇行用印文之事,乃用封印前所鈐印①之紙,作成文書。其文在鈐印之傍,註書"豫用空白"四字,以別封印期內所行之印文云。

本月二十一是封印的日子,各衙門舉行封印的禮。按着欽天監挑好了的日子,這一天午時封印。各官員們都穿公服到衙門裏去。衙門的門上掛彩綢,大堂上擺上香案,把印從印匣裏拿出來,擺在案上。官員都燒香,行三跪九叩的禮。書辦唱完了禮,然後把印收在印匣裏,加上紅紙封條。衙門外頭門柱上,貼上紅紙,寫的是滿漢合璧的字,所寫的是封印開印的日子。到了明年正月十九巳時開印,那個禮節和封印的禮節是一個樣。若是在封印的日子裏頭,有用印文的事情,用的就是封印以前先印得了的那個紙,做成文書的。在那印

---

①　鈐印:蓋印章。

的傍邊兒，寫着"豫用空白"，爲的是分別是在封印的日子裏頭所用的印文。

第百八十　錢店盤剝

楊梅竹斜街某錢店係庫書陸某所開，專盤剝外來官商。日前有在興升店住之某大令，持該號銀票十兩往購烟土，找囘現銀六兩五錢。次日復將原銀往該舖換錢。彈兌既畢，即稱平色俱不足數，僅折實銀六兩二錢。某大令大怒，謂："銀係爾所找，僅隔一宿，已短三錢，非汝輩欺生客而何？"堅欲扭控諸官，經街隣再三調處始息。蓋都門小錢舖，輕出重入，大概如此。每年客商之被蝕者，不知凡幾。此亦弊俗難革之一端。

楊梅竹斜街有一個錢舖，是一個庫上的書辦姓陸的開的，專吃外來的客人。前幾天，有在興升店住着的一個知縣，拿着那個錢舖的一張十兩的銀票去買烟土，找囘六兩五錢現銀子來。趕第二天又把那銀子拿到那錢舖去換錢。那個舖子的人，把銀子平完了，就說是銀子的分量成色都不彀，不過可以折六兩二錢銀子。那個知縣生了氣了就說："這個銀子是你們找給我的，纔隔了一夜的工夫，就短了三錢銀子，你們這不是欺生是甚麼？"就揪着那個舖子的人，打定了官司了，街坊出來就這麼一說合纔完的。京裏這小錢舖，向來是輕出重入，大概都是這麼樣。每年外來的客人，吃這個虧的，不知道有多少了。這也是不容易除的一個弊。

第百八十一　客商須知

京津火車開通以來，客商稱便，票房亦無格外需索。其脚行浮收①，在所不免。第目下東城根車站夫頭某者，倚仗根柢堅固，遇事生風，招搖撞騙。不獨價外浮收，而且留難需索。皆因急於就道，隱忍不究。近有外務部某官員亦

---

① 浮收：額外徵收。

被遭遇①,其他客商更可想見。近雖爲委員枷責示眾,未必從此痛改。緣彼有所恃而無恐,斷難望其除害。惟有奉申吾輩行道諸君,務宜各自小心,免受蹂躪,并望當道大人整頓,以安客商幸甚。

從北京到天津的火車,自從開通之後,客商都說是很方便。那賣票房,也没有另外勒索錢財的事情。那腳行多要幾個錢,也是不免的。可是現在東城根兒車站,有一個腳行的頭兒,倚仗着根子硬②,遇見點兒甚麼事情,就要出壞主意,招搖撞騙。不但車價另外多要,而且囉瑣③客人訛詐錢財。那走路的客人,都是忙着趕路,只可忍耐,不和他較量。近來有外務部的一個官,也受了他囉唣,别的客人那更不用說了。現在雖然委員把他枷號示眾,他也未必能改那毛病。因爲他身後兒有仗腰子的④,他不怕這些個,所以斷難除這個害的。不過我告訴走路的諸位,總要自己多小心,免受他的害。我還盼望大人們,想法子整頓整頓,叫行路的客人得其平安。

第百八十二　瘋漢被責

崇文門外有瓦匠張某,素患瘋疾,人皆以張八瘋子呼之。日前行經花兒市大街,適某宅僕人頭戴官帽,自西而東,當被張八瘋子在後瞥見,高聲罵曰:"衣裳架子,你往那裡去?你是那個贓官的走狗,頭戴纓帽,倚勢欺人。光緒二十六年,你們戴官帽的一個不見。今日有了皇上,你們又來欺負老民也。"愈罵愈怒,遂將某僕官帽奪來,擲於某舖房簷上,竟以老拳相贈。某僕向花兒司飛奔而去,遂將張八瘋子控告。當被司官韓君將張某重責三十板,以儆瘋癲云。

哈達門外頭,有一個瓦匠姓張,向來有瘋病,人都管他叫張八瘋子。前幾天他走到花兒市大街,可巧有一個宅裏的底下人,戴着一頂官帽,打西往東來了。張八瘋子在後頭看見了,就大聲罵他說:"嘿!衣裳架子,你往那兒去啊?你是那個贓官的走狗啊?腦袋上戴着纓帽,倚仗着勢力欺負人!光緒二十六年,你

---

① 遭遇:糟蹋。
② 根子硬:後台或靠山的根基强,勢力大。
③ 囉瑣:囉唆,這裏指糾纏。
④ 仗腰子:依仗的靠山。也説"仗腰眼子"。

們這戴官帽的,怎麼一個也不見了？如今有了皇上了,你們又欺負人來了！"越罵越生氣,這麼着,他就把那個底下人的官帽硬摘下來,扔在一個舖子的房上了,還拿拳頭打他。那個底下人,飛似的跑到花兒市的司裏,就把張八瘋子告下來了。司官韓老爺,把張八瘋子打了三十板子,不叫他這麼瘋瘋癲癲的鬧事。

第百八十三　瘋漢被押

張八瘋子在花兒市司被責一節,茲聞被責後即時釋放,張八瘋子餘怒不息,竟沿街叫罵曰"好一個買賣官"等語。日前該瘋漢行至元寶市,見甲乙二人在彼演箭,張八瘋子呼之曰:"兩個瞎了心的,你們還射箭哪,你們也不瞧瞧外國的電線滊車,人家外國人用的是甚麼樣的心。假如要派你們守海口去,每人身後還得六個人給你們挑着箭咧。再說洋人開了槍,你們射箭准成嗎？可惜我們老民的錢,都教你們太爺們給這麼捐弄①了。"當被挑水夫某丙勸之而去。近日地方官恐其滋事,已將其送交大興縣看押矣。務望該管官與其延醫調治,愈後釋放,此亦一德政也。

張八瘋子,上囘在花兒市司裏挨了打的那一件事,聽說把他打完了就放了。那張八瘋子,氣還不消,簡直的滿處大罵説"好一個買賣官"這些個話。前幾天,他又走到元寶市,看見有倆人在那兒射箭哪,張八瘋子就大聲嚷着説:"兩個瞎了心的,你們還射箭哪！你們也不瞧瞧人家外國的電線火車,用的都是甚麼樣兒的心思。假比若派你們守海口去,你們一個人身後頭,還得有六個人給你們挑着箭。再説洋人開了槍,你們射箭就準行麼？可惜我們百姓的錢,叫你們太爺們都給捐弄了去了！"這個工夫兒,有個挑水的把他勸走了。近來地方官怕他鬧事,已經把他送到大興縣去看押起來了。我盼望縣官快請大夫,給他治好了,把他放了,這也是一件德行的事。

---

①　捐弄:搜刮。

第百八十四　發給卹銀

大宛兩縣貧而無告之民,向由順天府及五城察院,每年四季發給孤貧之粮以卹之。自庚子變後奏明,以粮折銀發給。每季每人給銀九錢,本年春夏一季已經發給。現經順天府示諭,本年秋冬二季,孤貧人等應領之銀定於本月二十二日,在府署內發給,本堂親至大堂監視。所有內城孤貧人等六百零六名,外城孤貧人等三百名,各持①官給領銀之名牌,照牌給銀。如假牌冒領,及售牌他人來領等弊,若經查出,或別經發覺,定行懲處。如無牌之人,莫至本府,以免滋事云云。

大宛兩縣沒有倚靠的窮民,向來是由順天府和五城按着每年四季,放給他們孤貧粮,憐恤他們。自從庚子年變亂之後,奏明了,把孤貧糧折價給他們。每一季一個人,給他們九錢銀子。今年春夏這兩季,已經都給了。現在順天府出告示,說是本年秋冬這兩季,所有窮民應當領的銀子,定規本月二十二這一天,在順天府衙門放銀子,自己在大堂上眼看着發放。所有內城孤貧的人,有六百零六個人,外城孤貧的人,有三百個人,都要拿着官給的領銀子的牌子,按着牌子給銀子。若是有假牌子冒領的,或是把牌子賣給別人領的,若是查出這些個弊來,或是叫別人告了,一定治罪的。若是沒有牌子的人,不必到本衙門來,免得鬧事。

第百八十五　銀行將開

北京庚子以前,凡富紳貴族之家,皆以巨款存儲各爐房及銀號等處,該商人尤可藉此生利。遇有緊要款項,亦可先為騰挪墊用。自兵燹之後,大相懸殊。各爐房及銀號錢店因存款無多,係勉力支持。然富貴之戶因其倒閉無時,抽時較難,故亦未敢擅存於外。茲有某太監招集巨股,在北京設立銀商,仿照

---

① 持:底本作"特"。

外洋銀行規模。現在款項集齊大半，擬於明春正之十六日開設。蓋開設後，富紳貴族遇有應撥之款，必當坦然存儲其處。該銀行較之爐房、銀號、錢店，定獲有餘利矣。

北京庚子年以前，所有富户貴族之家，都是把銀子存在爐房和銀號裡，商人靠着這個，也可以賺錢。遇見有要緊的用項的時候兒，他們也可以借給人家，也可以給人墊銀子。自從變亂之後，情形差多了。那各爐房銀號錢舖，因為存的銀子不多，不過勉力支應這個買賣。那些個富户，因為他們不定那時就關門，提銀子不容易，也不敢交給他們存銀子。如今有一個太監，招了好些個股份，在北京設立銀行，仿着外國各銀行的規模。現在股份銀子，已經湊齊了有多一半兒了，到明年正月十六要開市。趕開市之後，所有富户貴族之家，必可以放心大胆的把銀子存在那個銀行裏。那個銀行，一定比爐房、銀號、錢舖賺的錢多罷。

第百八十六　堅冰入窖

紫禁城、皇城、内外城，各城内皆有冰窖。而紫禁城内及皇城内與德勝門外者皆係磚窖，餘皆土窖。統計各城内外之冰窖，約十餘處，各冰窖每歲約藏冰數十萬塊。紫禁城内所藏之冰，專備上用及各宫之需。其餘各窖之冰皆售賣，獲利亦鉅。冰之最潔者，乃三海及西直門外護城河者。其崇文門外護城河之冰最為不潔。現在冬至已過，各河已陸續鑿冰納窖。昨日行至十刹海[①]岸，見藏冰之人於冰上鑿冰冲冲，蓋此技他人不能也。此項人稱鑿冰匠，文安、大城等縣人居多。

紫禁城、皇城、裹外城和各城裏頭，都有冰窖。可是紫禁城裏和皇城裏頭，還有德勝門外頭的，都是磚砌的冰窖，下餘的都是土冰窖。算起來各城裏外的冰窖，大概有十幾處，每一年各冰窖所收的冰，總有幾十萬塊。那紫禁城裏頭所收的冰，專預備宫裏頭和各做官的人用的。其餘各冰窖的冰，是賣給大家用，賺的錢也很多。這裏頭最乾凈的冰，是三海和西直門外頭護城河的。那哈噠門外

---

① 十刹海：什刹海。

頭護城河的冰，頂不乾淨了。現在已經過了冬至了，各河裏頭也都陸續着鑿起冰來了。昨天走到十刹海岸上，看見那收冰的人，都在冰上頭鑿冰哪。敢情別人不能作這個事。這一項人叫鑿冰匠，這一行的人，就是文安、大城縣的人多。

第百八十七　典息請損

京城典當，向來十吊以內月利二分，過十吊則分八、分六，過五十吊則分四、分五，過百則分二或一分，三百以外鼇數矣。當時現講價，大致不外前幾等數目。亂後則一律加爲三分月息，蓋因京城當舖百餘家，亂時保全者僅百中之一，餘皆刼掠一空。亂後重整舊業，賴此重利以補前虧。在該當商，固爲得計，然民間緩急相通者實苦之。茲聞有司以各當將近三年，獲利已厚，擬一律減爲二分半月息。行將入奏，通飭①遵辦，亦體恤民艱之一道也。

北京城的當舖，向來十吊錢以內，每月是二分利錢；過了十吊，是一分八、一分六；過五十吊是一分四、一分五；過一百吊是一分二或是一分；到了過三百吊，也就是幾鼇利錢了。這個可都是當面現講價，大概總不出那幾等數目。趕亂後通共都長到三分利錢了，因爲京城裏元來②有一百多家當舖，亂的時候兒保住的不過百分之一，其餘的都叫人搶了。趕到亂後他們從新整理他們的買賣，就靠着得這個重利錢，補他們從前的虧空。在他們做當行買賣的，自然這個法子也不錯，無奈當當的人，可是真難受。現在聽說，地方官因爲各當舖也快到三年了，得的利錢，也不少了，打算叫他們③通共都減到二分半利錢。若把這件事入奏，通飭各處遵辦，這也是體恤百姓的一件好事。

第百八十八　閒曹忠憤

昨有兵部副郎李君上書某邸，畧謂遠東之地，實我朝費二百年之經營，統百

---

① 通飭：通令。
② 元來：原來。
③ 們：底本作"門"。

萬之生靈,積骸若山,流血成河以占領之地也。今被俄人强爲佔據,我政府允宜亟行設法收回。如日本者,不過鄰封①而已,俄人初進步時,即遣兵籌餉,以備不虞。爲鄰封者,尚且如斯,而我政府苟安如舊。一旦遠東禍起,我與日本果孰輕而孰重,孰近而孰遠,不待智者而知之矣。宜請飭令政府,振刷精神,各發天良,速與俄人決議,先之以和,繼之以戰,如其不可,再乞鄰封之援,則幸甚云。

新近有兵部的一個員外郎姓李的,給了一位王爺寫了一封信。他說的是東三省的地方兒,實在是本朝費了二百年的經營,帶着一百萬的兵丁,血流成河,屍首如山,纔得的地方兒。如今叫俄國硬佔了去了,政府應當趕緊的想法子收回來。就像日本罷,不過是鄰封,在俄國人剛在東三省伸手的時候兒,日本就發兵籌餉,豫備後來的事。人家一個鄰封,尚且如此,怎麼偺們政府,還是照舊的沒事人兒似的。一旦東三省大禍一起來,偺們和日本比一比,是誰輕誰重,是誰遠誰近,誰都可以明白這個罷。如今該當請朝廷吩咐政府,叫他們打起精神來,發出天良來,快快兒的和俄國人說話。先用和的法子,然後再講打仗。若是不行的時候兒,再求鄰封幫助,這是要緊的。

第百八十九　是乃知心

花兒市大街有星士某甲,在彼設擺卦攤,橫懸一布,上書"言必有中"。並有對聯一付②,云:"喚醒迷人歸正路,指明賢士上雲梯。"橫披書"知心處"三字。日前有沙窩門外花園某乙問卜曰:"余日前失去一物,不知可能尋覓否,先生爲我詳算之。"於是星士抽簽佈子,口內喃喃曰:"此物仍在君室,急尋可得,遲則無矣。"乙笑曰:"先生我丢了一條牛,焉有在屋内之理?"旁觀者莫不大笑。近日東南城外傳爲笑柄。不知某乙寔意問卜耶?或以星士取笑耶?然星士之謬妄,亦可概見。

花兒市大街,有一個算命的,在那兒擺了一個卦攤兒,上頭橫着掛着一塊布,寫着"言必有中"。另外有一幅對聯,上頭寫着"喚醒迷人歸正路,指明賢士

---

① 鄰封:鄰國。
② 付:副。

上雲梯"。還有一個橫披，寫着"知心處"三個字。前兩天有沙窩門外頭花園子的一個人去占卦，說是："我前幾天丟了一樣東西，不知道還能找得回來找不回來，請先生給我細算一算。"這麼着那個算命的，就抽出一根簽兒來，然後把卦子擺了一擺，嘴裏就說："您丟的這一樣東西，還在您屋裏哪，您可快找去，晚了可就沒有了。"那個人就笑着說："先生我丟的是一隻牛，有在屋裏的理麼？"傍邊兒看着的人，全都笑起來了。近來南城外頭，都拿這件事當作笑話兒。不知道那個人是真心來占卦呀，還是拿這個算命的打哈哈來呢。然而那個算命的，信口胡云，也就可知了。

第百九十　習俗相沿

本月二十日立春，順天府照例行迎春之禮。豫於府署大門內左右搭二蓆棚，內設芒神童子及春牛之像。其像以蓆與紙裝成，塗以彩色。立春日清晨，沈大京兆率屬員等咸吉服往東直門外迎春亭地方。各役先於是地搭棚結綵，置芒神、春牛各像於棚內。正中設香案，上懸所繪芒神春牛之圖。尹憲率屬員焚香行禮，吏用鞭擊牛像，是爲催耕之意，俗謂打春。禮畢，焚芒神、春牛各像。奉春牛圖於綵亭昇①行，尹憲等迎之而歸。儀仗鼓樂導迎，敬將其圖進呈御覽。交圖存於太和殿之庫，其圖上有滿漢合璧文字，即迎春之意云。

本月二十是立春，順天府照例行迎春之禮。是在府衙門大門裏頭左右，搭兩座蓆棚，裏頭設擺芒神童子和春牛的像。那個像是拿蓆和紙做成的，畫上彩色。立春這一天一清早，沈大京兆帶着屬員，都穿着公服，到東直門外頭迎春亭地方兒。那些個衙役們，先在那個地方兒搭好了棚，掛上彩綢，把芒神春牛這些個像都放在棚裏頭。當中擺上香案，上頭掛着就是所畫的芒神春牛圖。府尹帶着屬員們，燒了香行了禮，然後拿鞭子打牛，就彷彿是催着牛耕地的意思，俗說是打春。這個事情完了，把芒神和春牛這些個像都燒了。把春牛圖擱在彩亭子裏抬着，府尹把他迎接回來。那儀仗鼓樂在前頭導引，然後把那個圖進呈御覽。那個圖是存在太和殿庫裏頭，圖上有滿漢合璧的字，那就是迎春的意思。

---

① 昇：抬。

第百九十一　密查出票

　　日前，大京兆陳玉蒼侍郎出示禁止，未經取保掛幌之錢店，不准私開票紙一節，各城俱派人密查，而各奸役藉以詐索錢文者頗多。日前有北城差役，向騾馬市大街未掛幌之某錢店兌換現錢條。該錢店不知其詐，竟予以本舖新票，該差人即大肆勒索。未遂，竟將該店主私押某守備署內。次日又在其錢店商議罸款，已自二十金增至四十金之譜，該役尚不肯允。適有某侍御之公子前往換錢，探悉此中原因。次日即派人至守備署內，將錢店主人提出，中飭守備。聞將奏參撤任云。

　　前幾天，有順天府府尹陳大人出過告示，說是凡沒有保家就掛幌子的這樣錢舖，不準他們私開票子。現在派人在各城地面訪查，那兒知道各衙門那些個不老實的衙役，到處訛詐錢的很多呢。前幾天有北城的一個衙役，在騾馬市大街一個沒掛幌子的錢舖換現錢條。那個錢舖不知道他這是壞法子，可就把本舖新票子給他了。那個差人就動起訛詐來了，勒索的錢很多。錢舖裏沒能滿他的意，他就把那個舖子的掌櫃的私自押在守備衙門裏了。第二天他又到錢舖裏去，商量罸他們銀子的事情。那個錢舖從二十兩銀子，添到四十兩銀子，那個衙役還不答應。可巧有一個都老爺的少爺，到那個錢舖換錢去了，打聽明白這件事情了。趕到第二天，都老爺就派人到那個守備衙門裏去，把那個錢舖的掌櫃的要出來了，把那個守備說了一頓。並且聽說，還要參那個守備，把他撤任。

第百九十二　宴賓佳話

　　余十四日曾在前門外觀音寺街福隆堂飯莊閒聚。各座滿盈，並有一精通華語之外國人爲之酬應，互相論說，問答如流，實爲豔羨。坐中余所相識者亦有數人，遂詢悉其詳。是日乃外國新年，美商勝家公司酬勞夥友，假坐於此。該洋人蓋公司之洋東也，係意國人。向在外邦貿易多年，不獨精通中國言語文字，及各國文理亦屬高品，故于生意中所罕有者。至于該行事務，無不認真料理，及待諸夥友亦爲寬厚。在京開設尚未經年，已售出機器數百份之多。並有一華人，係該公司之掌櫃，寶君在旗，亦係幹員，頗有鉅商氣象，足可爲該洋東之臂助也，可佳可佳。

我十四這天，在前門外頭觀音寺福隆堂飯莊子閒聚會。客座都滿了，這内中有一個很懂得中國話的外國人，周旋各客，彼此説話，對答如流，我心裏很羨慕。那同座的人裏頭，我認識的有幾位，這麽着我跟他們一打聽，敢情是這一天是外國的新年，美商勝家公司給夥計們酬勞，在這個飯莊子聚會。那個外國人是那公司的東家，是義國人①。他向來在外國經理商務，很多年了，不但通曉中國語言文字，連各國的文理也是個好手，是買賣場中少有的人。至於那公司裏頭的事情，沒有不認真料理的，就是待夥計們也很寬厚。北京這公司，開了還不到一年哪，已經賣出好幾百份機器去了。並且有一個中國人，是那公司裏的掌櫃的，這個人是姓寶在旗，也是個好手，頗有那大商的氣象，實在是那外國人的好膀臂，真叫人可羨慕。

第百九十三　蒙王來朝

各蒙古來京之親王、郡王、貝勒、貝子、公等，由十一月至本月初旬皆陸續到京，行文理藩院報到。循例於本月初八日進内，恭請聖安，豫備召見。各王公等進内時之公服，皆貂帽褂，與京中各王公之服裝無異。各王多有攜家眷來京者，其福晉、夫人等之裝束，乃分髮在右，下垂而編辮；戴帽似官帽，兩耳繫大環而繫結於頂上，環繫玉、珊瑚，穗下垂；穿窄長服，兩肩際袖上作高起如翅；外套或褂或無袖之長衣，穿絨靴。常偕王公等遊行於街市。如各喇嘛廟有送祟②誦經及佛出巡各日，王公、福晉、夫人等有至廟償願助資、拜佛、燃燈及獻哈達、觀跳布札③等事，是其國俗云。

---

①　義國人：意大利人。近代史籍中有"義大利""義大理"等譯稱。
②　祟：底本作"崇"。
③　跳布札：俗稱"打鬼"。"'跳布札'是蒙古語，譯成漢語是'驅魔散祟'的意思，是黄教喇嘛特有的宗教樂舞，也是極爲隆重的宗教大典。"（郭全升《雍和宫"打鬼"》，載《舊京人物與風情》，燕山出版社，1996年，第330頁）札，底本作"扎"。

各蒙古到京來的親王、郡王、貝勒、貝子、公爵，每年從十一月到本月初間，都陸續着到京，給理藩院行文報到。照例是十二月初八進裡頭去，恭請聖安，預備召見。那些位王公，進裡頭去的時候兒，所穿的公服，也是貂褂、貂帽，和北京的王公沒甚麼分別。可是那蒙古王有好些個帶着家眷到京來的，那福晉和夫人的打扮是這麼樣：把頭髮分開了，辮成辮子在兩傍邊兒奄拉着；戴的帽子也彷彿是官帽，耳頭上頭帶着大耳環子，可是結連到頂上，耳環子上拴着玉和珊瑚子，下頭有穗子奄拉着；穿窄長的衣服，兩個肩膀子上和袖子上，都做出高起來的樣子，彷彿是翅膀兒似的；外頭套着或是外褂子，或是沒袖子的長衣服，脚底下穿絨靴子。常同着王公在街上趟達。若是各喇嘛廟有甚麼送祟念經，還有佛出巡的這些個日子，那王公、福晉、夫人，他們也都到廟裡頭，還願助香資、拜佛、點燈、獻哈達、觀跳布札，這些個事情，這也是蒙古人的風俗。

第百九十四　鋪夥拒捕

二十一日，西四牌樓某木廠掌櫃某被人告發。巡捕往拘，被該舖人羣毆拒捕。該捕被毆，鼠竄逃去。旋來巡捕六人，又被擊逃。後來巡捕數十人，分持洋鎗，始將該舖數十人拘去。聞該舖曾在萬壽山南北海伺候內差，凡木作工人多出其門，已相率罷工，並串通某木廠，亦將罷工。聞某曾於去年私送某邸圍屏一架，價值數萬金。而某邸司門者不爲之通，又以四百金賄之，乃請某邸賞收矣。又聞當庚子時，某所買大內之物甚夥①，某侍御過問，彼應之曰："我將預備皇差，爾奈我何？"不久即將某侍御削職。某之內外交通，手眼靈活，於此可見。

本月二十一，西四牌樓有一個木廠子的掌櫃的，叫人告下來了。巡捕就傳他，那木廠子的人，大家把巡捕給打了。那巡捕挨了打就跑囘去了。後來又來了六個巡捕，也叫他們給打跑了。後來來了好幾十巡捕，都拿着洋鎗，這纔把那木廠子的幾十個人拿了去了。聽說那木廠子在萬壽山南北海做過大內裏的工程，所有木作的人，多一半兒都是從他那木廠子裏出去的，那些木廠子彼此都止工了，並且還串通一個木廠子，也要止工。還聽見説，那個木廠子的掌櫃

---

① 夥：多。

的，去年送給一位王爺一架圍屏，總值幾萬兩銀子。可是那個王府看門的，不給他往上囘，他送給那個看門的四百兩銀子，這纔請那位王爺收下的。又聽見說，庚子年的時候兒，那個掌櫃的，買了大內的東西很多。有一個都老爺問他這件事，他就囘答説："我是要把這些個東西預備皇差的，你能把我怎麼樣？"不多的日子，他使了一點兒手脚，把那個御史革職了。那個掌櫃的內外交通，手眼靈活，就打這件事情上可以看出來了。

第百九十五　又惹①風波

庚子拳亂時，陝西巡撫升允尚任布政使，帶兵數營，駐直晉交界之紫荊關，旋卽撤囘。不料近有德國人因遊歷到彼，見有碣石，大書特書"某年月日某人率軍駐紥於此，因歐兵西犯，傷亡華弁兵若干員名"云云。近該國公使據情照會外務部云："庚子拳亂，中朝不能勦辦，是以聯軍代平大難。歐兵追勦，何云西犯？該撫時爲布政使大員，帶兵駐此，當係奉政府命令，足見中朝猶蓄怨外人。雖遣使謝過，非出本心。應由本公使徧告各國，公議此事"等語。外務部接此照會，當卽電飭晉撫，速將升允在紫荊關所樹之石掘毀，幷謂此舉本屬無謂之語云云。按此雖係已過之事，未悉德人徧告各國後，將來如何了結。噫！中國交涉，動輒得咎，謂之自取，夫復誰尤。

庚子年拳匪做亂的時候兒，現任的山西巡撫升允，那個時候兒還做藩司哪，他帶着幾營的兵，就駐在直隸山西交界，紫荊關地方兒，後來把兵也撤囘去了。誰知道近來有德國人，因爲遊歷去，到了那個地方兒，看見有一個石頭碣子，上頭寫着"某年某月某日某人帶着兵駐紥這個地方兒，因爲洋兵西犯，傷了中國的官兵多少"這些個話。新近德國欽差，照會外務部説："庚子年拳匪做亂，中國不能平定，所以聯軍替中國平這個大難。洋兵追殺拳匪，怎麼可以説西犯呢？那個時候兒這個巡撫正做藩司哪，旣是大員帶着兵，駐在那個地方兒，總該當是奉政府的命令去的，足見中國朝廷，還是怨恨外國人。雖然派欽

---

① 惹：底本作"憲"。

差謝罪,總不是出於本心。應當由我告訴各國,大家公同①商量這件事情。"那外務部接着這個照會,就發了一個電報,叫山西巡撫趕緊的把升允在紫荆關立的那個石頭碣子刨毀了,並且説這件事本來也無謂。這個雖然是已過之事,可是不知道德國人告訴各國之後,將來是怎麽個了局。哎!中國辦交涉的事情,常得不是,都是自取,可怨誰呢?

第百九十六　弔唁誌盛

近衛公爵之訃音之達於北京也,日清兩國士大夫無不同切痛悼之忱。特糾集同人於本月二十三日,在雍和宮約喇嘛唪經,以資冥福,而表哀情。兹悉是日在雍和宮内釋迦佛像前設立近衛公之牌位,并置靈儿,香花燈燭,眩曜輝煌,以爲供奉。門柱上高懸花圈,以爲觀美焉。凡朝中貴顯,都下名流,無不命駕而至,有肩摩轂擊之觀。倫貝子至時最早,以次慶王、恭王、醇王、肅王、那王、振貝子、濤貝勒,聯翩不絕。或躬自詣弔,或專使致意。堂中張榮兩世、胡公等之輓詞。唪經之喇嘛,凡五十餘輩。堂外供張極盛,以備弔客休憩之所。又盛設茶點,以餉來賓。前殿有司賑、通名等所,弔客皆在位前拈香行鞠躬禮。午後二時,乃宣讀日本祭文,聲音激楚,至足感人。中日人之來與祭事者,約壹百餘人。外更有英、德國、美國男婦之來觀其盛者。俟佛事既竣,復共拍一像,以爲紀念。誠一盛會也。

　　近衛公薨逝的這個信到了北京,所有日本、中國這兩國的士大夫,没有不難過的。這麽大家一約會,本月二十三這一天,在雍和宫請喇嘛念經,表其悲哀的意思。如今聽説,這一天在雍和宫裏頭、釋伽佛像面前,設立近衛公的牌位,另外設立靈位,供香花蠟燈,滿堂光輝。門柱上高懸花圈,做爲美觀。所有朝中大老和北京的名士,没有不到的,車輿人馬擁擠不動。那倫貝子到的最早,其次是慶王、恭王、醇王、肅王、那王、振貝子、濤貝勒,接連不斷。有親自來弔祭的,也有打發人致意的。堂中有管學大臣張榮兩位、還有胡大人他們的輓聯。有五十多喇嘛念經。堂外頭預備的很齊整,爲的是來容歇着的地方兒。又預備茶點心,款待來客。有管賬的、有通信的這些個地方兒,所有來上祭的客人,都在靈前拈

---

①　公同:共同。

香行鞠躬禮。趕到兩點鐘,開讀日本祭文,聲音激楚,足可以感動人心。中東兩國人來上祭的,大約有一百多人。另外還有英國、德國、美國老爺太太們來看祭的。趕到佛事都完了,大家公同照了一張像,做爲紀念。實在是一個盛會。

第百九十七　商部示諭

二十六日,商部大臣示諭:"照得振興商務,要在通上下之情。遇有商人投遞禀牘,或面陳商情,無不推誠相待。本部設有接待所一處,各業商人赴部求見,先導至司務廳詢明,果係誠實商人,即由司務廳延入接待所接見。務使官商聯絡,弊絕風清。惟當開辦之初,各商人等未必周知,更恐有本部差役需索阻遏之弊。合行出示,仰各商人等知悉。嗣後呈遞禀件,除京外有職官員,須取同鄉京官印結,旗員須取本旗佐領圖片外,各商人等未能取有結片,但具殷實鋪户保結,蓋有該號圖章,本部即可接收。如遇面陳之事,亦分別傳詢。倘本部差役人等有需索阻遏情事,准①該商人徑至司務廳投訴,訊明嚴行懲辦。爾商人等須知本部要在保商,力除官商隔閡之習,慎毋畏難疑沮,致負本部保護維持之至意。特示。"

本月二十六,商務部的大臣出了一張告示,說是:"凡振興商務,要緊的是總得通上下的情。若遇見有商人來衙門遞禀帖,或是當面要談甚麼商務,我們必要拿真心實意的待他。本衙門現在設立有一處待客的地方兒,各行的商人,若是到衙門來請見,先帶他到司務廳,問明白了,果然是一個妥實的商人,然後由司務廳把他請到待客所去,官員們可以見他。總要叫官商聯絡,把這個弊都要除淨了。可是現在剛起頭開辦,各商家未必都能知道這個事,還怕是有本衙門的差役勒索錢,攔住他不叫見面。該當出這個告示,你們各商家都要知道。後來若是遞禀帖,除了北京和外省的人有官職的,總得取同鄉京官的印結;若是旗人,總得取本旗佐領的圖片;另外若是別的各商人,不能取印結和圖片的,只要有妥實鋪户的保結,有那本鋪子的圖書,本衙門也可以接收。若是有當面說的事情,也可以分別傳進他來問他。倘或本衙門的差役,有勒索錢或是攔住

---

① 准:底本作"淮"。

不叫人進來這些個事情,那個商人可以一直的到司務廳告他,問明白了重重的辦他罪。你們商人要知道,本衙門是要保護商人,極力的要除官商隔膜的這個習氣。你們不必怕難,有甚麼疑惑的地方兒,那麼一來,就辜負了本衙門保護商家、維持商務的意思了。"

第百九十八　警察何用

本社遊歷員歸,語云:"張家口內外,向多盜賊。自沈仲禮觀察於庚子年辦理洋務、警察事宜,盜賊稍知斂迹。及觀察調赴山西,改派某員接辦,其近日警察雖有馬隊,而如虛設。離張家口六十里之大壩,殺人劫物,時有所聞。本年春間,有該處商民父子二人,素精槍法,曾捕盜七名,解至洋務局。該局諉之撫民府,而撫民府亦置之不問。該商父子大為灰心,語人曰:'嗣後遇賊,概不捕拿,惟有自保身家而已。'此事為都統所知,即嚴飭撫民府,將七盜正法,民心為之一快。此一事也。上月初旬,壩外被劫商財至三千金之多。該商等連夜雇馬赴張家口之洋務局控告。該局員批示云:'既被盜劫,何以昨日不報,直至今日?盜去已遠,本局亦無從緝捕'等語。試思路隔百餘里,豈能一刻即到?洋務局之辦法,大都類是,實令人不解。又一事也。上月初七日下午七點鐘,離張家口十三里,出有盜案,並傷人一名,駱駝一頭。通衢之接近者且如此,況僻遠處乎?馬隊何用?警察何事?此又一事也。"

本報館遊歷人問來説:"張家口裏、張家口外,向來賊很多。自從庚子年沈道臺辦理洋務和警察的事情,盜賊稍微的斂跡一點兒。趕到沈道臺調到山西去了,改派別的官接辦了,近來警察雖然有馬隊,可是不過是虛應故事①。離張家口六十里的大壩地方兒,常有殺人搶東西的事情。今年春天,有那個地方做買賣的父子兩個人,都是很好的槍法,拿着七個賊,送到洋務局去了。那洋務局推諉叫送到撫民同知衙門去,那同知衙門也並不管那個事。那父子兩個人很寒心,可就和別人説:'後來若再遇見賊,簡直的不拿,不過我們保護自己就是了。'這件事情叫都統知道了,嚴嚴的交派同知,把那七個賊殺了,百姓心

---

① 虛應故事:照例應付,敷衍了事。

裏纔舒服了。這是一件事。上月初間有些個商人，在壩外被賊搶了有三千兩銀子去。那商人他們雇馬，連着夜趕到張家口去，在洋務局告了。那洋務局的官批下來說：'既然被賊搶了，怎麼不昨天來禀報，直耽悞到今天來報呢？賊已經走遠了，我們局子實在没有法子拿。'他們也不想一想，離着有一百多里地，怎麼能立刻就來禀報呢？那洋務局辦事大概就這麼樣，實在叫人難明白。這又是一件事。還有上月初七，晚半天七點鐘，離張家口十三里地出了一件盜案，並且傷了一個人、一個駱駝。近處的大道尚且如此，那還提甚麼遠處呢？要這樣兒的馬隊有甚麼用處？要這樣兒的警察幹甚麼？這又是一件事情。"

第百九十九　重案述聞

南皮縣出有人命重案。茲有由南皮縣來者，據云，此案前後共死八人。緣縣城外五里之遥，某村有某某兩家，兩姨作親，尚未迎娶。男家貧窮，女家富足。因原屬親戚，男家常向女家借貸。前月某日某（即女家之新婿）又向女家借錢若干，作小本生意。女家令女（即男家所聘定者）撿①衣服幾件與其當錢使用。該女暗自將金鐲一付、銀十三兩捲入衣包内，庶可使男家多得錢文，家境或可從此寬裕。而又不便明言，遂着人送出，交某帶囘。某用錢甚急，徑持衣包赴當舖當錢。初不知内有金鐲與銀子也。當舖掌櫃問包内皆係何物，某曰衣服幾件。當舖掌櫃以所報與原物不符，疑某來歷不明。適該處有一家失物若干，拿賊未獲。當舖掌櫃隨即報知捕班，將某拘拿，送縣收監。某之父聞信，隨即到縣保救，亦以供詞與原物不符，指爲同黨，一併收監。父子二人同在監内自盡。該女聞信，以此事惟已知情，乃到縣訴明原委，在當堂自盡。某之母及女之母亦自盡。紳董二人因於此事有關係，見事不好，無法可施，亦均同自盡。又有地保一人，自覺案情重大，罪無可逃，亦懸樑自盡云云。

直隸南皮縣，出了一件人命重案。有從南皮縣來的人説，這案先後死了共總有八個人。原來南皮縣城外頭五里來地，有一個村莊，有某某兩家，是兩姨親上做親，還没過門哪。男家窮女家富。因爲兩家原來是親戚，男家常和女家

---

① 撿：底本作"檢"。

借貸。上月有一天，新姑爺又和女家借多少錢做買賣。那個新姑娘就拿出幾件衣裳來，給他當錢使喚。可是那個姑娘，暗中把一對金鐲子和十三兩銀子，捲在那衣包裏了，意思是叫男家多得幾個錢，可以寬緽點兒。可又不好明説，這麼着就叫人把這衣包拿出去，交給那新姑爺帶囘去了。那個新姑爺因爲是急等錢用，他就拿這衣包到當舖當去了。他並不知道，那衣包裏頭有鐲子和銀子的事情。趕當舖的掌櫃的打開包袱就問他，這裏頭有甚麼東西，他說就是幾件衣服。那個掌櫃的因爲他說的東西不對，疑惑這東西來路不明。便巧那個地方兒有一家被盜，丟了好些個東西，賊還沒拿着哪。當舖的掌櫃的就出去告訴捕快說了，就把這個新姑爺拿到縣衙門去收監了。新姑爺的父親聽見説，就到縣衙門去，要保他兒子，也因爲他口供和那原物不對，指他爲夥同一氣，就一塊兒都收監了。父子倆人都在監裏自盡了。那個新姑娘聽見這件事了，因爲就是自己知道這件事情，這麼着他就到縣衙門去，把這一件事情的始末根由都說了，就在當堂自盡了。那新姑爺的母親和新姑娘的母親，也都自盡了。有兩個紳董，因爲與這件事情上有關係，看這事不好，沒法子辦，也一塊兒自盡了。還有一個地保，自己一想這個案情重大，這個罪名不得了，也懸梁自盡了。

第二百　伊犂金礦

　　本社遊歷員歸，語云："庫倫却先圖之間有金礦焉，即稱爲伊犂河金礦。礦苗向來旺盛，蒙人時時私相採取，觸手即是，藉此爲生活者不少。後爲俄人探悉，即集華人具禀北京總理衙門。初議俄人得三成，華人五成；其二成歸蒙藩，不論盈虧，作爲乾股。中政府派前庫倫辦事大臣爲督辦，俄國則派格祿德爲會辦。此庚子以前事也。當時庫倫所謂活佛出而阻止，稱動土則諸佛震怒，風水有關，必不利於蒙古。於是中政府又派崑崗赴庫倫查辦。方崑崗抵庫倫時，頗欲玉成開礦之事。旋受活佛奉贈若干萬，頓改初意，以金礦不旺爲詞覆命①，其事遂寢②。俄人聞信，揚言曰：'如華人不辦，則我俄獨力承之，阻難有所不

---

① 覆命：复命。
② 寢：停止。

計。'乃向美國購來機器三部，招集天津工人數千開採。適京津拳匪事起，中政府無暇顧之，而無窮之利，從此爲俄人獨得矣。現在每日可出金砂約在七八普突左右，按一普突合華權二十七斤半。中政府早有所聞，但畏俄人強橫，聽之而已。該礦總辦仍爲格禄德，此人能徇蒙人所好，禮佛茹素，而且待人寬厚，是以西帮客商無不信服，願爲効力，不止得蒙人歡心也。"

　　本報館的遊歷人間來説："庫倫却先圖的兩夾間兒地方有金礦，叫伊犁河金礦。那礦苗向來很旺，蒙古人常常的私自偷着挖，一伸手就得金子，靠着這個過日子的人也不少。後來俄國人知道了，可就湊了幾個中國人，具了一個禀帖，在北京總理衙門遞了。起初商量的是俄國人得三成，中國人得五成；下剩①的那二成歸蒙古王爺，不論賠聽，都不與蒙古王爺相干，他得的這個叫做乾股份。中國政府就派前任的庫倫辦事大臣爲督辦，俄國派格禄德爲會辦。這是庚子年以前的事情。那個時候兒庫倫地方有所謂活佛的，出來攔阻這件事情。他説這個土可動不得，若是動了，各佛爺必要生氣的，與風水有關係，一定與蒙古没益處。這麽着中國政府又派崑崗到庫倫去查辦。在崑崗剛到庫倫的時候兒，他的意思本來打算要成全這開礦的事。後來他受了活佛好幾萬兩銀子，他立刻就把他本來的意思改了。他就説是金礦不旺，拿這個話到京裏銷差了。這件事就算歇了。俄國人聽見這個信息，可就在外頭吵嚷説：'若是中國人不辦，我們俄國人獨力可以辦這件事。那裏頭有甚麽難處，我們也不理會。'可就從美國買了三副機器來，湊了好幾千天津的工人，開這個金礦。可巧北京、天津鬧起義和團來了，中國政府没工夫管這個事了，這個無窮之利的產業，從此可就都叫俄國人得去了。現在每天挖出來的金砂，大約總在這麽七八普突的光景，按一個普突合中國秤有二十七斤半。中國政府也早聽見説了，無奈怕俄國的強橫，只可隨他辦罷。那個金礦的總辦，還是格禄德，他能投人所好，也拜佛持齋，而且待人寬厚，所以山西客商，没不信服俄國的，願意給他出力，所以俄國不止於叫蒙古人喜歡②他。"

言文對照
《北京紀聞》終

---

　①　下剩：其他，剩餘。
　②　歡：底本作"勸"。

明治三十七年六月一日印刷
明治三十七年六月五日發行

北京紀聞
著作所有權
編譯者　岡本正文
發行者　田中慶太郎
東京市本鄉區本鄉三丁目十番地

印刷者　野村宗十郎
東京市京橋區築地三丁目十五番地

印刷所　株式會社 東京築地活版製造所

東京市京橋區築地二丁目十七番地

發行所　文求堂書店
東京市本鄉區本鄉三丁目十番地
（特 電話下谷八百二十番）

"早期北京話珍本典籍校釋與研究"
叢書總目錄

早期北京話珍稀文獻集成
（一）日本北京話教科書匯編
《燕京婦語》等八種　　　　　　四聲聯珠
華語跬步　　　　　　　　　　　官話指南・改訂官話指南
亞細亞言語集　　　　　　　　　京華事略・北京紀聞
北京風土編・北京事情・北京風俗問答
伊蘇普喻言・今古奇觀・搜奇新編
（二）朝鮮日據時期漢語會話書匯編
改正增補漢語獨學　　　　　　　修正獨習漢語指南
高等官話華語精選　　　　　　　官話華語教範
速修漢語自通　　　　　　　　　無先生速修中國語自通
速修漢語大成　　　　　　　　　官話標準：短期速修中國語自通
中語大全　　　　　　　　　　　"內鮮滿"最速成中國語自通
（三）西人北京話教科書匯編
尋津錄　　　　　　　　　　　　北京話語音讀本
語言自邇集　　　　　　　　　　語言自邇集（第二版）
官話類編　　　　　　　　　　　言語聲片
華語入門　　　　　　　　　　　華英文義津逮
漢英北京官話詞彙　　　　　　　北京官話初階
漢語口語初級讀本・北京兒歌

（四）清代滿漢合璧文獻萃編

清文啓蒙	清話問答四十條
一百條・清語易言	清文指要
續編兼漢清文指要	庸言知旨
滿漢成語對待	清文接字・字法舉一歌
重刻清文虛字指南編	

（五）清代官話正音文獻

正音撮要	正音咀華

（六）十全福

（七）清末民初京味兒小說書系

新鮮滋味	過新年
小額	北京
春阿氏	花鞋成老
評講聊齋	講演聊齋

（八）清末民初京味兒時評書系

益世餘譚——民國初年北京生活百態
益世餘墨——民國初年北京生活百態

早期北京話研究書系

早期北京話語法演變專題研究
早期北京話語氣詞研究
晚清民國時期南北官話語法差異研究
基於清後期至民國初期北京話文獻語料的個案研究
高本漢《北京話語音讀本》整理與研究
北京話語音演變研究
文化語言學視域下的北京地名研究
語言自邇集——19世紀中期的北京話（第二版）
清末民初北京話語詞彙釋